Johann Wolfgang Goethe, geboren am 28. August 1749 in Frankfurt am Main, ist am 22. März 1832 in Weimar gestorben.

»Verzeihen Sie, wenn ich so konfuses Nichts vorbringe«, schreibt Goethe am 15. Oktober 1792 an Christian Gottlob Voigt. »Jetzt, da ich einige Tage geruht habe, fühle ich erst, wie ich an Leib und Seele zerschlagen und zerstoßen bin.« So deutlich wie in diesem Brief, der ganz unter den Nachwirkungen der Strapazen des schmählichen Rückzugs der Koalitionsarmee aus Frankreich stand, spricht Goethe kaum je in jenem merkwürdigen Text, den er dreißig Jahre später, im Mai 1822, im Zuge des damals noch nicht aufgegebenen Plans einer Beschreibung seines gesamten Lebens publizierte: *Campagne in Frankreich 1792. Belagerung von Mainz.*

Als Ganzes ist der Text seltsam kunstvoll sprunghaft, von Rissen durchzogen und zum Teil eingestandenermaßen lückenhaft gelassen. Goethe gibt ihm absichtlich eine »offene Form«, wie sie den zweiten Teil des *Faust*, *Wilhelm Meisters Wanderjahre* oder den *Westöstlichen Divan* mit seinen so spielerisch undefiniert beigestellten *Noten und Abhandlungen* kennzeichnet. Eine gewisse Geschlossenheit kommt dadurch zustande, daß der Text mit Goethes Ankunft in Mainz einsetzt und mit der Eroberung von Mainz schließt, wobei die *Campagne* mit einem das häusliche Leben feiernden Gedicht endet und die *Belagerung* mit dem düsteren Ausblick auf jenen Zeitpunkt, da dies häuslich-persönliche Glück Goethes, ja sogar sein Leben durch die marodierenden Soldaten im Oktober 1806 in Weimar unmittelbar gefährdet war.

»Es ward mir manchmal wirklich schwindlig, indem ich das Einzelne jener Tage und Stunden in der Einbildungskraft wieder hervorrief und dabei die Gespenster, die sich dreißig Jahre her dazwischen bewegt, nicht wegbannen konnte«, schreibt Goethe am 10. Juni 1822, kurz nach dem Erscheinen von *Campagne* und *Belagerung* an Karl Friedrich Graf von Reinhard.

insel taschenbuch 1525

Johann Wolfgang Goethe

# Campagne in Frankreich 1792

# Belagerung von Mainz

insel taschenbuch 1525
Erste Auflage 1994

Hinweise zu dieser Ausgabe am Schluß des Bandes
Vertrieb durch den Suhrkamp Taschenbuch Verlag
Umschlag nach Entwürfen von Willy Fleckhaus
Satz: Satz-Offizin Hümmer GmbH, Waldbüttelbrunn
Druck: Nomos Verlagsgesellschaft, Baden-Baden
Printed in Germany

1 2 3 4 5 6 – 99 98 97 96 95 94

# *Inhalt*

*Louis Philippe Joseph, Herzog von Orléans, geboren 1747, ab 1792 »Philippe Égalité«, 1793 hingerichtet. Stahlstich eines unbekannten Meisters*

# *Campagne in Frankreich 1792*

Auch ich in der Champagne!

Den 23. August 1792.

Gleich nach meiner Ankunft in Mainz besuchte ich Herrn von Stein den älteren, Königlich preußischen Kammerherrn und Oberforstmeister, der eine Art Residentenstelle daselbst versah und sich im Haß gegen alles Revolutionäre gewaltsam auszeichnete. Er schilderte mir mit flüchtigen Zügen die bisherigen Fortschritte der verbündeten Heere, und versah mich mit einem Auszug des topographischen Atlas von Deutschland, welchen Jäger zu Frankfurt, unter dem Titel: »Kriegstheater« veranstaltet.

Mittags bei ihm zur Tafel fand ich mehrere französische Frauenzimmer, die ich mit Aufmerksamkeit zu betrachten Ursache hatte; die eine (man sagte, es sei die Geliebte des Herzogs von Orléans) eine stattliche Frau, stolzen Betragens und schon von gewissen Jahren, mit rabenschwarzen Augen, Augenbraunen und Haar; übrigens im Gespräch mit Schicklichkeit freundlich. Eine Tochter, die Mutter jugendlich darstellend, sprach kein Wort. Desto munterer und reizender zeigte sich die Fürstin Monaco, entschiedene Freundin des Prinzen von Condé, die Zierde von Chantilly in guten Tagen. Anmutiger war nichts zu sehen als diese schlanke Blondine; jung, heiter, possenhaft; kein Mann, auf den sie's anlegte, hätte sich verwahren können. Ich beobachtete sie mit freiem Gemüt und wunderte mich Philinen, die ich hier nicht zu finden glaubte, so frisch und munter ihr Wesen treibend mir abermals begegnen zu sehen. Sie schien weder so gespannt noch aufgeregt, als die übrige Gesellschaft, die denn freilich in Hoffnung, Sorgen und Beängstigung lebte. In diesen Tagen waren die Alliierten in Frankreich eingebrochen. Ob sich Longwy sogleich ergeben, ob es widerstehen werde, ob auch republikanisch-französische Truppen sich zu den Alliierten gesellen und jedermann, wie es versprochen worden, sich für die gute Sache erklären und die Fortschritte erleichtern werde, das alles schwebte gerade in diesem Augenblicke in Zweifel. Couriere wurden erwartet; die letzten hatten nur das langsame Vorschreiten der Armee und die Hindernisse grundloser Wege gemeldet. Der gepreßte Wunsch dieser Personen ward nur noch bänglicher, als sie nicht verbergen konnten, daß sie die schnellste Rückkehr in's Vaterland wünschen mußten, um von den Assignaten, der Erfindung ihrer Feinde, Vorteil ziehen, wohlfeiler und bequemer leben zu können.

Sodann verbracht' ich mit Sömmerings, Huber, Forsters und andern Freunden zwei muntere Abende: hier fühlt' ich mich schon wieder in vaterländischer Luft. Meist schon frühere Bekannte, Studien-Genossen, in dem benachbarten Frankfurt wie zu Hause (Sömmerings Gattin war eine Frankfurterin), sämtlich mit meiner Mutter vertraut, ihre genialen Eigenheiten schätzend, manches ihrer glücklichen Worte wiederholend, meine große Ähnlichkeit mit ihr in heiterem Betragen und lebhaften Reden mehr als einmal beteuernd, was gab es da nicht für Anlässe, Anklänge, in einem natürlichen, angebornen und angewöhnten Vertrauen! Die Freiheit eines wohlwollenden Scherzes auf dem Boden der Wissenschaft und Einsicht verlieh die heiterste Stimmung. Von politischen Dingen war die Rede nicht, man fühlte, daß man sich wechselseitig zu schonen habe: denn wenn sie republikanische Gesinnungen nicht ganz verleugneten, so eilte ich offenbar mit einer Armee zu ziehen, die eben diesen Gesinnungen und ihrer Wirkung ein entschiedenes Ende machen sollte.

Zwischen Mainz und Bingen erlebt' ich eine Szene, die mir den Sinn des Tages alsobald weiter aufschloß. Unser leichtes Fuhrwerk erreichte schnell einen vierspännigen schwerbepackten Wagen: der ausgefahrne Hohlweg aufwärts am

*Georg Forster (1754-1794).*
*Gemälde von Johann Heinrich Wilhelm Tischbein*

*Caroline Böhmer, geb. Michealis (1763-1809).*
*Stahlstich von A. Weger nach Friedrich August*
*Tischbein, 1798*

*Samuel Thomas Sömmering (1755-1830).*
*Anonymer Kupferstich ohne Datum*

*14. Juli 1789. Die Erstürmung der Bastille*

Berge her nötigte uns auszusteigen, und da fragten wir denn die ebenfalls abgestiegenen Schwäger, wer vor uns dahin fahre? Der Postillion jenes Wagens erwiderte darauf mit Schimpfen und Fluchen, daß es Französinnen seien, die mit ihrem Papiergeld durchzukommen glaubten, die er aber gewiß noch umwerfen wolle, wenn sich einigermaßen Gelegenheit fände. Wir verwiesen ihm seine gehässige Leidenschaft, ohne ihn im mindesten zu bessern. Bei sehr langsamer Fahrt trat ich hervor an den Schlag der Dame und redete sie freundlich an, worauf sich ein junges, schönes, aber von ängstlichen Zügen beschattetes Gesicht einigermaßen erheiterte.

Sie vertraute sogleich, daß sie dem Gemahl nach Trier folge und von da bald möglichst nach Frankreich zu gelangen wünsche. Da ich ihr nun diesen Schritt als sehr voreilig schilderte, gestand sie, daß außer der Hoffnung ihren Gemahl wieder zu finden, die Notwendigkeit wieder von Papier zu leben, sie hiezu bewege. Ferner zeigte sie ein solches Zutrauen zu den verbündeten Streitkräften der Preußen, Östreicher und Emigrierten, daß man, wär' auch Zeit und Ort nicht hinderlich gewesen, sie schwerlich zurückgehalten hätte.

Unter diesen Gesprächen fand sich ein sonderbarer Anstoß; über den Hohlweg, worin wir befangen waren, hatte man eine hölzerne Rinne geführt, die das nötige Wasser einer jenseits stehenden oberschlächtigen Mühle zubrachte. Man hätte denken sollen, die Höhe des Gestells wäre doch wenigstens auf einen Heuwagen berechnet gewesen. Wie dem aber auch sei, das Fuhrwerk war so unmäßig oben auf bepackt, Kistchen und Schachteln pyramidalisch über einander getürmt, daß die Rinne dem weiteren Fortkommen ein unüberwindliches Hindernis entgegensetzte.

Hier ging nun erst das Fluchen und Schelten der Postillione los, die sich um so viele Zeit aufgehalten sahen; wir aber erboten uns freundlich, halfen abpacken und an der andern Seite des träufelnden Schlagbaums wieder aufpakken. Die junge, gute, nach und nach entschüchterte Frau wußte nicht wie sie sich dankbar genug benehmen sollte; zugleich aber wuchs ihre Hoffnung auf uns immer mehr und mehr. Sie schrieb den Namen ihres Mannes und bat inständig, da wir doch früher als sie nach Trier kommen müßten, ob wir nicht am Tore den Aufenthalt des Gatten schriftlich niederzulegen geneigt wären? Bei dem besten Willen verzweifelten wir an dem Erfolg wegen Größe der Stadt, sie aber ließ nicht von ihrer Hoffnung.

In Trier angelangt, fanden wir die Stadt von Truppen überlegt, von allerlei Fuhrwerk überfahren, nirgends ein Unterkommen; die Wagen hielten auf den Plätzen, die Menschen irrten auf den Straßen, das Quartieramt, von allen Seiten bestürmt, wußte kaum Rat zu schaffen. Ein solches Gewirre jedoch ist wie eine Art Lotterie, der Glückliche zieht irgend einen Gewinn, und so begegnete mir Lieutenant von Fritsch von des Herzogs Regiment und brachte mich, nach freundlichstem Begrüßen, zu einem Canonicus, dessen großes Haus und weitläuftiges Gehöfte mich und meine compendiöse Equipage freundlich und bequemlich aufnahm, wo ich denn sogleich einer genugsamen Erholung pflegte. Gedachter junge militärische Freund, von Kindheit auf mir bekannt und empfohlen, war mit einem kleinen Kommando in Trier zu verweilen beordert, um für die zurückgelassenen Kranken zu sorgen, die nachziehenden Maroden, verspätete Bagagewagen und dergleichen aufzunehmen und sie weiter zu befördern; wobei denn auch mir seine Gegenwart zu Gute kam, ob er gleich nicht gern im Rücken der Armee verweilte, wo für ihn, als einen jungen strebenden Mann, wenig Glück zu hoffen war.

Mein Diener hatte kaum das Notwendigste ausgepackt, als er sich in der Stadt umzusehen Urlaub erbat; spät kam er wieder und des andern Morgens trieb eine gleiche Unruhe ihn aus dem Hause. Mir war dies seltsame Benehmen uner-

*Die Säule von Igel.*
*Verkleinerte Nachbildung aus Goethes Besitz.*
*Bronze von H. Zumpft und C. Osterwald*

klärlich, bis das Rätsel sich löste: die schönen Französinnen hatten ihn nicht ohne Anteil gelassen, er spürte sorgfältig und hatte das Glück, sie auf dem großen Platze mitten unter hundert Wagen haltend, an der Schachtelpyramide zu erkennen, ohne jedoch ihren Gemahl aufgefunden zu haben.

Auf dem Wege von Trier nach Luxemburg erfreute mich bald das Monument in der Nähe von Ygel. Da mir bekannt war, wie glücklich die Alten ihre Gebäude und Denkmäler zu setzen wußten, warf ich in Gedanken sogleich die sämtlichen Dorfhütten weg und nun stand es an dem würdigsten Platze. Die Mosel fließt unmittelbar vorbei, mit welcher sich gegenüber ein ansehnliches Wasser, die Saar, verbindet; die Krümmung der Gewässer, das Auf- und Absteigen des Erdreichs, eine üppige Vegetation geben der Stelle Lieblichkeit und Würde.

Das Monument selbst könnte man einen architektonisch-plastisch verzierten Obelisk nennen. Er steigt in verschiedenen, künstlerisch über einander gestellten Stockwerken in die Höhe, bis er sich zuletzt in einer Spitze endigt, die mit Schuppen ziegelartig verziert ist und mit Kugel, Schlange und Adler in der Luft sich abschloß.

Möge irgend ein Ingenieur, welchen die gegenwärtigen Kriegsläufte in diese Gegend führen und vielleicht eine Zeitlang festhalten, sich die Mühe nicht verdrießen lassen, das Denkmal auszumessen, und, in so fern er Zeichner ist, auch die Figuren der vier Seiten wie sie noch kenntlich sind, uns überliefern und erhalten.

Wie viel traurige bildlose Obelisken sah ich nicht zu meiner Zeit errichten, ohne daß irgend jemand an jenes Monument gedacht hätte. Es ist freilich schon aus einer spätern Zeit, aber man sieht immer noch die Lust und Liebe, seine persönliche Gegenwart mit aller Umgebung und den Zeugnissen von Tätigkeit sinnlich auf die Nachwelt zu bringen. Hier stehen Eltern und Kinder gegen einander, man schmaust im Familienkreise; aber damit der Beschauer auch wisse woher die Wohlhäbigkeit komme, ziehen beladene Saumrosse einher, Gewerb und Handel wird auf mancherlei Weise vorgestellt. Denn eigentlich sind es Kriegs-Komissarien die sich und den ihrigen dies Monument errichteten, zum Zeugnis, daß damals wie jetzt an solcher Stelle genugsamer Wohlstand zu erringen sei.

Man hatte diesen ganzen Spitzbau aus tüchtigen Sandquadern roh über einander getürmt und alsdann, wie aus einem Felsen, die architektonisch-plastischen Gebilde herausgehauen. Die so manchem Jahrhunderte widerstehende Dauer dieses Monuments mag sich wohl aus einer so gründlichen Anlage herschreiben.

Diesen angenehmen und fruchtbaren Gedanken konnte ich mich nicht lange hingeben: denn ganz nahe dabei, in Grevenmachern, war mir das modernste Schauspiel bereitet. Hier fand ich das Corps Emigrierter das aus lauter Edelleuten, meist Ludwigsrittern, bestand. Sie hatten weder Diener noch Reitknechte, sondern besorgten sich selbst und ihr Pferd. Gar manchen hab' ich zur Tränke führen, vor der Schmiede halten sehen. Was aber den sonderbarsten Kontrast mit diesem demütigen Beginnen hervorrief, war ein großer mit Kutschen und Reisewagen aller Art überladener Wiesenraum. Sie waren mit Frau und Liebchen, Kindern und Verwandten zu gleicher Zeit eingerückt, als wenn sie den innern Widerspruch ihres gegenwärtigen Zustandes recht wollten zur Schau tragen.

Da ich einige Stunden hier unter freiem Himmel auf Postpferde warten mußte, konnt' ich noch eine andere Bemerkung machen. Ich saß vor dem Fenster des Posthauses, unfern von der Stelle wo das Kästchen stand, in dessen Einschnitt man die unfrankierten Briefe zu werfen pflegt. Einen ähnlichen Zudrang hab' ich nie gesehn; zu hunderten wurden sie in die Ritze gesenkt. Das grenzenlose Bestreben wie man mit Leib, Seel' und Geist in sein Vaterland durch die Lücke des durchbrochenen Dammes wieder einzuströmen begehre, war nicht lebhafter und aufdringlicher vorzubilden.

Vor langer Weile und aus Lust Geheimnisse zu entwickeln oder zu supplieren, dacht' ich mir was in dieser Briefmenge wohl enthalten sein möchte. Da glaubt' ich denn eine Liebende zu spüren, die mit Leidenschaft und Schmerz die Qual des Entbehrens in solcher Trennung heftigst ausdrückte; einen Freund der von dem Freunde in der äußersten Not einiges Geld verlangte; ausgetriebene Frauen, mit Kindern und Dienstanhang, deren Kasse bis auf wenige Geldstücke zusammengeschmolzen war; feurige Anhänger der Prinzen, die das Beste hoffend sich einander Lust und Mut zusprachen; andere die schon das Unheil in der Ferne witterten und sich über den bevorstehenden Verlust ihrer Güter jammervoll beschwerten – und ich denke nicht ungeschickt geraten zu haben.

Über manches klärte der Postmeister mich auf, der, um meine Ungeduld nach Pferden zu beschwichtigen, mich vorsätzlich zu unterhalten suchte. Er zeigte mir verschiedene Briefe mit Stempeln, aus entfernten Gegenden, die nun den Vorgerückten und Vorrückenden nachirren sollten. Frankreich sei an allen seinen Grenzen mit solchen Unglücklichen umlagert, von Antwerpen bis Nizza; dagegen stünden eben so die französischen Heere zur Verteidigung und zum Ausfall bereit. Er sagte manches Bedenkliche; ihm schien der Zustand der Dinge wenigstens sehr zweifelhaft.

Da ich mich nicht so wütend erwies, wie andere die nach Frankreich hineinstürmten, hielt er mich bald für einen Republikaner und zeigte mehr Vertrauen; er ließ mich die Unbilden bedenken, welche die Preußen von Wetter und Weg über Coblenz und Trier erlitten, und machte eine schauderhafte Beschreibung wie ich das Lager in der Gegend von Longwy finden würde; von allem war er gut unterrichtet und schien nicht abgeneigt andere zu unterrichten; zuletzt suchte er mich aufmerksam zu machen, wie die Preußen beim Einmarsch ruhige und schuldlose Dörfer geplündert, es sei nun durch die Truppen geschehen, oder durch Packknechte und Nachzügler; zum Scheine habe man's bestraft, aber die Menschen im Innersten gegen sich aufgebracht.

Da mußte mir denn jener General des dreißigjährigen Kriegs einfallen, welcher, als man sich über das feindselige Betragen seiner Truppen in Freundes Land höchlich beschwerte, die Antwort gab: ich kann meine Armee nicht im Sack transportieren. Überhaupt aber konnte ich bemerken, daß unser Rücken nicht sehr gesichert sei.

Longwy, dessen Eroberung mir schon unterwegs triumphierend verkündigt war, ließ ich auf meiner Fahrt rechts in einiger Ferne und gelangte den 27. August Nachmittags gegen das Lager von Praucourt. Auf einer Fläche geschlagen war es zu übersehen, aber dort anzulangen nicht ohne Schwierigkeit. Ein feuchter aufgewühlter Boden war Pferden und Wagen hinderlich, daneben fiel es auf, daß man weder Wachen noch Posten noch irgend jemand antraf, der sich nach den Pässen erkundigt, und bei dem man dagegen wieder einige Erkundigung hätte einziehen können. Wir fuhren durch eine Zeltwüste, denn alles hatte sich verkrochen, um vor dem schrecklichen Wetter kümmerlichen Schutz zu finden. Nur mit Mühe erforschten wir von einigen die Gegend, wo wir das Herzoglich Weimarische Regiment finden könnten, erreichten endlich die Stelle, sahen bekannte Gesichter und wurden von Leidensgenossen gar freundlich aufgenommen. Kämmerier Wagner und sein schwarzer Pudel waren die ersten Begrüßenden; beide erkannten einen vieljährigen Lebensgesellen, der abermals eine bedenkliche Epoche mit durchkämpfen sollte. Zugleich erfuhr ich einen unangenehmen Vorfall. Des Fürsten

Leibpferd, der Amarant, war gestern nach einem gräßlichen Schrei niedergestürzt und tot geblieben.

Nun mußte ich von der Situation des Lagers noch viel Schlimmeres gewahren und vernehmen als der Postmeister mir vorausgesagt. Man denke sich's auf einer Ebene am Fuße eines sanft aufsteigenden Hügels, in welchem ein von Alters her gezogener Graben Wasser von Feldern und Wiesen abhalten sollte; dieser aber wurde so schnell als möglich Behälter alles Unrats, aller Abwürflinge, der Abzug stockte, gewaltige Regengüsse durchbrachen Nachts den Damm und führten das widerwärtigste Unheil unter die Zelte. Da ward nun, was die Fleischer an Eingeweiden, Knochen und sonst bei Seite geschafft, in die ohnehin feuchten und ängstlichen Schlafstellen getragen.

Mir sollte gleichfalls ein Zelt eingeräumt werden, ich zog aber vor mich des Tags über bei Freunden und Bekannten aufzuhalten und Nachts in dem großen Schlafwagen der Ruhe zu pflegen, dessen Bequemlichkeit von früheren Zeiten her mir schon bekannt war. Seltsam mußte man es jedoch finden, wie er, obgleich nur etwa dreißig Schritte von den Zelten entfernt, doch dergestalt unzugänglich blieb, daß ich mich Abends mußte hinein, und Morgens wieder heraustragen lassen.

Am 28. August.

So wunderlich tagte mir diesmal mein Geburtsfest. Wir setzten uns zu Pferde und ritten in die eroberte Festung; das wohlgebaute und befestigte Städtchen liegt auf einer Anhöhe. Meine Absicht war große wollene Decken zu kaufen und wir verfügten uns sogleich in einen Kramladen, wo wir Mutter und Töchter hübsch und anmutig fanden. Wir feilschten nicht viel und zahlten gut und waren so artig als es Deutschen ohne Tournure nur möglich ist.

Die Schicksale des Hauses während des Bombardements waren höchst wunderbar. Mehrere Granaten hinter einander fielen in das Familienzimmer, man flüchtete, die Mutter riß ein Kind aus der Wiege und floh, und in dem Augenblick schlug noch eine Granate gerade durch die Kissen wo der Knabe gelegen hatte. Zum Glück war keine der Granaten gesprungen, sie hatten die Möbeln zerschlagen, am Getäfel gesengt und so war alles ohne weiteren Schaden vorübergegangen, in den Laden war keine Kugel gekommen.

Daß der Patriotismus derer von Longwy nicht allzu kräftig sein mochte, sah man daraus, daß die Bürgerschaft den Kommandanten sehr bald genötigt hatte, die Festung zu übergeben; auch hatten wir kaum einen Schritt aus dem Laden getan, als der innere Zwiespalt der Bürger sich uns genugsam verdeutlichte. Königisch-Gesinnte, und also unsere Freunde, welche die schnelle Übergabe bewirkt, bedauerten daß wir in dieses Warengewölbe zufällig gekommen und dem schlimmsten aller Jakobiner, der mit seiner ganzen Familie nichts tauge, so viel schönes Geld zu lösen gegeben. Gleichermaßen warnte man uns vor einem splendiden Gasthofe, und zwar so bedenklich als wenn den Speisen daselbst nicht ganz zu trauen sein möchte; zugleich deutete man auf einen geringeren, als zuverlässig, wo wir uns denn auch freundlich aufgenommen und leidlich bewirtet sahen.

Nun saßen wir alte Kriegs- und Garnisons-Kameraden traulich und froh wieder neben und gegen einander; es waren die Offiziere des Regiments, vereint mit des Herzogs Hof-, Haus- und Kanzleigenossen; man unterhielt sich von dem Nächstvergangenen: wie bedeutend und bewegt es anfangs Mai's in Aschersleben gewesen, als die Regimenter sich marschfertig zu halten Ordre bekommen, der Herzog von Braunschweig und mehrere hohe Personen daselbst Besuch abgestattet, wobei des Marquis von Bouillé als eines bedeutenden und in die Operationen kräftig eingreifenden Fremden zu erwähnen nicht vergessen wurde. Sobald dem horchenden Gastwirt dieser Name zu Ohren kam, erkundigte er sich eifrigst, ob wir den Herren kennten. Die

*Herzog Carl August von Sachsen-Weimar im Range eines Generalmajors des 6. Preußischen Kürassierregiments Garnison Aschersleben. Portät von Johann Ernst Heinsius, um 1790*

meisten durften es bejahen, wobei er denn viel Respekt bewies und große Hoffnung auf die Mitwirkung dieses würdigen tätigen Mannes aussprach, ja es wollte scheinen, als wenn wir von diesem Augenblicke an besser bedient würden.

Wie wir nun alle hier Versammelten uns mit Leib und Seele einem Fürsten angehörig bekannten, der seit mehreren Regierungsjahren so große Vorzüge entwickelt und nunmehr auch im Kriegshandwerk, dem er von Jugend auf zugetan gewesen, das er seit geraumer Zeit getrieben, sich bewähren sollte, so ward auf sein Wohl und seiner Angehörigen nach guter deutscher Weise angestoßen und getrunken; besonders aber auf des Prinzen Bernhards Wohl, bei welchem kurz vor dem Ausmarsch Obristwachtmeister von Weyhrach als Abgeordneter des Regiments Gevatter gestanden hatte.

Nun wußte jeder von dem Marsche selbst gar manches zu erzählen, wie man den Harz links lassend an Goslar vorbei nach Nordheim durch Göttingen gekommen; da hörte man denn von trefflichen und schlechten Quartieren, bäurisch-unfreundlichen, gebildet-mißmutigen, hypochondrisch-gefälligen Wirten, von Nonnenklöstern und mancherlei Abwechselung des Weges und Wetters. Alsdann war man am östlichen Rand Westphalens her bis Coblenz gezogen, hatte mancher hübschen Frau zu gedenken, von seltsamen Geistlichen, unvermutet begegnenden Freunden, zerbrochenen Rädern, umgeworfenen Wagen buntscheckigen Bericht zu erstatten.

Von Coblenz aus beklagte man sich über bergige Gegenden, beschwerliche Wege und mancherlei Mangel, und rückte sodann, nachdem man sich im Vergangenen kaum zerstreut, dem Wirklichen immer näher; der Einmarsch nach Frankreich in dem schrecklichsten Wetter ward als höchst unerfreulich und als würdiges Vorspiel beschrieben des Zustandes, den wir nach dem Lager zurückkehrend vor-

*Karl Wilhelm Ferdinand, Herzog von Braunschweig und Lüneburg, Oberbefehlshaber der Koalitionsarmee. Gemälde von Friedrich Reclam*

aussehen konnten. Jedoch in solcher Gesellschaft ermutigt sich einer am andern, und ich besonders beruhigte mich beim Anblick der köstlichen wollenen Decken, welche der Reitknecht aufgebunden hatte.

Im Lager fand ich Abends in dem großen Zelte die beste Gesellschaft; sie war dort beisammen geblieben weil man keinen Fuß heraussetzen konnte; alles war gutes Muts und voller Zuversicht. Die schnelle Übergabe von Longwy bestätigte die Zusage der Emigrierten, man werde überall mit offenen Armen aufgenommen sein, und es schien sich dem großen Vorhaben nichts als die Witterung entgegen zu setzen. Haß und Verachtung des revolutionären Frankreichs, durch die Manifeste des Herzogs von Braunschweig ausgesprochen, zeigten sich ohne Ausnahme bei Preußen, Östreichern und Emigrierten.

Freilich durfte man nur das wahrhaft bekannt Gewordene erzählen, so ging daraus hervor, daß ein Volk auf solchen Grad veruneinigt nicht einmal in Parteien gespalten, sondern im Innersten zerrüttet, in lauter Einzelnheiten getrennt, dem hohen Einheitssinne der edel Verbündeten nicht widerstehen könne.

Auch hatte man schon von Kriegstaten zu erzählen; gleich nach dem Eintritt in Frankreich stießen beim Rekognoszieren fünf Escadronen Husaren von Wolfrat auf tausend Chasseurs, die von Sedan her unser Vorrücken beobachten sollten. Die Unsrigen wohl geführt griffen an, und da die Gegenseitigen sich tapfer wehrten, auch keinen Pardon annehmen wollten, gab es ein greulich Gemetzel, worin wir siegten, Gefangene machten, Pferde, Karabiner und Säbel erbeuteten, durch welches Vorspiel der kriegerische Geist erhöht, Hoffnung und Zutrauen fester gegründet wurden.

Am neun und zwanzigsten August geschah der Aufbruch aus diesen halberstarrten Erd- und Wasserwogen, langsam und nicht ohne Beschwerde: denn wie sollte man Zelte und

Gepäck, Monturen und Sonstiges nur einigermaßen reinlich halten, da sich keine trockene Stelle fand, wo man irgend etwas hätte zurecht legen und ausbreiten können.

Die Aufmerksamkeit jedoch, welche die höchsten Heerführer diesem Abmarsch zuwendeten, gab uns frisches Vertrauen. Auf das strengste war alles Fuhrwerk ohne Ausnahme hinter die Kolonne beordert, nur jeder Regiments-Chef berechtigt eine Chaise vor seinem Zug hergehen zu lassen; da ich denn das Glück hatte im leichten offenen Wägelchen die Hauptarmee für diesmal anzuführen. Beide Häupter, der König sowohl als der Herzog von Braunschweig, mit ihrem Gefolge hatten sich da postiert, wo alles an ihnen vorbei mußte. Ich sah sie von weitem und als wir heran kamen, ritten Ihro Majestät an mein Wäglein heran und fragten in Ihro lakonischen Art: wem das Fuhrwerk gehöre? Ich antwortete laut: Herzog von Weimar! und wir zogen vorwärts. Nicht leicht ist jemand von einem vornehmern Visitator angehalten worden.

Weiter hin jedoch fanden wir den Weg hie und da etwas besser. In einer wunderlichen Gegend, wo Hügel und Tal mit einander abwechselten, gab es besonders für die zu Pferde noch trockene Räume genug um sich behaglich vorwärts bewegen zu können. Ich warf mich auf das meine und so ging es freier und lustiger fort; das Regiment hatte den Vortritt bei der Armee, wir konnten also immer voraus sein und der lästigen Bewegung des Ganzen völlig entgehen.

Der Marsch verließ die Hauptstraße, wir kamen über Arrancy, worauf uns denn Châtillon l'Abbaye, als erstes Kennzeichen der Revolution, ein verkauftes Kirchengut, in halb abgebrochenen und zerstörten Mauern zur Seite liegen blieb.

Nun aber sahen wir über Hügel und Tal des Königs Majestät sich eilig zu Pferde bewegend, wie den Kern eines Kometen von einem langen schweifartigen Gefolge begleitet. Kaum war jedoch dieses Phänomen mit Blitzesschnelle vor uns vorbei geschwunden, als ein zweites von einer anderen Seite den Hügel krönte oder das Tal erfüllte. Es war der Herzog von Braunschweig, der Elemente gleicher Art an und nach sich zog. Wir nun, obgleich mehr zum Beobachten als zum Beurteilen geneigt, konnten doch der Betrachtung nicht ausweichen, welche von beiden Gewalten denn eigentlich die obere sei? Welche wohl im zweifelhaften Falle zu entscheiden habe? Unbeantwortete Fragen die uns nur Zweifel und Bedenklichkeiten zurückließen.

Was nun aber hiebei noch ernsteren Stoff zum Nachdenken gab, war, daß man beide Heerführer so ganz frank und frei in ein Land hineinreiten sah wo nicht unwahrscheinlich in jedem Gebüsch ein aufgeregter Todfeind lauern konnte. Doch mußten wir gestehen, daß gerade das kühne persönliche Hingeben von jeher den Sieg errang und die Herrschaft behauptete.

Bei wolkigem Himmel schien die Sonne sehr heiß; das Fuhrwerk in grundlosem Boden fand ein schweres Fortkommen. Zerbrochene Räder an Wagen und Kanonen machten gar manchen Aufenthalt, hie und da ermattete Füseliere die sich schon nicht mehr fortschleppen konnten.

Man hörte die Kanonade bei Thionville und wünschte jener Seite guten Erfolg.

Abends erquickten wir uns im Lager bei Pillon. Eine liebliche Waldwiese nahm uns auf, der Schatten erfrischte schon, zum Küchfeuer war Gestrüpp genug bereit, ein Bach floß vorbei und bildete zwei klare Bassins, die beide sogleich von Menschen und Tieren sollten getrübt werden. Das eine gab ich frei, verteidigte das andere mit Heftigkeit und ließ es sogleich mit Pfählen und Stricken umziehen. Ohne Lärm gegen die Zudringlichen ging es nicht ab. Da fragte einer von unsern Reitern den andern, die eben ganz gelassen an ihrem Zeuge putzten: wer ist denn der, der sich so mausig macht? Ich weiß nicht, versetzte der andere, aber er hat Recht.

Also kamen nun Preußen und Östreicher und ein Teil von Frankreich auf französischem Boden ihr Kriegshandwerk zu treiben. In wessen Macht und Gewalt taten sie das? Sie konnten es in eignem Namen tun, der Krieg war ihnen zum Teil erklärt, ihr Bund war kein Geheimnis; aber nun ward noch ein Vorwand erfunden. Sie traten auf im Namen Ludwigs XVI., sie requirierten nicht, aber sie borgten gewaltsam. Man hatte Bons drucken lassen, die der Kommandierende unterzeichnete, derjenige aber, der sie in Händen hatte, nach Befund beliebig ausfüllte, Ludwig XVI. sollte bezahlen. Vielleicht hat nach dem Manifest nichts so sehr das Volk gegen das Königstum aufgehetzt als diese Behandlungsart. Ich war selbst bei einer solchen Szene gegenwärtig, deren ich mich als höchst tragisch erinnere. Mehrere Schäfer mochten ihre Herden vereinigt haben, um sie in Wäldern oder sonst abgelegenen Orten sicher zu verbergen, von tätigen Patrouillen aber aufgegriffen und zur Armee geführt, sahen sie sich zuerst wohl und freundlich empfangen. Man fragte nach den verschiedenen Besitzern, man sonderte und zählte die einzelnen Herden. Sorge und Furcht, doch mit einiger Hoffnung, schwebte auf den Gesichtern der tüchtigen Männer. Als sich aber dieses Verfahren dahin auflöste, daß man die Herden unter Regimenter und Kompagnien verteilte, den Besitzern hingegen, ganz höflich, auf Ludwig XVI. gestellte Papiere überreichte, indessen ihre wolligen Zöglinge von den ungeduldigen fleischlustigen Soldaten vor ihren Füßen ermordet wurden; so gesteh' ich wohl, es ist mir nicht leicht eine grausamere Szene und ein tieferer männlicher Schmerz in allen seinen Abstufungen jemals vor Augen und zur Seele gekommen. Die griechischen Tragödien allein haben so einfach tief Ergreifendes.

*Ludwig XVI. Stahlstich eines unbekannten Meisters. Da der König am 4. Februar 1790 die neue Verfassung akzeptierte, wird er auf diesem Stich noch als »Wiederhersteller der Französischen Freiheit« gefeiert.*

Den 30. August.

Vom heutigen Tag der uns gegen Verdun bringen sollte versprachen wir uns Abenteuer, und sie blieben nicht aus. Der auf- und abwärtsgehende Weg war schon besser getrocknet, das Fuhrwerk zog ungehinderter dahin, die Reiter bewegten sich leichter und vergnüglich.

Es hatte sich eine muntere Gesellschaft zusammengefunden, die wohl beritten so weit vorging, bis sie einen Zug Husaren antraf, der den eigentlichen Vortrab der Hauptarmee machte. Der Rittmeister, ein gesetzter Mann schon über die mittlern Jahre, schien unsere Ankunft nicht gerne zu sehen. Die strengste Aufmerksamkeit war ihm empfohlen, alles sollte mit Vorsicht geschehen, jede unangenehme Zufälligkeit klüglich beseitigt werden. Er hatte seine Leute kunstmäßig verteilt, sie ruckten einzeln vor in gewissen Entfernungen, und alles begab sich in der größten Ordnung und Ruhe. Menschenleer war die Gegend, die äußerste Einsamkeit ahnungsvoll. So waren wir Hügel auf Hügel ab über Mangiennes, Damvillers, Wawrille und Ormont gekommen, als auf einer Höhe, die eine schöne Aussicht gewährte, rechts in den Weinbergen ein Schuß fiel, worauf die Husaren sogleich zufuhren, die nächste Umgebung zu untersuchen. Sie brachten auch wirklich einen schwarzhaarigen bärtigen Mann herbei, der ziemlich wild aussah und bei dem man ein schlechtes Terzerol gefunden hatte. Er sagte trotzig, daß er die Vögel aus seinem Weinberg verscheuche und niemand etwas zu Leide tue. Der Rittmeister schien, bei stiller Überlegung, diesen Fall mit seinen gemessenen Ordres zusammen zu halten und entließ den bedrohten Gefangenen mit einigen Hieben, die der Kerl so eilig mit auf den Weg nahm, daß man ihm seinen Hut mit großem Lustgeschrei nachwarf, den er aber aufzunehmen keinen Beruf empfand.

Der Zug ging weiter, wir unterhielten uns über die Vorkommenheiten und über manches was zu erwarten sein möchte. Nun ist zu bemerken, daß unsre kleine Gesellschaft, wie sie sich den Husaren aufgedrungen hatte, zufällig zusammen gekommen aus den verschiedensten Elementen bestand; meistens waren es gradsinnige, jeder nach seiner Weise dem Augenblick gewidmete Menschen. Einen jedoch muß ich besonders auszeichnen, einen ernsten, sehr achtbaren Mann, von der Art wie sie zu jener Zeit unter den preußischen Kriegsleuten öfter vorkamen, mehr ästhetisch als philosophisch gebildet, ernst mit einem gewissen hypochondrischen Zuge, still in sich gekehrt und zum Wohltun mit zarter Leidenschaft aufgelegt.

Als wir so weiter vor uns hinrückten, trafen wir auf eine so seltsame als angenehme Erscheinung, die eine allgemeine Teilnahme erregte. Zwei Husaren brachten ein einspänniges zweirädriges Wägelchen den Berg herauf, und als wir uns erkundigten, was unter der übergespannten Leinwand wohl befindlich sein möchte, so fand sich ein Knabe von etwa zwölf Jahren, der das Pferd lenkte, und ein wunderschönes Mädchen oder Weibchen, das sich aus der Ecke hervorbeugte um die vielen Reiter anzusehen, die ihren zweirädrigen Schirm umzingelten. Niemand blieb ohne Teilnahme, aber die eigentlich tätige Wirkung für die Schöne mußten wir unserm empfindenden Freund überlassen, der von dem Augenblick an als er das bedürftige Fuhrwerk näher betrachtet, sich zur Rettung unaufhaltsam hingedrängt fühlte. Wir traten in den Hintergrund, er aber fragte genau nach allen Umständen, und es fand sich, daß die junge Person in Samogneux wohnhaft, dem bevorstehenden Bedrängnis seitwärts zu entfernteren Freunden auszuweichen willens, sich eben der Gefahr in den Rachen geflüchtet habe; wie in solchen ängstlichen Fällen der Mensch wähnt, es sei überall besser als da wo er ist. Einstimmig ward ihr nun auf das freundlichste begreiflich gemacht, daß sie zurückkehren müsse. Auch unser Anführer, der Rittmeister, der zuerst eine Spionerei hier wittern wollte, ließ sich endlich durch die herzliche Rhetorik des sittlichen Mannes überreden; der sie denn auch, zwei Husaren an der Seite, bis an ihren Wohnort einigermaßen getröstet zurückbrachte, woselbst sie uns, die wir in bester Ordnung und Mannszucht bald nachher durchzogen, auf einem Mäuerchen unter den Ihrigen stehend, freundlich und, weil das erste Abenteuer so gut gelungen war, hoffnungsvoll begrüßte.

Es gibt dergleichen Pausen mitten in den Kriegszügen, wo man durch augenblickliche Mannszucht sich Kredit zu verschaffen sucht und eine Art von gesetzlichem Frieden mitten in der Verwirrung beordert. Diese Momente sind köstlich für Bürger und Bauern und für jeden, dem das dauernde Kriegsunheil noch nicht allen Glauben an Menschlichkeit geraubt hat.

Ein Lager diesseits Verdun wird aufgeschlagen und man zählt auf einige Tage Rast.

Den ein und dreißigsten Morgens war ich im Schlafwagen, gewiß der trockensten, wärmsten und erfreulichsten Lagerstätte, halb erwacht, als ich etwas an den Ledervorhängen rauschen hörte und bei Eröffnung derselben den Herzog von Weimar erblickte, der mir einen unerwarteten Fremden vorstellte. Ich erkannte sogleich den abenteuerlichen Grothus, der, seine Parteigängerrolle auch hier zu spielen nicht abgeneigt, angelangt war um den bedenklichen Auftrag der Aufforderung Verduns zu übernehmen. In Gefolg dessen war er gekommen unsern fürstlichen Anführer um einen Stabstrompeter zu ersuchen, welcher, einer solchen besondern Auszeichnung sich erfreuend, alsobald zu dem Geschäft beordert wurde. Wir begrüßten uns, alter Wunderlichkeiten eingedenk, auf das heiterste und Grothus eilte zu seinem Geschäft; worüber denn, als es vollbracht war, gar mancher Scherz getrieben wurde. Man erzählte sich wie er, den Trompeter voraus, den Husaren hinterdrein, die Fahrstraße hinabgeritten, die Verduner aber als Sansculotten, das Völkerrecht nicht kennend oder verachtend, auf ihn kanoniert, wie er ein weißes Schnupftuch an die Trompete befestigt und immer heftiger zu blasen befohlen; wie er von einem Kommando eingeholt, und mit verbundenen Augen allein in die Festung geführt, alldort schöne Reden gehalten, aber nichts bewirkt und was dergleichen mehr war, wodurch man denn, nach Weltart, den geleisteten Dienst zu verkleinern und dem Unternehmenden die Ehre zu verkümmern wußte.

Als nun die Festung, wie natürlich, auf die erste Forderung sich zu ergeben abgeschlagen, mußte man mit Anstalten zum Bombardement vorschreiten. Der Tag ging hin, indessen besorgt' ich noch ein kleines Geschäft, dessen gute Folgen sich mir bis auf den heutigen Tag erstrecken. In Mainz hatte mich Herr v. Stein mit dem Jägerischen Atlas versorgt, welcher den gegenwärtigen, hoffentlich auch den nächstkünftigen Kriegsschauplatz in mehreren Blättern darstellte. Ich nahm das eine hervor, das achtundvierzigste, in dessen Bezirk ich bei Longwy hereingetreten war, und da unter des Herzogs Leuten sich gerade ein Boßler befand, so ward es zerschnitten und aufgezogen und dient mir noch zur Wiedererinnerung jener für die Welt und mich so bedeutenden Tage.

Nach solchen Vorbereitungen zum künftigen Nutzen und augenblicklicher Bequemlichkeit sah ich mich um auf der Wiese wo wir lagerten, und von wo sich die Zelte bis auf die Hügel erstreckten. Auf dem großen grünen ausgebreiteten Teppich zog ein wunderliches Schauspiel meine Aufmerksamkeit an sich: eine Anzahl Soldaten hatten sich in einen Kreis gesetzt und hantierten etwas innerhalb desselben. Bei näherer Untersuchung fand ich sie um einen trichterförmigen Erdfall gelagert, der von dem reinsten Quellwasser gefüllt oben etwa dreißig Fuß im Durchmesser haben konnte. Nun waren es unzählige kleine Fischchen nach denen die Kriegsleute angelten, wozu sie das Gerät neben ihrem übrigen Gepäcke mitgebracht hatten. Das Wasser war das klarste von der Welt und die Jagd lustig genug anzusehen. Ich hatte jedoch nicht lange diesem Spiele zugeschaut, als ich bemerkte, daß die Fischlein indem sie sich bewegten verschiedene Farben spielten. Im ersten Augenblick hielt ich diese Erscheinung für Wechselfarben der beweglichen Körperchen, doch bald eröffnete sich mir eine willkommene Aufklärung. Eine Scherbe Steingut war in den Trichter gefallen, welche mir aus der Tiefe herauf die schönsten prismatischen Farben gewährte. Heller als der Grund, dem Auge entgegen gehoben, zeigte sie an dem von mir abstehenden Rande die Blau- und Violettfarbe, an dem mir zugekehrten Rande dagegen die rote und gelbe. Als ich mich darauf um die Quelle ringsum bewegte, folgte mir, wie natürlich bei einem solchen subjektiven Versuche, das Phänomen und die Farben erschienen, bezüglich auf mich, immer dieselbigen.

Leidenschaftlich ohnehin mit diesen Gegenständen beschäftigt, machte mir's die größte Freude dasjenige hier unter freiem Himmel so frisch und natürlich zu sehen, weshalb sich die Lehrer der Physik schon fast hundert Jahre mit ihren Schülern in eine dunkle Kammer einzusperren pflegten. Ich verschaffte mir noch einige Scherbenstücke, die ich hinein warf, und konnte gar wohl bemerken, daß die Erscheinung unter der Oberfläche des Wassers sehr bald anfing, beim Hinabsinken immer zunahm, und zuletzt ein kleiner weißer Körper, ganz überfärbt in Gestalt eines Flämmchens am Boden anlangte. Dabei erinnerte ich mich daß Agricola schon dieser Erscheinung gedacht und sie unter die feurigen Phänomene zu rechnen sich bewogen gesehn.

Nach Tische ritten wir auf den Hügel der unseren Zelten die Ansicht von Verdun verbarg: wir fanden die Lage der Stadt, als einer solchen, sehr angenehm von Wiesen, Gärten umgeben, in einer heitern Fläche, von der Maas in mehreren Ästen durchströmt, zwischen näheren und ferneren Hügeln; als Festung freilich einem Bombardement von allen

Seiten ausgesetzt. Der Nachmittag ging hin mit Errichtung der Batterien, da die Stadt sich zu ergeben geweigert hatte. Mit guten Ferngläsern beschauten wir indessen die Stadt und konnten ganz genau erkennen was auf dem gegen uns gekehrten Wall vorging, mancherlei Volk das sich hin und her bewegte, und besonders an einem Fleck sehr tätig zu sein schien.

Um Mitternacht fing das Bombardement an, sowohl von der Batterie auf unserm rechten Ufer, als von einer andern auf dem linken, welche näher gelegen und mit Brandraketen spielend, die stärkste Wirkung hervorbrachte. Diese geschwänzten Feuermeteore mußte man denn ganz gelassen durch die Luft fahren und bald darauf ein Stadtquartier in Flammen sehen. Unsere Ferngläser, dorthin gerichtet, gestatteten uns auch dieses Unheil im Einzelnen zu betrachten; wir konnten die Menschen erkennen, die sich oben auf den Mauern dem Brande Einhalt zu tun eifrig bemühten, wir konnten die freistehenden, zusammenstürzenden Gesparre bemerken und unterscheiden. Dieses alles geschah in Gesellschaft von Bekannten und Unbekannten, wobei es unsägliche, oft widersprechende Bemerkungen gab und gar verschiedene Gesinnungen geäußert wurden. Ich war in eine Batterie getreten, die eben gewaltsam arbeitete, allein der fürchterlich dröhnende Klang abgefeuerter Haubitzen fiel meinem friedlichen Ohr unerträglich, ich mußte mich bald entfernen. Da traf ich auf den Fürsten Reuß den XI., der mir immer ein freundlicher gnädiger Herr gewesen. Wir gingen hinter Weinbergsmauern hin und her, durch sie geschützt vor den Kugeln, welche herauszusenden die Belagerten nicht faul waren. Nach mancherlei politischen Gesprächen, die uns denn freilich nur in ein Labyrinth von Hoffnungen und Sorgen verwickelten, fragte mich der Fürst: womit ich mich gegenwärtig beschäftige, und war sehr verwundert als ich, anstatt von Tragödien und Romanen zu vermelden, aufgeregt durch die heutige Refraktionserscheinung, von der Farbenlehre mit großer Lebhaftigkeit zu sprechen begann. Denn es ging mir mit diesen Entwickelungen natürlicher Phänomene wie mit Gedichten, ich machte sie nicht, sondern sie machten mich. Das einmal erregte Interesse behauptete sein Recht, die Produktion ging ihren Gang, ohne sich durch Kanonenkugeln und Feuerballen im Mindesten stören zu lassen. Der Fürst verlangte daß ich ihm faßlich machen sollte, wie ich in dieses Feld geraten. Hier gereichte mir nun der heutige Fall zu besonderem Nutzen und Frommen.

Bei einem solchen Manne bedurft' es nicht vieler Worte um ihn zu überzeugen daß ein Naturfreund, der sein Leben gewöhnlich im Freien, es sei nun im Garten, auf der Jagd, reisend oder durch Feldzüge durchführt, Gelegenheit und Muße genug finde die Natur im Großen zu betrachten und sich mit den Phänomenen aller Art bekannt zu machen. Nun bieten aber atmosphärische Luft, Dünste, Regen, Wasser und Erde uns immerfort abwechselnde Farbenerscheinungen, und zwar unter so verschiedenen Bedingungen und Umständen, daß man wünschen müsse solche bestimmter kennen zu lernen, sie zu sondern, unter gewisse Rubriken zu bringen, ihre nähere und fernere Verwandtschaft auszuforschen. Hiedurch gewinne man nun in jedem Fach neue Ansichten, unterschieden von der Lehre der Schule und von gedruckten Überlieferungen. Unsere Altväter hätten, begabt mit großer Sinnlichkeit, vortrefflich gesehen, jedoch ihre Beobachtungen nicht fort- noch durchgesetzt, am wenigsten sei ihnen gelungen die Phänomene wohl zu ordnen und unter die rechten Rubriken zu bringen.

Dergleichen ward abgehandelt, als wir den feuchten Rasen hin- und hergingen; ich setzte, aufgeregt durch Fragen und Einreden, meine Lehre fort, als die Kälte des einbrechenden Morgens uns an ein Bivouak der Östreicher trieb, welches die ganze Nacht unterhalten, einen ungeheuern wohltätigen Kohlenkreis darbot. Eingenommen von meiner

Sache, mit der ich mich erst seit zwei Jahren beschäftigte, und die also noch in einer frischen unreifen Gärung begriffen war, hätte ich kaum wissen können, ob der Fürst mir auch zugehört, wenn er nicht einsichtige Worte dazwischen gesprochen und zum Schluß meinen Vortrag wieder aufgenommen und beifällige Aufmunterung gegönnt hätte.

Wie ich denn immer bemerkt habe, daß mit Geschäfts- und Weltleuten, die sich gar vielerlei aus dem Stegreife müssen vortragen lassen und deshalb immer auf ihrer Hut sind, um nicht hintergangen zu werden, viel besser auch in wissenschaftlichen Dingen zu handeln ist, weil sie den Geist frei halten und dem Referenten aufpassen, ohne weiteres Interesse, als eigene Aufklärungen; da Gelehrte hingegen gewöhnlich nichts hören, als was sie gelernt und gelehrt haben und worüber sie mit ihres Gleichen übereingekommen sind. An die Stelle des Gegenstandes setzt sich ein Wort-Credo, bei welchem denn so gut zu verharren ist als bei irgend einem andern.

Der Morgen war frisch aber trocken, wir gingen, teils gebraten teils erstarrt, wieder auf und ab und sahen an den Weinbergsmauern sich auf einmal etwas regen. Es war ein Pikett Jäger, das die Nacht da zugebracht hatte, nun aber Büchse und Tornister wieder aufnahm, hinab in die niedergebrannten Vorstädte zog, um von da aus die Wälle zu beunruhigen. Einem wahrscheinlichen Tod entgegen gehend sangen sie sehr libertine Lieder, in dieser Lage vielleicht verzeihbar.

Kaum verließen sie die Stätte, als ich auf der Mauer, an der sie geruht, ein sehr auffallendes geologisches Phänomen zu bemerken glaubte; ich sah auf dem von Kalkstein errichteten weißen Mäuerchen ein Gesims von hellgrünen Steinen, völlig von der Farbe des Jaspis, und war höchlich betroffen, wie mitten in diesen Kalkflözen eine so merkwürdige Steinart in solcher Menge sich sollte gefunden haben. Auf die eigenste Weise ward ich jedoch entzaubert als ich, auf das

Gespenst losgehend, sogleich bemerkte daß es das Innere von verschimmeltem Brot sei, das, den Jägern ungenießbar, mit gutem Humor ausgeschnitten und zu Verzierung der Mauer ausgebreitet worden.

Hier gab es nun sogleich Gelegenheit von der, seitdem wir in Feindesland eingetreten, immer wieder zur Sprache kommenden Vergiftung zu reden; welche freilich ein kriegendes Heer mit panischem Schrecken erfüllt, indem nicht allein jede vom Wirt angebotene Speise, sondern auch das selbst gebackene Brot verdächtig wird, dessen innerer, schnell sich entwickelnder Schimmel ganz natürlichen Ursachen zuzuschreiben ist.

Es war den ersten September früh um acht Uhr als das Bombardement aufhörte, ob man gleich noch immerfort Kugeln hinüber und herüber wechselte. Besonders hatten die Belagerten einen Vierundzwanzigpfünder gegen uns gekehrt, dessen sparsame Schüsse sie mehr zum Scherz als Ernst verwendeten.

Auf der freien Höhe zur Seite der Weinberge, grad im Angesichte dieses gröbsten Geschützes, waren zwei Husaren zu Pferd aufgestellt, um Stadt und Zwischenraum aufmerksam zu beobachten. Diese blieben die Zeit ihrer Postierung über unangefochten. Weil aber bei der Ablösung sich nicht allein die Zahl der Mannschaft vermehrte, sondern auch manche Zuschauer grad in diesem Augenblick herbeiliefen und ein tüchtiger Klump Menschen zusammen kam, so hielten jene ihre Ladung bereit. Ich stand in diesem Augenblick mit dem Rücken dem ungefähr hundert Schritt entfernten Husaren- und Volks-Trupp zugekehrt, mich mit einem Freund besprechend, als auf einmal der grimmige, pfeifend schmetternde Ton hinter mir hersauste, so daß ich mich auf dem Absatz herumdrehete, ohne sagen zu können ob der Ton, die bewegte Luft, eine innere, psychische, sittliche Anregung dieses Umkehren hervorgebracht. Ich sah die Kugel, weit hinter der aus einander gestobenen Menge, noch durch einige Zäune ricochetieren. Mit großem Geschrei lief man ihr nach als sie aufgehört hatte furchtbar zu sein; niemand war getroffen, und die Glücklichen, die sich dieser runden Eisenmasse bemächtigt, trugen sie im Triumph umher.

Gegen Mittag wurde die Stadt zum zweitenmal aufgefordert und erbat sich vier und zwanzig Stunden Bedenkzeit. Diese nutzten auch wir uns etwas bequemer einzurichten, um zu proviantieren, die Gegend umher zu bereiten, wobei ich denn nicht unterließ mehrmals zu der unterrichtenden Quelle zurückzukehren, wo ich meine Beobachtungen ruhiger und besonnener anstellen konnte; denn das Wasser war rein ausgefischt und hatte sich vollkommen klar und ruhig gesetzt, um das Spiel der niedersinkenden Flämmchen nach Lust zu wiederholen, und ich befand mich in der angenehmsten Gemütsstimmung. Einige Unglücksfälle versetzten jedoch uns wieder bald in Kriegszustand. Ein Offizier von der Artillerie suchte sein Pferd zu tränken; der Wassermangel in der Gegend war allgemein, meine Quelle an der er vorbeiritt, lag nicht flach genug, er begab sich nach der nahe fließenden Maas, wo er an einem abhängigen Ufer versank; das Pferd hatte sich gerettet, ihn trug man tot vorbei.

Kurz darauf sah und hörte man eine starke Explosion im östreichischen Lager, an dem Hügel zu dem wir hinaufsehen konnten; Knall und Dampf wiederholte sich einigemal. Bei einer Bombenfüllung war, durch Unvorsichtigkeit, Feuer entstanden, das höchste Gefahr drohte; es teilte sich schon gefüllten Bomben mit und man hatte zu fürchten, der ganze Vorrat möchte in die Luft gehen. Bald aber war die Sorge gestillt durch rühmliche Tat kaiserlicher Soldaten, welche, die bedrohende Gefahr verachtend, Pulver und gefüllte Bomben aus dem Zeltraum eilig hinaustrugen.

So ging auch dieser Tag hin; am andern Morgen ergab sich die Stadt und ward in Besitz genommen; sogleich aber sollte uns ein republikanischer Charakterzug begegnen.

*Die Festung Verdun vor dem Bombardement.*
*Aquarellierte Bleistiftzeichnung von Goethe,*
*vor dem 30. August 1792?*

Der Kommandant Beaurepaire, bedrängt von der bedrängten Bürgerschaft, die bei fortdauerndem Bombardement ihre ganze Stadt verbrannt und zerstört sah, konnte die Übergabe nicht länger verweigern; als er aber auf dem Rathaus in voller Sitzung seine Zustimmung gegeben hatte, zog er ein Pistol hervor und erschoß sich, um abermals ein Beispiel höchster patriotischer Aufopferung darzustellen.

Nach dieser so schnellen Eroberung von Verdun zweifelte niemand mehr, daß wir bald darüber hinausgelangen und in Châlons und Epernay uns von den bisherigen Leiden an gutem Weine bestens erholen sollten. Ich ließ daher ungesäumt die Jägerischen Karten welche den Weg nach Paris bezeichneten, zerschneiden und sorgfältig aufziehen, auch auf die Rückseite weißes Papier kleben, wie ich es schon bei der ersten getan, um kurze Tagesbemerkungen flüchtig aufzuzeichnen.

Den 3. September.

Früh hatte sich eine Gesellschaft zusammen gefunden nach der Stadt zu reiten, an die ich mich anschloß. Wir fanden gleich beim Einritt große frühere Anstalten, die auf einen längeren Widerstand hindeuteten; das Straßenpflaster war in der Mitte durchaus aufgehoben und gegen die Häuser angehäuft, das feuchte Wetter machte deshalb das Umherwandeln nicht erfreulich. Wir besuchten aber sogleich die namentlich gerühmten Läden, wo der beste Liqueur aller Art zu haben war. Wir probierten ihn durch und versorgten uns mit mancherlei Sorten. Unter andern war einer Namens Baume humain, welcher weniger süß aber stärker ganz besonders erquickte. Auch die Dragéen, überzuckerte kleine Gewürzkörner, in saubern zylindrischen Deuten wurden nicht abgewiesen. Bei so vielem Guten gedachte man nun der lieben Zurückgelassenen, denen dergleichen am friedlichen Ufer der Ilm gar wohl behagen möchte. Kistchen wurden gepackt; gefällige wohlwollende Couriere, das bisherige Kriegsglück in Deutschland zu melden beauftragt, waren geneigt sich mit einigem Gepäck dieser Art zu belasten, wodurch sich denn die Freundinnen zu Hause in höchster Beruhigung überzeugen mochten, daß wir in einem Lande wallfahrteten, wo Geist und Süßigkeit niemals ausgehen dürfen.

Als wir nun darauf die teilweis verletzte und verwüstete Stadt beschauten, waren wir veranlaßt die Bemerkung zu wiederholen: daß bei solchem Unglück, welches der Mensch dem Menschen bereitet, wie bei dem was die Natur uns zuschickt, einzelne Fälle vorkommen, die auf eine Schickung, eine günstige Vorsehung hinzudeuten scheinen. Der untere Stock eines Eckhauses auf dem Markte ließ einen von vielen Fenstern wohl erleuchteten Fayence-Laden sehen; man machte uns aufmerksam, daß eine Bombe von dem Platz aufschlagend an den schwachen steinernen Türpfosten des Ladens gefahren, von demselben aber wieder abgewiesen, andere Richtung genommen habe. Der Türpfosten war wirklich beschädigt, aber er hatte die Pflicht eines guten Vorfechters getan: die Glanzfülle des oberflächlichen Porzellans stand in widerspiegelnder Herrlichkeit hinter den wasserhellen wohlgeputzten Fenstern.

Mittags am Wirtstische wurden wir mit guten Schöpfenkeulen und Wein von Bar traktiert, den man, weil er nicht verfahren werden kann, im Lande selbst aussuchen und genießen muß. Nun ist aber an solchen Tischen Sitte, daß man wohl Löffel, jedoch weder Messer noch Gabel erhält, die man daher mitbringen muß. Von dieser Landesart unterrichtet, hatten wir schon solche Bestecke angeschafft, die man dort flach und zierlich gearbeitet zu kaufen findet. Muntere resolute Mädchen warteten auf, nach derselben Art und Weise, wie sie vor einigen Tagen ihrer Garnison noch aufgewartet hatten.

Bei der Besitznehmung von Verdun ereignete sich jedoch ein Fall, der, obgleich nur einzeln, großes Aufsehen erregte und allgemeine Teilnahme heranrief. Die Preußen zogen ein, und es fiel aus der französischen Volksmasse ein Flintenschuß, der niemand verletzte, dessen Wagestück aber ein französischer Grenadier nicht verleugnen konnte noch wollte. Auf der Hauptwache, wohin er gebracht wurde, hab' ich ihn selbst gesehn: es war ein sehr schöner, wohlgebildeter junger Mann, festen Blicks und ruhigen Betragens. Bis sein Schicksal entschieden wäre, hielt man ihn läßlich. Zunächst an der Wache war eine Brücke, unter der ein Arm der Maas durchzog; er setzte sich auf's Mäuerchen, blieb eine Zeit lang ruhig, dann überschlug er sich rückwärts in die Tiefe und ward nur tot aus dem Wasser herausgebracht.

Diese zweite heroische, ahnungsvolle Tat erregte leidenschaftlichen Haß bei den frisch Eingewanderten, und ich hörte sonst verständige Personen behaupten, man möchte weder diesem noch dem Kommandanten ein ehrlich Begräbnis gestatten. Freilich hatte man sich andere Gesinnungen versprochen, und noch sah man nicht die geringste Bewegung unter den fränkischen Truppen, zu uns überzugehen.

Größere Heiterkeit verbreitete jedoch die Erzählung, wie der König in Verdun aufgenommen worden; vierzehn der schönsten, wohlerzogensten Frauenzimmer hatten Ihro Majestät mit angenehmen Reden, Blumen und Früchten bewillkommt. Seine Vertrautesten jedoch rieten ihm ab, vom Genuß Vergiftung befürchtend; aber der großmütige Monarch verfehlte nicht diese wünschenswerten Gaben mit galanter Wendung anzunehmen und sie zutraulich zu kosten. Diese reizenden Kinder schienen auch unseren jungen Offizieren einiges Vertrauen eingeflößt zu haben; gewiß diejenigen, die das Glück gehabt dem Ball beizuwohnen, konnten nicht genug von Liebenswürdigkeit, Anmut und gutem Betragen sprechen und rühmen.

Aber auch für solidere Genüsse war gesorgt: denn wie

man gehofft und vermutet hatte, fanden sich die besten und reichlichsten Vorräte in der Festung, und man eilte, vielleicht nur zu sehr, sich daran zu erholen. Ich konnte gar wohl bemerken, daß man mit geräuchertem Speck und Fleisch, mit Reis und Linsen und andern guten und notwendigen Dingen nicht haushältisch genug verfahre, welches in unserer Lage bedenklich schien. Lustig dagegen war die Art wie ein Zeughaus, oder Waffensammlung aller Art, ganz gelassen geplündert ward. In ein Kloster hatte man allerlei Gewehre, mehr alte als neue, und mancherlei seltsame Dinge gebracht, womit der Mensch, der sich zu wehren Lust hat, den Gegner abhält oder wohl gar erlegt.

Mit jener sanften Plünderung aber verhielt es sich folgendermaßen: als, nach eingenommener Stadt, die hohen Militärpersonen sich von den Vorräten aller Art zu überzeugen gedachten, begaben sie sich ebenfalls in diese Waffensammlung, und indem sie solche für das allgemeine Kriegsbedürfnis in Anspruch nahmen, fanden sie manches Besondere, welches dem Einzelnen zu besitzen nicht unangenehm wäre, und niemand war leicht mit Musterung dieser Waffen beschäftigt, der nicht auch für sich etwas herausgemustert hätte. Dies ging nun durch alle Grade durch, bis dieser Schatz zuletzt beinahe ganz in's Freie fiel. Nun gab jedermann der angestellten Wache ein kleines Trinkgeld, um sich diese Sammlung zu besehen, und nahm dabei etwas mit heraus was ihm anstehen mochte. Mein Diener erbeutete auf diese Weise einen flachen hohen Stock, der, mit Bindfaden stark und geschickt umwunden, dem ersten Anblick nach nichts weiter erwarten ließ; seine Schwere aber deutete auf einen gefährlichen Inhalt, auch enthielt er eine sehr breite, wohl vier Fuß lange, Degenklinge, womit eine kräftige Faust Wunder getan hätte.

So zwischen Ordnung und Unordnung, zwischen Erhalten und Verderben, zwischen Rauben und Bezahlen lebte man immer hin, und dies mag es wohl sein, was den Krieg

*Jean-Paul-Gilbert Motier, Marquis de Lafayette (1757-1834).*
*»Held zweier Welten« als einstiger Mitkämpfer*
*Washingtons und Befehlshaber der Nationalgarde*

für das Gemüt eigentlich verderblich macht. Man spielt den Kühnen, Zerstörenden, dann wieder den Sanften, Belebenden; man gewöhnt sich an Phrasen, mitten in dem verzweifeltsten Zustand Hoffnung zu erregen und zu beleben; hiedurch entsteht nun eine Art von Heuchelei, die einen besondern Charakter hat, und sich von der pfäffischen, höfischen, oder wie sie sonst heißen mögen, ganz eigen unterscheidet.

Einer merkwürdigen Person aber muß ich noch gedenken, die ich, zwar nur in der Entfernung, hinter Gefängnisgittern gesehen: es war der Postmeister von Sainte Menehould, der sich, ungeschickter Weise, von den Preußen hatte fangen lassen. Er scheute keineswegs die Blicke der Neugierigen, und schien bei seinem ungewissen Schicksal ganz ruhig. Die Emigrierten behaupteten er habe tausend Tode verdient, und hetzten deshalb an den obersten Behörden, denen aber zum Ruhme zu rechnen ist, daß sie in diesem wie in andern Fällen, sich mit geziemender hoher Ruhe und anständigem Gleichmut betragen.

Am 4. September.

Die viele Gesellschaft die ab- und zuging belebte unsere Zelte den ganzen Tag; man hörte vieles erzählen, vieles bereden und beurteilen, die Lage der Dinge tat sich deutlicher auf als bisher. Alle waren einig, daß man so schnell als möglich nach Paris vordringen müsse. Die Festungen Montmédy und Sedan hatte man unerobert sich zur Seite gelassen, und schien von der in dortiger Gegend stehenden Armee wenig zu befürchten.

Lafayette, auf welchem das Vertrauen des Kriegsvolks beruhte, war genötigt gewesen aus der Sache zu scheiden; er sah sich gedrängt zum Feinde überzugehen und ward als Feind behandelt. Dumouriez, wenn er auch sonst als Minister Einsicht in Militär-Angelegenheiten bewiesen hatte, war durch keinen Feldzug berühmt, und aus der Kanzlei zum Oberbefehl der Armee befördert, schien er auch nur jene Inkonsequenz und Verlegenheit des Augenblicks zu beweisen. Von der andern Seite verlauteten die traurigen Vorfälle von der Hälfte des Augusts aus Paris, wo dem Braunschweigischen Manifest zum Trutze der König gefangen genommen, abgesetzt und als Missetäter behandelt wurde. Was aber für die nächsten Kriegsoperationen höchst bedenklich sei, ward am umständlichsten besprochen.

Der waldbewachsene Gebirgsriegel, welcher die Aire von Süden nach Norden an ihm herzufließen nötigt, Forêt d'Argonne genannt, lag unmittelbar vor uns und hielt unsere Bewegung auf. Man sprach viel von den Isletten, dem bedeutenden Paß zwischen Verdun und Sainte Menehould. Warum er nicht besetzt werde, besetzt worden sei, darüber konnte man sich nicht vereinigen. Die Emigrierten sollten ihn einen Augenblick überrumpelt haben ohne ihn halten zu können. Die abziehende Besatzung von Longwy hatte sich, so viel wußte man, dorthin gezogen; auch Dumouriez schickte, während wir uns auf dem Marsch nach Verdun und mit dem Bombardement der Stadt beschäftigten, Truppen querüber durch's Land, um diesen Posten zu verstärken und den rechten Flügel seiner Position hinter Grandpré zu decken, und so den Preußen, Östreichern und Emigrierten ein zweites Thermopylä entgegen zu stellen.

Man gestand sich einander die höchst ungünstige Lage, und mußte sich in die Anstalten fügen, wornach die Armee, welche unaufhaltsam gerade vorwärts hätte dringen sollen, die Aire hinabziehen sollte, um sich an den verschanzten Bergschluchten auf gut Glück zu versuchen; wobei noch für höchst vorteilhaft galt, daß Clermont den Franzosen entrissen und von Hessen besetzt sei, welche, gegen die Isletten operierend, sie wo nicht wegnehmen doch beunruhigen konnten.

Den 6. September.

In diesem Sinne ward nunmehr das Lager verändert und kam hinter Verdun zu stehen; das Hauptquartier des Königs, Glorieux, des Herzogs von Braunschweig, Regret genannt, gab zu wunderlichen Betrachtungen Anlaß. An den ersten Ort gelangt' ich selbst durch einen verdrießlichen Zufall. Des Herzogs von Weimar Regiment sollte bei Jardin Fontaine zu stehen kommen, nahe an der Stadt und der Maas; zum Tore fuhren wir glücklich heraus, indem wir uns in den Wagenzug eines unbekannten Regiments einschwärzten, und von ihm fortschleppen ließen, obgleich zu bemerken war, daß man sich zu weit entferne; auch hätten wir nicht einmal bei dem schmalen Wege aus der Reihe weichen können, ohne uns in den Gräben unwiederbringlich zu verfahren. Wir schauten rechts und links ohne zu entdekken, wir fragten eben so und erhielten keinen Bescheid; denn alle waren fremd wie wir und auf's verdrießlichste von dem Zustand angegriffen. Endlich auf eine sanfte Höhe gelangt sah ich links unten in einem Tal, das zu guter Jahrszeit ganz angenehm sein mochte, einen hübschen Ort mit bedeutenden Schloßgebäuden, wohin glücklicherweise ein sanfter grüner Rain uns bequem hinunter zu bringen versprach. Ich ließ um so eher aus der schrecklichen Fahrleise hinabwärts ausbiegen, als ich unten Offiziere und Reitknechte hin- und widersprengen, Packwagen und Chaisen aufgefahren sah; ich vermutete eins der Hauptquartiere und so fand sich's: es war Glorieux, der Aufenthalt des Königs. Aber auch da war mein Fragen: wo Jardin Fontaine liege? ganz umsonst. Endlich begegnete ich wie einem Himmelsboten Herrn von Alvensleben, der sich mir früher freundlich erwiesen hatte, dieser gab mir denn Bescheid, ich solle den von allem Fuhrwerk freien Dorfweg im Tale bis nach der Stadt verfolgen, vor derselben aber links durchzudringen suchen, und ich würde Jardin Fontaine gar bald entdekken.

Beides gelang mir, und ich fand auch unsere Zelte aufgeschlagen, aber im schrecklichsten Zustande; man sah sich in grundlosen Kot versenkt, die verfaulten Schlingen der Zelttücher zerrissen eine nach der andern, und die Leinwand schlug dem über Kopf und Schulter zusammen, der darunter sein Heil zu suchen gedachte. Eine Zeit lang hatte man's ertragen, doch fiel zuletzt der Entschluß dahin aus, das Örtchen selbst zu beziehen. Wir fanden in einem wohl eingerichteten Haus und Hof einen guten neckischen Mann als Besitzer, der ehmals Koch in Deutschland gewesen war: mit Munterkeit nahm er uns auf, im Erdgeschoß fanden sich schöne heitere Zimmer, gutes Kamin und was sonst nur erquicklich sein konnte.

Das Gefolge des Herzogs von Weimar ward aus der fürstlichen Küche versorgt, unser Wirt verlangte jedoch dringend, ich solle nur ein einzigesmal von seiner Kunst etwas kosten. Er bereitete mir auch wirklich ein höchst wohlschmeckendes Gastmahl, das mir aber sehr übel bekam, so daß ich wohl auch an Gift hätte denken können, wenn mir nicht noch zeitig genug der Knoblauch eingefallen wäre, durch welchen jene Schüsseln erst recht schmackhaft geworden, der auf mich aber, selbst in der geringsten Dosis, höchst gewaltsame Wirkung auszuüben pflegte. Das Übel war bald vorbei und ich hielt mich nach wie vor desto lieber an die deutsche Küche, so lange sie auch nur das Mindeste leisten konnte.

Als es zum Abschied ging, überreichte der gutgelaunte Wirt meinem Diener einen vorher versprochenen Brief nach Paris an eine Schwester, die er besonders empfehlen wolle; fügte jedoch nach einigen Hin- und Widerreden gutmütig hinzu: du wirst wohl nicht hinkommen.

Den 11. September.

Wir wurden also, nach einigen Tagen gütlicher Pflege, wieder in das schrecklichste Wetter hinausgestoßen; unser Weg ging auf dem Gebirgsrücken hin, der die Gewässer der Maas und Aire scheidend beide nach Norden zu fließen nötigt. Unter großen Leiden gelangten wir nach Malancourt, wo wir leere Keller und Küchen wirtlos fanden und schon zufrieden waren, unter Dach, auf trockener Bank, eine spärliche mitgebrachte Nahrung zu genießen. Die Einrichtung der Wohnungen selbst gefiel mir, sie zeugte von einem stillen häuslichen Behagen, alles war einfach naturgemäß, dem unmittelbarsten Bedürfnis genügend. Dies hatten wir gestört, dies zerstörten wir; denn aus der Nachbarschaft erscholl ein Angstruf gegen Plünderer, worauf wir denn hinzueilend, nicht ohne Gefahr dem Unfug für den Augenblick steuerten. Auffallend genug dabei war, daß die armen unbekleideten Verbrecher, denen wir Mäntel und Hemden entrissen, uns der härtesten Grausamkeit anklagten, daß wir ihnen nicht vergönnen wollten auf Kosten der Feinde ihre Blöße zu decken.

Aber noch einen eigneren Vorwurf sollten wir erleben. In unser erstes Quartier zurückgekehrt fanden wir einen vornehmen, uns sonst schon bekannten Emigrierten. Er ward freundlich begrüßt und verschmähte nicht frugale Bissen, allein man konnte ihm eine innere Bewegung anmerken, er hatte etwas auf dem Herzen, dem er durch Ausrufungen Luft zu machen suchte. Als wir nun, früherer Bekanntschaft gemäß, einiges Vertrauen in ihm zu erwecken suchten, so beschrie er die Grausamkeit, welche der König von Preußen an den französischen Prinzen ausübe. Erstaunt, fast bestürzt verlangten wir nähere Erklärung. Da erfuhren wir nun: der König habe, beim Ausmarsch von Glorieux, unerachtet des schrecklichsten Regens, keinen Überrock angezogen, keinen Mantel umgenommen, da denn die königlichen Prinzen ebenfalls sich dergleichen wetterabwehrende Gewande hätten versagen müssen; unser Marquis aber habe diese allerhöchsten Personen, leicht gekleidet, durch und durch genäßt, träufelnd von abfließender

Feuchte, nicht ohne das größte Bejammern anschauen können, ja er hätte, wenn es nütze gewesen wäre, sein Leben daran gewendet sie in einem trockenen Wagen dahin ziehen zu sehen, sie, auf denen Hoffnung und Glück des ganzen Vaterlandes beruhe, die an eine ganz andere Lebensweise gewöhnt seien.

Wir hatten freilich darauf nichts zu erwidern, denn ihm konnte die Betrachtung nicht tröstlich werden, daß der Krieg, als ein Vortod, alle Menschen gleich mache, allen Besitz aufhebe und selbst die höchste Persönlichkeit mit Pein und Gefahr bedrohe.

Den 12. September.

Den andern Morgen aber entschloß ich mich, in Betracht so hoher Beispiele, meine leichte und doch mit vier requirierten Pferden bespannte Chaise unter dem Schutz des zuverlässigen Kämmerier Wagner zu lassen, welchem die Equipage und das so nötige bare Geld nachzubringen aufgetragen war. Ich schwang mich, mit einigen guten Gesellen, zu Pferde und so begaben wir uns auf den Marsch nach Landres. Wir fanden auf Mitte Wegs Wellen und Reisig eines abgeschlagenen Birkenhölzchens, deren innere Trockenheit die äußere Feuchte bald überwand, und uns lohe Flamme und Kohlen, zur Erwärmung wie zum Kochen genugsam, sehr schnell zum besten gab. Aber die schöne Anstalt einer Regimentstafel war schon gestört, Tische, Stühle und Bänke sah man nicht nachkommen, man behalf sich stehend, vielleicht angelehnt, so gut es gehen wollte. Doch war das Lager gegen Abend glücklich erreicht; so campierten wir unfern Landres, gerade Grandpré gegenüber, wußten aber gar wohl, wie stark und vorteilhaft der Paß besetzt sei. Es regnete unaufhörlich, nicht ohne Windstoß, die Zeltdecke gewährte wenig Schutz.

Glückselig aber der, dem eine höhere Leidenschaft den Busen füllte; die Farbenerscheinung der Quelle hatte mich dieser Tage her nicht einen Augenblick verlassen, ich überdachte sie hin und wieder, um sie zu bequemen Versuchen zu erheben. Da diktierte ich an Vogel, der sich auch hier als treuen Kanzleigefährten erwies, in's gebrochene Konzept und zeichnete nachher die Figuren darneben. Diese Papiere besitz' ich noch mit allen Merkmalen des Regenwetters, und als Zeugnis eines treuen Forschens auf eingeschlagenem bedenklichem Pfad. Den Vorteil aber hat der Weg zum Wahren, daß man sich unsicherer Schritte, eines Umwegs, ja eines Fehltritts noch immer gern erinnert.

Das Wetter verschlimmerte sich und ward in der Nacht so arg, daß man es für das höchste Glück schätzen mußte sie unter der Decke des Regiments-Wagens zuzubringen. Wie schrecklich war da der Zustand, wenn man bedachte daß man im Angesicht des Feindes gelagert sei, und befürchten mußte, daß er aus seinen Berg- und Wald-Verschanzungen irgendwo hervorzubrechen Lust haben könne.

Vom 13. bis zum 17. September

traf der Kämmerier Wagner, den Pudel mit eingeschlossen, bei guter Zeit mit aller Equipage bei uns ein; er hatte eine schreckliche Nacht verlebt, war nach tausend andern Hindernissen im Finstern von der Armee abgekommen, verführt durch schlaf- und weintrunkene Knechte eines Generals, denen er nachfuhr. Sie gelangten in ein Dorf, und vermuteten die Franzosen ganz nahe. Von allerlei Alarm geängstigt, verlassen von Pferden, die aus der Schwemme nicht zurückkehrten, wußte er sich denn doch so zu richten und zu schicken, das er von dem unseligen Dorfe loskam und wir uns zuletzt mit allem mobilen Hab und Gut wieder zusammenfanden.

Endlich gab es eine Art von erschütternder Bewegung und zugleich von Hoffnung, man hörte auf unserm rechten Flügel stark kanonieren und sagte sich: General Clerfait sei aus den Niederlanden angekommen und habe die Franzosen auf ihrer linken Flanke angegriffen. Alles war äußerst gespannt den Erfolg zu vernehmen.

Ich ritt nach dem Hauptquartier, um näher zu erfahren, was die Kanonade bedeute und was eigentlich zu erwarten sei? Man wußte daselbst noch nichts genau, als daß General Clerfait mit den Franzosen handgemein sein müsse. Ich traf auf den Major von Weyhrach, der sich, aus Ungeduld und langer Weile, so eben zu Pferde setzte und an die Vorposten reiten wollte; ich begleitete ihn, und wir gelangten bald auf eine Höhe, wo man sich weit genug umsehen konnte. Wir trafen auf einen Husarenposten und sprachen mit dem Offizier, einem jungen hübschen Manne. Die Kanonade war weit über Grandpré hinaus, und er hatte Ordre nicht vorwärts zu gehen, um nicht ohne Not eine Bewegung zu verursachen. Wir hatten uns nicht lange besprochen, als Prinz Louis Ferdinand mit einigem Gefolge ankam, nach kurzer Begrüßung und Hin- und Widerreden von dem Offizier verlangte daß er vorwärts gehen solle. Dieser tat dringende Vorstellungen, worauf der Prinz aber nicht achtete, sondern vorwärts ritt, dem wir denn alle folgen mußten. Wir waren nicht weit gekommen, als ein französischer Jäger sich von ferne sehen ließ, an uns bis auf Büchsenschußweite heransprengte, und sodann umkehrend eben so schnell wieder verschwand. Ihm folgte der zweite, dann der dritte, welche ebenfalls wieder verschwanden. Der vierte aber, wahrscheinlich der erste, schoß die Büchse ganz ernstlich auf uns ab, man konnte die Kugel deutlich pfeifen hören. Der Prinz ließ sich nicht irren und jene trieben auch ihr Handwerk, so daß mehrere Schüsse fielen, indem wir unsern Weg verfolgten. Ich hatte den Offizier manchmal angesehen, der zwischen seiner Pflicht und zwischen dem Respekt vor einem königlichen Prinzen in der größten Verlegenheit schwankte. Er glaubte wohl in meinen Blicken etwas Teilnehmendes zu lesen, ritt auf mich zu und sagte: »Wenn Sie irgend etwas auf den Prinzen vermögen, so ersuchen Sie ihn zurückzugehen, er setzt mich der größten Verantwortung aus; ich habe den strengsten Befehl meinen angewiesenen Posten nicht zu verlassen, und es ist nichts vernünftiger als daß wir den Feind nicht reizen, der hinter Grandpré in einer festen Stellung gelagert ist. Kehrt der Prinz nicht um, so ist in kurzem die ganze Vorpostenkette alarmiert, man weiß im Hauptquartier nicht was es heißen soll, der erste Verdruß ergeht über mich ganz ohne meine Schuld.« Ich ritt an den Prinzen heran und sagte: »Man erzeigt mir so eben die Ehre mir einigen Einfluß auf Ihro Hoheit zuzutrauen, deshalb ich um geneigtes Gehör bitte.« Ich brachte ihm darauf die Sache mit Klarheit vor, welches kaum nötig gewesen wäre, denn er sah selbst alles vor sich und war freundlich genug mit einigen guten Worten sogleich umzukehren, worauf denn auch die Jäger verschwanden und zu schießen aufhörten. Der Offizier dankte mir auf's verbindlichste, und man sieht hieraus daß ein Vermittler überall willkommen ist.

Nach und nach klärte sich's auf. Die Stellung Dumouriez' bei Grandpré war höchst fest und vorteilhaft; daß er auf seinem rechten Flügel nicht anzugreifen sei, wußte man wohl; auf seiner Linken waren zwei bedeutende Pässe: La Croix aux Bois und chesne le populeur, beide wohl verhauen und für unzugänglich gehalten; allein der letzte war einem Offizier anvertraut, einem dergleichen Auftrag nicht gewachsenen oder nachlässigen. Die Östreicher griffen an: bei der ersten Attacke blieb Prinz von Ligne, der Sohn, sodann aber gelang es, man überwältigte den Posten, und der große Plan Dumouriez' war zerstört: er mußte seine Stellung verlassen und sich die Aisne hinaufwärts ziehen, und preußische Husaren konnten durch den Paß dringen und jenseits des Argonner Waldes nachsetzen. Sie verbreiteten einen solchen panischen Schrecken über das französische Heer, daß zehntausend Mann vor fünfhundert flohen und nur mit Mühe konnten zum Stehen gebracht und wieder gesammelt werden; wobei sich das Regiment Chamborant besonders hervortat und den Unsrigen ein weiteres Vordringen verwehrte, welche, ohnehin nur gewissermaßen auf Recognoscieren ausgeschickt, siegreich mit Freuden zurückkehrten und nicht leugneten einige Wagen gute Beute gemacht zu haben. In das unmittelbar Brauchbare, Geld und Kleidung, hatten sie sich geteilt, mir aber als einem Kanzleimann kamen die Papiere zu Gut, worunter ich einige ältere Befehle Lafayettes und mehrere höchst sauber geschriebene Listen fand. Was mich aber am meisten überraschte war ein ziemlich neuer Moniteur. Dieser Druck, dieses Format, mit dem man seit einigen Jahren ununterbrochen bekannt gewesen und die man nun seit mehreren Wochen nicht gesehen, begrüßten mich auf eine etwas unfreundliche Weise, indem ein lakonischer Artikel vom dritten September mir drohend zurief: *Les Prussiens pourront venir à Paris, mais ils n'en sortiront pas.* Also hielt man denn doch in Paris für möglich, wir könnten hingelangen; daß wir wieder zurückkehrten, dafür mochten die oberen Gewalten sorgen.

Die schreckliche Lage in der man sich zwischen Erde und Himmel befand, war einigermaßen erleichtert, als man die Armee zurücken und eine Abteilung der Avantgarde nach der andern vorwärts ziehen sah. Endlich kam die Reihe auch an uns, wir gelangten über Hügel, durch Täler, Weinberge vorbei, an denen man sich auch wohl erquickte. Man kam sodann zu aufgehellter Stunde in eine freiere Gegend und sah in einem freundlichen Tal der Aire das Schloß von Grandpré auf einer Höhe sehr wohl gelegen, eben an dem Punkte wo genannter Fluß sich westwärts zwischen die Hügel drängt, um auf der Gegenseite des Gebirgs sich mit der Aisne zu verbinden, deren Gewässer immer dem Sonnenuntergang zu durch Vermittlung der Oise endlich in die Seine gelangen; woraus denn ersichtlich, daß der Gebirgsrücken, der uns von der Maas trennte, zwar nicht von bedeutender

Höhe, doch von entschiedenem Einfluß auf den Wasserlauf, uns in eine andere Flußregion zu nötigen geeignet war.

Auf diesem Zuge gelangte ich zufällig in das Gefolge des Königs, dann des Herzogs von Braunschweig; ich unterhielt mich mit Fürst Reuß und andern diplomatisch-militärischen Bekannten. Diese Reiterwaffen machten zu der angenehmen Landschaft eine reiche Staffage, man hätte einen van der Meulen gewünscht, um solchen Zug zu verewigen; alles war heiter, munter, voller Zuversicht und heldenhaft. Einige Dörfer brannten zwar vor uns auf, allein der Rauch tut in einem Kriegsbilde auch nicht übel. Man hatte, so hieß es, aus den Häusern auf den Vortrab geschossen und dieser, nach Kriegsrecht, sogleich die Selbstrache geübt. Es ward getadelt, war aber nicht zu ändern; dagegen nahm man die Weinberge in Schutz, von denen sich die Besitzer doch keine große Lese versprechen durften, und so ging es zwischen freund- und feindseligem Betragen immer vorwärts.

Wir gelangten, Grandpré hinter uns lassend, an und über die Aisne und lagerten bei Vaux les Mouron; hier waren wir nun in der verrufenen Champagne, es sah aber so übel noch nicht aus. Über dem Wasser an der Sonnenseite erstreckten sich wohlgehaltene Weinberge, und wo man Dörfer und Scheunen visitierte, fanden sich Nahrungsmittel genug für Menschen und Tiere, nur leider der Weizen nicht ausgedroschen, noch weniger genugsame Mühlen; Öfen zum Backen waren auch selten, und so fing es wirklich an sich einem Tantalischen Zustande zu nähern.

Am 18. September.

Dergleichen Betrachtungen anzustellen versammelte sich eine große Gesellschaft, die überhaupt wo es Halt gab, sich immer mit einigem Zutrauen, besonders beim Nachmittags-Kaffee, zusammenfügte; sie bestand aus wunderlichen Elementen, Deutschen und Franzosen, Kriegern und Diplomaten, alles bedeutende Personen, erfahren, klug, geistreich, aufgeregt durch die Wichtigkeit des Augenblicks, Männer sämtlich von Wert und Würde, aber doch eigentlich nicht in den innern Rat gezogen, und also desto mehr bemüht auszusinnen was beschlossen sein, was geschehen könnte.

Dumouriez als er den Paß von Grandpré nicht länger halten konnte, hatte sich die Aisne hinaufgezogen, und da ihm der Rücken durch die Isletten gesichert war, sich auf die Höhen von Sainte Menehould, die Fronte gegen Frankreich, gestellt. Wir waren durch den engen Paß hereingedrungen, hatten uneroberte Festen, Sedan, Montmédy, Stenay im Rücken und an der Seite, die uns jede Zufuhr nach Belieben erschweren konnten. Wir betraten beim schlimmsten Wetter ein seltsames Land, dessen undankbarer Kalkboden nur kümmerlich ausgestreute Ortschaften ernähren konnte.

Freilich lag Rheims, Châlons und ihre gesegneten Umgebungen nicht fern, man konnte hoffen sich vorwärts zu erholen; die Gesellschaft überzeugte sich daher beinahe einstimmig, daß man auf Rheims marschieren und sich Châlons bemächtigen müsse; Dumouriez könne sich in seiner vorteilhaften Stellung alsdann nicht ruhig verhalten, eine Schlacht wäre unvermeidlich wo es auch sei, man glaubte sie schon gewonnen zu haben.

Den 19. September.

Manches Bedenken gab es daher, als wir den neunzehnten beordert wurden auf Massiges unsern Zug zu richten, die Aisne aufwärts zu verfolgen und dieses Wasser sowohl als das Waldgebirg, näher oder ferner, linker Hand zu behalten.

Nun erholte man sich unterwegs von solchen nachdenklichen Betrachtungen, indem man mancherlei Zufälligkeiten und Ereignissen eine heitere Teilnahme schenkte; ein wundersames Phänomen zog meine ganze Aufmerksamkeit auf sich. Man hatte, um mehrere Kolonnen neben einander fortzuschieben, die eine querfeldein, über flache Hügel geführt, zuletzt aber, als man wieder in's Tal sollte, einen steilen Abhang gefunden; dieser ward nun alsbald, so gut es gehen wollte, abgeböscht, doch blieb er immer noch schroff genug. Nun trat eben zu Mittag ein Sonnenblick hervor und spiegelte sich in allen Gewehren. Ich hielt auf einer Höhe und sah jenen blinkenden Waffenfluß glänzend heranziehen; überraschend aber war es als die Kolonne an den steilen Abhang gelangte, wo sich die bisher geschlossenen Glieder sprungweise trennten und jeder Einzelne, so gut er konnte, in die Tiefe zu gelangen suchte. Diese Unordnung gab völlig den Begriff eines Wasserfalls, eine Unzahl durch einander hin- und wiederblinkender Bajonette bezeichneten die lebhafteste Bewegung. Und als nun unten am Fuße sich alles wieder gleich in Reih und Glied ordnete und so wie oben angekommen, nun wieder im Tale fortzogen, ward die Vorstellung eines Flusses immer lebhafter; auch war diese Erscheinung um so angenehmer, als ihre lange Dauer fort und fort durch Sonnenblicke begünstigt wurde, deren Wert man in solchen zweifelhaften Stunden nach langer Entbehrung erst recht schätzen lernte.

Nachmittag gelangten wir endlich nach Massiges nur noch wenige Stunden vom Feind, das Lager war abgesteckt und wir bezogen den für uns bestimmten Raum. Schon waren Pfähle geschlagen, die Pferde dran gebunden, Feuer angezündet und der Küchenwagen tat sich auf. Ganz unerwartet kam daher das Gerücht, das Lager solle nicht statt haben, denn es sei die Nachricht angekommen, das französische Heer ziehe sich von Sainte Menehould auf Châlons, der König wolle sie nicht entwischen lassen und habe daher Befehl zum Aufbruch gegeben. Ich suchte an der rechten Schmiede hierüber Gewißheit und vernahm das was ich schon gehört hatte, nur mit dem Zusatze: auf diese unsichere und unwahrscheinliche Nachricht sei der Herzog von Weimar und der General Heymann, mit eben den Husaren welche die Unruhe erregt, vorgegangen. Nach einiger Zeit kamen diese Generale zurück und versicherten: es sei nicht die geringste Bewegung zu bemerken, auch mußten jene Patrouillen gestehen, daß sie das Gemeldete mehr geschlossen als gesehen hätten.

Die Anregung aber war einmal gegeben, und der Befehl lautete: die Armee solle vorrücken, jedoch ohne das mindeste Gepäck, alles Fuhrwerk sollte bis Maisons Champagne zurückkehren, dort eine Wagenburg bilden und den, wie man voraussetzte, glücklichen Ausgang einer Schlacht abwarten.

Nicht einen Augenblick zweifelhaft was zu tun sei, überließ ich Wagen, Gepäck und Pferde meinem entschlossenen sorgfältigen Bedienten und setzte mich mit den Kriegsgenossen alsobald zu Pferde. Es war schon früher mehrmals zur Sprache gekommen, daß wer sich in einen Kriegszug einlasse, durchaus bei den regulierten Truppen, welche Abteilung es auch sei an die er sich angeschlossen, fest bleiben und keine Gefahr scheuen solle: denn was uns auch da betreffe sei immer ehrenvoll; dahingegen bei der Bagage, beim Troß oder sonst zu verweilen, zugleich gefährlich und schmählich. Und so hatte ich auch mit den Offizieren des Regiments abgeredet, daß ich mich immer an sie und wo möglich an die Leib-Schwadron anschließen wolle, weil ja dadurch ein so schönes und gutes Verhältnis nur immer besser befestigt werden könne.

Der Weg war das kleine Wasser, die Tourbe, hinauf vorgezeichnet, durch das traurigste Tal von der Welt, zwischen niedrigen Hügeln, ohne Baum und Busch; es war befohlen und eingeschärft, in aller Stille zu marschieren, als wenn wir den Feind überfallen wollten, der doch in seiner Stellung das Heranrücken einer Masse von funfzigtausend Mann wohl mochte erfahren haben. Die Nacht brach ein, weder Mond noch Sterne leuchteten am Himmel, es pfiff ein wüster Wind, die stille Bewegung einer so großen Menschenreihe in tiefer Finsternis war ein höchst Eigenes.

Indem man neben der Kolonne herritt, begegnete man mehreren bekannten Offizieren, die hin- und widersprengten, um die Bewegung des Marsches bald zu beschleunigen, bald zu retardieren. Man besprach sich, man hielt stille, man versammelte sich. So hatte sich ein Kreis von vielleicht zwölf Bekannten und Unbekannten zusammen gefunden, man fragte, klagte, wunderte sich, schalt und räsonnierte: das gestörte Mittagsessen konnte man dem Heerführer nicht verzeihen. Ein munterer Gast wünschte sich Bratwurst und Brot, ein anderer sprang gleich mit seinen Wünschen zum Rehbraten und Sardellensalat; da das alles aber unentgeltlich geschah, fehlte es auch nicht an Pasteten und sonstigen Leckerbissen, nicht an den köstlichsten Weinen, und ein so vollkommenes Gastmahl war beisammen, daß endlich einer, dessen Appetit übermäßig rege geworden, die ganze Gesellschaft verwünschte und die Pein einer aufgeregten Einbildungskraft im Gegensatze des größten Mangels ganz unerträglich schalt. Man verlor sich aus einander und der Einzelne war nicht besser dran als alle zusammen.

Den 19. September Nachts.

So gelangten wir bis Somme Tourbe, wo man Halt machte; der König war in einem Gasthofe abgetreten, vor dessen Türe der Herzog von Braunschweig, in einer Art Laube, Hauptquartier und Kanzlei errichtete. Der Platz war groß, es brannten mehrere Feuer, durch große Bündel Weinpfähle gar lebhaft unterhalten. Der Fürst Feldmarschall tadelte einigemal persönlich, daß man die Flamme allzustark auflodern lasse; wir besprachen uns darüber, und niemand wollte glauben, daß unsere Nähe den Franzosen ein Geheimnis geblieben sei.

Ich war zu spät angekommen und mochte mich in der Nähe umsehen wie ich wollte, alles war schon, wo nicht verzehrt, doch in Besitz genommen. Indem ich so umher forschte, gaben mir die Emigrierten ein kluges Küchenschauspiel; sie saßen um einen großen, runden, flachen, abglimmenden Aschenhaufen in den sich mancher Weinstab knisternd mochte aufgelöst haben; klüglich und schnell hatten sie sich aller Eier des Dorfes bemächtigt, und es sah wirklich appetitlich aus, wie die Eier in dem Aschenhaufen neben einander aufrecht standen und eins nach dem andern zu rechter Zeit schlurfbar herausgehoben wurde. Ich kannte niemand von den edlen Küchengesellen, unbekannt mocht' ich sie nicht ansprechen; als mir aber so eben ein lieber Bekannter begegnete, der so gut wie ich an Hunger und Durst litt, fiel mir eine Kriegslist ein, nach einer Bemerkung die ich auf meiner kurzen militärischen Laufbahn anzustellen Gelegenheit gehabt. Ich hatte nämlich bemerkt daß man beim Fouragieren um die Dörfer und in denselben tölpisch geradezu verfahre; die ersten Andringenden fielen ein, nahmen weg, verdarben, zerstörten, die folgenden fanden immer weniger und was verloren ging kam niemand zu Gute. Ich hatte schon gedacht, daß man bei dieser Gelegenheit strategisch verfahren, und wenn die Menge von vornen hereindringe, sich von der Gegenseite nach einigem Bedürfnis umsehen müsse. Dies konnte nun hier kaum der Fall sein, denn alles war überschwemmt, aber das Dorf zog sich sehr in die Länge und zwar seitwärts der Straße wo wir hereingekommen. Ich forderte meinen Freund auf, die lange Gasse mit hinunter zu gehen. Aus dem vorletzten Hause kam ein Soldat fluchend heraus, daß schon alles aufgezehrt und nirgends nichts mehr zu haben sei. Wir sahen durch die Fenster, da saßen ein paar Jäger ganz ruhig; wir gingen hinein, um wenigstens auf einer Bank unter Dach zu sitzen, wir begrüßten sie als Kameraden, und klagten freilich über den allgemeinen Mangel. Nach einigem Hin-und Widerreden verlangten sie wir sollten ihnen Verschwiegenheit geloben, worauf wir die Hand gaben. Nun eröffneten sie uns, daß sie in dem Hause einen schönen wohlbestellten Keller gefunden: dessen Eingang sie zwar selbst sekretiert, uns jedoch von dem Vorrat einen Anteil nicht versagen wollten. Einer zog einen Schlüssel hervor und nach verschiedenen weggeräumten Hindernissen fand sich eine Kellertür zu eröffnen. Hinabgestiegen fanden wir nun mehrere, etwa zweieimrige Fässer auf dem Lager, was uns aber mehr interessierte, verschiedene Abteilungen in Sand gelegter gefüllter Flaschen, wo der gutmütige Kamerad, der sie schon durchprobiert hatte, an die beste Sorte wies. Ich nahm zwischen die ausgespreizten Finger jeder Hand zwei Flaschen, zog sie unter den Mantel, mein Freund desgleichen, und so schritten wir, in Hoffnung baldiger Erquickung, die Straße wieder hinaufwärts.

Unmittelbar am großen Wachfeuer gewahrte ich eine schwere starke Egge, setzte mich darauf und schob unter dem Mantel meine Flaschen zwischen die Zacken herein. Nach einiger Zeit bracht' ich eine Flasche hervor, wegen der mich meine Nachbarn beriefen, denen ich sogleich den Mitgenuß anbot. Sie taten gute Züge, der letzte bescheiden, da er wohl merkte er lasse mir nur wenig zurück; ich verbarg die Flasche neben mir und brachte bald darauf die zweite hervor, trank den Freunden zu, die sich's abermals wohl schmecken ließen, anfangs das Wunder nicht bemerkten, bei der dritten Flasche jedoch laut über den Hexenmeister aufschrieen; und es war, in dieser traurigen Lage, ein auf alle Weise willkommener Scherz.

Unter den vielen Personen, deren Gestalt und Gesicht im Kreise vom Feuer erleuchtet war, erblickt' ich einen ältlichen Mann, den ich zu kennen glaubte. Nach Erkundigung und Annäherung war er nicht wenig verwundert mich hier zu sehen. Es war Marquis von Bombelles, dem ich vor zwei Jahren in Venedig, der Herzogin Amalie folgend,

*Friedrich Christian Laukhard.*
*Stich von J. G. Schmidt nach einer*
*Zeichnung von C. A. Senff, 1796*

aufgewartet hatte, wo er als französischer Gesandter residierend sich höchst angelegen sein ließ, dieser trefflichen Fürstin den dortigen Aufenthalt so angenehm als möglich zu machen. Wechselseitiger Verwunderungsausruf, Freude des Wiedersehens und Erinnerung erheiterten diesen ernsten Augenblick. Zur Sprache kam seine prächtige Wohnung am großen Kanal, es ward gerühmt, wie wir daselbst in Gondeln anfahrend, ehrenvoll empfangen und freundlich bewirtet worden; wie er durch kleine Feste, gerade im Geschmack und Sinn dieser, Natur und Kunst, Heiterkeit und Anstand in Verbindung liebenden Dame, sie und die Ihrigen auf vielfache Weise erfreute, auch sie durch seinen Einfluß manches andere, für Fremde sonst verschlossene Gute genießen lassen.

Wie sehr war ich aber verwundert, da ich ihn, den ich durch eine wahrhafte Lobrede zu ergötzen gedachte, mit Wehmut ausrufen hörte: »Schweigen wir von diesen Dingen, jene Zeit liegt nur gar zu weit hinter mir, und schon damals als ich meine edlen Säfte mit scheinbarer Heiterkeit unterhielt, nagte mir der Wurm am Herzen, ich sah die Folgen voraus dessen was in meinem Vaterlande vorging. Ich bewunderte Ihre Sorglosigkeit, in der Sie die auch Ihnen bevorstehende Gefahr nicht ahneten; ich bereitete mich im Stillen zu Veränderung meines Zustandes. Bald nachher mußt' ich meinen ehrenvollen Posten und das werte Venedig verlassen und eine Irrfahrt antreten, die mich endlich auch hierher geführet hat.«

Das Geheimnisvolle das man diesem offenbaren Heranzuge von Zeit zu Zeit hatte geben wollen, ließ uns vermuten, man werde noch in dieser Nacht aufbrechen und vorwärts gehen; allein schon dämmerte der Tag und mit demselben strich ein Sprühregen daher; es war schon völlig hell als wir uns in Bewegung setzten. Da des Herzogs von Weimar Regiment den Vortrab hatte, gab man der Leib-Schwadron, als der vordersten der ganzen Kolonne, Husaren mit, die den

Weg unserer Bestimmung kennen sollten. Nun ging es, mitunter im scharfen Trab, über Felder und Hügel ohne Busch und Baum; nur in der Entfernung links sah man die Argonner Waldgegend; der Sprühregen schlug uns heftiger in's Gesicht; bald aber erblickten wir eine Pappelallee, die sehr schön gewachsen und wohl unterhalten unsere Richtung quer durchschnitt. Es war die Chaussee von Châlons auf Sainte Menehould, der Weg von Paris nach Deutschland; man führte uns drüber weg und in's Graue hinein.

Schon früher hatten wir den Feind vor der waldichten Gegend gelagert und aufmarschiert gesehen, nicht weniger ließ sich bemerken daß neue Truppen ankamen; es war Kellermann, der sich so eben mit Dumouriez vereinigte, um dessen linken Flügel zu bilden. Die Unsrigen brannten vor Begierde auf die Franzosen loszugehen, Offiziere wie Gemeine hegten den glühenden Wunsch, der Feldherr möge in diesem Augenblicke angreifen; auch unser heftiges Vordringen schien darauf hinzudeuten. Aber Kellermann hatte sich zu vorteilhaft gestellt und nun begann die Kanonade von der man viel erzählt, deren augenblickliche Gewaltsamkeit jedoch man nicht beschreiben, nicht einmal in der Einbildungskraft zurückrufen kann.

Schon lag die Chaussee weit hinter uns, wir stürmten immerfort gegen Westen zu, als auf einmal ein Adjutant gesprengt kam, der uns zurück beorderte, man hatte uns zu weit geführt, und nun erhielten wir den Befehl, wieder über die Chaussee zurückzukehren und unmittelbar an ihre linke Seite den rechten Flügel zu lehnen. Es geschah, und so machten wir Fronte gegen das Vorwerk La Lune, welches auf der Höhe etwa eine Viertelstunde vor uns an der Chaussee zu sehen war. Unser Befehlshaber kam uns entgegen; er hatte so eben eine halbe reitende Batterie hinaufgebracht, wir erhielten Ordre im Schutz derselben vorwärts zu gehen, und fanden unterwegs einen alten Schirrmeister, ausgestreckt, als das erste Opfer des Tags, auf dem Acker liegen.

Wir ritten ganz getrost weiter, wir sahen das Vorwerk näher, die dabei aufgestellte Batterie feuerte tüchtig.

Bald aber fanden wir uns in einer seltsamen Lage, Kanonenkugeln flogen wild auf uns ein, ohne daß wir begriffen wo sie herkommen konnten; wir avancierten ja hinter einer befreundeten Batterie und das feindliche Geschütz auf den entgegengesetzten Hügeln war viel zu weit entfernt, als daß es uns hätte erreichen sollen. Ich hielt seitwärts vor der Fronte, und hatte den wunderbarsten Anblick; die Kugeln schlugen dutzendweise vor der Escadron nieder, zum Glück nicht ricochetierend, in den weichen Boden hineingewühlt; Kot aber und Schmutz bespritzte Mann und Roß; die schwarzen Pferde, von tüchtigen Reitern möglichst zusammengehalten, schnauften und tosten; die ganze Masse war, ohne sich zu trennen oder zu verwirren, in flutender Bewegung. Ein sonderbarer Anblick erinnerte mich an andere Zeiten. In dem ersten Gliede der Escadron schwankte die Standarte in den Händen eines schönen Knaben hin und wider; er hielt sie fest, ward aber vom aufgeregten Pferde widerwärtig geschaukelt; sein anmutiges Gesicht brachte mir, seltsam genug aber natürlich, in diesem schauerlichen Augenblick, die noch anmutigere Mutter vor die Augen, und ich mußte an die ihr zur Seite verbrachten friedlichen Momente gedenken.

Endlich kam der Befehl, zurück und hinab zu gehen; es geschah von den sämtlichen Kavallerie-Regimentern mit großer Ordnung und Gelassenheit, nur ein einziges Pferd von Lottum ward getötet, da wir übrigen, besonders auf dem äußersten rechten Flügel, eigentlich alle hätten umkommen müssen.

Nachdem wir uns denn aus dem unbegreiflichen Feuer zurückgezogen, von Überraschung und Erstaunen uns erholt hatten, löste sich das Rätsel; wir fanden die halbe Batterie, unter deren Schutz wir vorwärts zu gehen geglaubt, ganz unten in einer Vertiefung, dergleichen das Terrain zufällig in dieser Gegend gar manche bildete. Sie war von oben vertrieben worden, und an der andern Seite der Chaussee in einer Schlucht heruntergegangen, so daß wir ihren Rückzug nicht bemerken konnten, feindliches Geschütz trat an die Stelle, und was uns hätte bewahren sollen, wäre beinahe verderblich geworden. Auf unseren Tadel lachten die Bursche nur und versicherten scherzend: hier unten im Schauer sei es doch besser.

Wenn man aber nachher mit Augen sah, wie eine solche reitende Batterie sich durch die schreckbaren schlammigen Hügel qualvoll durchzerren mußte, so hatte man abermals den bedenklichen Zustand zu überlegen, in den wir uns eingelassen hatten.

Indessen dauerte die Kanonade immer fort: Kellermann hatte einen gefährlichen Posten bei der Mühle von Valmy, dem eigentlich das Feuern galt; dort ging ein Pulverwagen in die Luft und man freute sich des Unheils, das er unter den Feinden angerichtet haben mochte. Und so blieb alles eigentlich nur Zuschauer und Zuhörer, was im Feuer stand und nicht. Wir hielten auf der Chaussee von Châlons an einem Wegweiser der nach Paris deutete.

Diese Hauptstadt also hatten wir im Rücken, das französische Heer aber zwischen uns und dem Vaterland. Stärkere Riegel waren vielleicht nie vorgeschoben, demjenigen höchst apprehensiv, der eine genaue Karte des Kriegstheaters nun seit vier Wochen unablässig studierte.

Doch das augenblickliche Bedürfnis behauptet sein Recht selbst gegen das nächstkünftige. Unsere Husaren hatten mehrere Brotkarren, die von Châlons nach der Armee gehen sollten, glücklich aufgefangen und brachten sie den Hochweg daher. Wie es uns nun fremd vorkommen mußte zwischen Paris und Sainte Menehould postiert zu sein, so konnten die zu Châlons des Feindes Armee keineswegs auf dem Wege zu der ihrigen vermuten. Gegen einiges Trinkgeld ließen die Husaren von dem Brot etwas ab; es war das schönste weiße; der Franzos erschrickt vor jeder schwarzen Krume. Ich teilte mehr als einen Laib unter die zunächst Angehörigen, mit der Bedingung mir für die folgenden Tage einen Anteil daran zu verwahren. Auch noch zu einer andern Vorsicht fand ich Gelegenheit; ein Jäger aus dem Gefolge hatte gleichfalls diesen Husaren eine tüchtige wollene Decke abgehandelt, ich bot ihm die Übereinkunft an, mir sie auf drei Nächte, jede Nacht für acht Groschen, zu überlassen, wogegen er sie am Tage verwahren sollte. Er hielt dieses Bedingnis für sehr vorteilhaft; die Decke hatte ihm einen Gulden gekostet und nach kurzer Zeit erhielt er sie mit Profit ja wieder. Ich aber konnte auch zufrieden sein; meine köstlichen wollenen Hüllen von Longwy waren mit der Bagage zurückgeblieben und nun hatte ich doch bei allem Mangel von Dach und Fach außer meinem Mantel noch einen zweiten Schutz gewonnen.

Alles dieses ging unter anhaltender Begleitung des Kanonendonners vor. Von jeder Seite wurden an diesem Tage zehntausend Schüsse verschwendet, wobei auf unserer Seite nur zweihundert Mann und auch diese ganz unnütz fielen. Von der ungeheuren Erschütterung klärte sich der Himmel auf: denn man schoß mit Kanonen völlig als wär' es Peletonfeuer, zwar ungleich, bald abnehmend bald zunehmend. Nachmittags Ein Uhr, nach einiger Pause, war es am gewaltsamsten, die Erde bebte im ganz eigentlichsten Sinne und doch sah man in den Stellungen nicht die mindeste Veränderung. Niemand wußte was daraus werden sollte.

Ich hatte so viel vom Kanonenfieber gehört und wünschte zu wissen wie es eigentlich damit beschaffen sei. Lange Weile und ein Geist den jede Gefahr zur Kühnheit, ja zur Verwegenheit aufruft, verleitete mich ganz gelassen nach dem Vorwerk La Lune hinaufzureiten. Dieses war wieder von den Unsrigen besetzt, gewährte jedoch einen gar wilden Anblick. Die zerschossenen Dächer, die herumgestreuten Weizenbündel, die darauf hie und da ausgestreckten tödlich

*Kanonade bei Valmy, 20. September 1792.*
*Kupferstich von Aubert nach H. Vernet, um 1810*

Verwundeten und dazwischen noch manchmal eine Kanonenkugel, die sich herüberverirrend in den Überresten der Ziegeldächer klapperte.

Ganz allein, mir selbst gelassen, ritt ich links auf den Höhen weg und konnte deutlich die glückliche Stellung der Franzosen überschauen; sie standen amphitheatralisch in größter Ruh und Sicherheit, Kellermann jedoch auf dem linken Flügel eher zu erreichen.

Mir begegnete gute Gesellschaft, es waren bekannte Offiziere vom Generalstabe und vom Regimente, höchst verwundert mich hier zu finden. Sie wollten mich wieder mit sich zurücknehmen, ich sprach ihnen aber von besondern Absichten und sie überließen mich ohne weiteres meinem bekannten wunderlichen Eigensinn.

Ich war nun vollkommen in die Region gelangt wo die Kugeln herüber spielten; der Ton ist wundersam genug, als wär' er zusammengesetzt aus dem Brummen des Kreisels, dem Butteln des Wassers und dem Pfeifen eines Vogels. Sie waren weniger gefährlich wegen des feuchten Erdbodens; wo eine hinschlug blieb sie stecken, und so ward mein törichter Versuchsritt wenigstens vor der Gefahr des Ricochetierens gesichert.

Unter diesen Umständen konnt' ich jedoch bald bemerken daß etwas Ungewöhnliches in mir vorgehe; ich achtete genau darauf und doch würde sich die Empfindung nur gleichnisweise mitteilen lassen. Es schien als wäre man an einem sehr heißen Orte, und zugleich von derselben Hitze völlig durchdrungen, so daß man sich mit demselben Element, in welchem man sich befindet, vollkommen gleich fühlt. Die Augen verlieren nichts an ihrer Stärke, noch Deutlichkeit: aber es ist doch als wenn die Welt einen gewissen braunrötlichen Ton hätte, der den Zustand so wie die Gegenstände noch apprehensiver macht. Von Bewegung des Blutes habe ich nichts bemerken können, sondern mir schien vielmehr alles in jener Glut verschlungen zu sein.

Hieraus erhellet nun in welchem Sinne man diesen Zustand ein Fieber nennen könne. Bemerkenswert bleibt es indessen, daß jenes gräßlich Bängliche nur durch die Ohren zu uns gebracht wird; denn der Kanonendonner, das Heulen, Pfeifen, Schmettern der Kugeln durch die Luft ist doch eigentlich Ursache an diesen Empfindungen.

Als ich zurückgeritten und völlig in Sicherheit war, fand ich bemerkenswert, daß alle jene Glut sogleich erloschen und nicht das Mindeste von einer fieberhaften Bewegung übrig geblieben sei. Es gehört übrigens dieser Zustand unter die am wenigsten wünschenswerten; wie ich denn auch unter meinen lieben und edlen Kriegskameraden kaum einen gefunden habe der einen eigentlich leidenschaftlichen Trieb hiernach geäußert hätte.

So war der Tag hingegangen; unbeweglich standen die Franzosen, Kellermann hatte auch einen bequemern Platz genommen; unsere Leute zog man aus dem Feuer zurück, und es war eben, als wenn nichts gewesen wäre. Die größte Bestürzung verbreitete sich über die Armee. Noch am Morgen hatte man nicht anders gedacht als die sämtlichen Franzosen anzuspießen und aufzuspeisen, ja mich selbst hatte das unbedingte Vertrauen auf ein solches Heer, auf den Herzog von Braunschweig, zur Teilnahme an dieser gefährlichen Expedition gelockt; nun aber ging jeder vor sich hin, man sah sich nicht an, oder wenn es geschah so war es um zu fluchen, oder zu verwünschen. Wir hatten, eben als es Nacht werden wollte, zufällig einen Kreis geschlossen, in dessen Mitte nicht einmal wie gewöhnlich ein Feuer konnte angezündet werden, die meisten schwiegen, einige sprachen, und es fehlte doch eigentlich einem jeden Besinnung und Urteil. Endlich rief man mich auf, was ich dazu denke, denn ich hatte die Schar gewöhnlich mit kurzen Sprüchen erheitert und erquickt; diesmal sagte ich: »Von hier und heute geht eine neue Epoche der Weltgeschichte aus, und ihr könnt sagen, ihr seid dabei gewesen.«

In diesen Augenblicken wo niemand nichts zu essen hatte, reklamierte ich einen Bissen Brot von dem heute früh erworbenen, auch war von dem gestern reichlich verspendeten Weine noch der Inhalt eines Branntweinfläschchens übrig geblieben, und ich mußte daher auf die gestern am Feuer so kühn gespielte Rolle des willkommenen Wundertäters völlig Verzicht tun.

Die Kanonade hatte kaum aufgehört, als Regen und Sturm schon wieder eindrangen und einen Zustand unter freiem Himmel, auf zähem Lehmboden höchst unerfreulich machten. Und doch kam, nach so langem Wachen, Gemüts- und Leibesbewegung, der Schlaf sich anmeldend als die Nacht hereindüsterte. Wir hatten uns hinter einer Erhöhung die den schneidenden Wind abhielt, notdürftig gelagert, als es jemandem einfiel, man solle sich für diese Nacht in die Erde graben und mit dem Mantel zudecken. Hiezu machte man gleich Anstalt und es wurden mehrere Gräber ausgehauen, wozu die reitende Artillerie Gerätschaften hergab. Der Herzog von Weimar selbst verschmähte nicht eine solche voreilige Bestattung.

Hier verlangt' ich nun gegen Erlegung von acht Groschen die bewußte Decke, wickelte mich darein und breitete den Mantel noch oben drüber, ohne von dessen Feuchtigkeit viel zu empfinden. Ulyß kann unter seinem auf ähnliche Weise erworbenen Mantel nicht mit mehr Behaglichkeit und Selbstgenügen geruht haben.

Alle diese Bereitungen waren wider den Willen des Obersten geschehen, welcher uns bemerken machte, daß auf einem Hügel gegenüber hinter einem Busche die Franzosen eine Batterie stehen hatten, mit der sie uns im Ernste begraben und nach Belieben vernichten konnten. Allein wir mochten den windstillen Ort und unsere weislich ersonnene Bequemlichkeit nicht aufgeben, und es war dies nicht das letztemal, wo ich bemerkte, daß man, um der Unbequemlichkeit auszuweichen, die Gefahr nicht scheue.

Den 21. September

waren die wechselseitigen Grüße der Erwachenden keineswegs heiter und froh, denn man ward sich in einer beschämenden, hoffnungslosen Lage gewahr. Am Rand eines ungeheuern Amphitheaters fanden wir uns aufgestellt, wo jenseits auf Höhen, deren Fuß durch Flüsse, Teiche, Bäche, Moräste gesichert war, der Feind einen kaum übersehbaren Halbzirkel bildete. Diesseits standen wir völlig wie gestern, um zehntausend Kanonenkugeln leichter, aber eben so wenig situiert zum Angriff; man blickte in eine weit ausgebreitete Arena hinunter, wo sich zwischen Dorfhütten und Gärten die beiderseitigen Husaren herumtrieben und mit Spiegelgefecht bald vor- bald rückwärts, eine Stunde nach der andern, die Aufmerksamkeit der Zuschauer zu fesseln wußten. Aber aus all dem Hin- und Hersprengen, dem Hin- und Widerpuffen ergab sich zuletzt kein Resultat, als daß einer der Unsrigen, der sich zu kühn zwischen die Hekken gewagt hatte, umzingelt und, da er sich keineswegs ergeben wollte, erschossen wurde.

Dies war das einzige Opfer der Waffen an diesem Tage; aber die eingerissene Krankheit machte den unbequemen, drückenden, hülflosen Zustand trauriger und fürchterlicher.

So schlaglustig und -fertig man gestern auch gewesen, gestand man doch, daß ein Waffenstillstand wünschenswert sei, da selbst der Mutigste, Leidenschaftlichste, nach weniger Überlegung, sagen mußte: ein Angriff würde das verwegenste Unternehmen von der Welt sein. Noch schwankten die Meinungen den Tag über, wo man ehrenthalben dieselbe Stellung behauptete, wie beim Augenblick der Kanonade, gegen Abend jedoch veränderte man sie einigermaßen, zuletzt war das Hauptquartier nach Hans gelegt und die Bagage herbei gekommen. Nun hatten wir zu vernehmen die Angst, die Gefahr, den nahen Untergang unserer Dienerschaft und Habseligkeiten.

Das Waldgebirg Argonne, von Sainte Menehould bis Grandpré, war von Franzosen besetzt; von dort aus führten ihre Husaren den kühnsten mutwilligsten kleinen Krieg. Wir hatten gestern vernommen daß ein Sekretär des Herzogs von Braunschweig und einige andere Personen der fürstlichen Umgebung zwischen der Armee und der Wagenburg waren gefangen worden. Diese verdiente aber keineswegs den Namen einer Burg, denn sie war schlecht aufgestellt, nicht geschlossen, nicht genugsam eskortiert. Nun beängstete sie ein blinder Lärm nach dem andern und zugleich die Kanonade in geringer Entfernung. Späterhin trug man sich mit der Fabel oder Wahrheit: die französischen Truppen seien schon den Gebirgswald herab, auf dem Wege gewesen sich der sämtlichen Equipage zu bemächtigen; da gab sich denn der von ihnen gefangene und wieder losgelassene Läufer des General Kalckreuth ein großes Ansehn, indem er versicherte: er habe durch glückliche Lügen von starker Bedeckung, von reitenden Batterien und dergleichen einen feindlichen Anfall abgewendet. Wohl möglich! Wer hat nicht in solchen bedeutenden Augenblicken zu tun, oder getan. – Nun waren die Zelte da, Wagen und Pferde; aber Nahrung für kein Lebendiges. Mitten im Regen ermangelten wir sogar des Wassers und einige Teiche waren schon durch eingesunkene Pferde verunreinigt; das alles zusammen bildete den schrecklichsten Zustand. Ich wußte nicht, was es heißen sollte, als ich meinen treuen Zögling, Diener und Gefährten Paul Goetze von dem Leder des Reisewagens das zusammengeflossene Regenwasser sehr emsig schöpfen sah; er bekannte, daß es zur Chocolade bestimmt sei, davon er glücklicher Weise einen Vorrat mitgebracht hatte; ja was mehr ist, ich habe aus den Fußtapfen der Pferde schöpfen sehen, um einen unerträglichen Durst zu stillen. Man kaufte das Brot von alten Soldaten, die, an Entbehrung gewöhnt, etwas zusammen sparten, um sich am Branntwein zu erquicken, wenn derselbe wieder zu haben wäre.

Am 22. September hörte man, die Generale Manstein und Heymann seien nach Dampierre, in das Hauptquartier von Kellermann, wo sich auch Dumouriez einfinden sollte. Es war von Auswechseln der Gefangenen, von Versorgung der Kranken und Blessierten zum Schein die Rede; im Ganzen hoffte man aber mitten im Unglück eine Umkehr der Dinge zu bewirken. Seit dem zehnten August war der König von Frankreich gefangen, grenzenlose Mordtaten waren im September geschehen. Man wußte daß Dumouriez für den König und die Konstitution gesinnt gewesen, er mußte also, seines eignen Heils, seiner Sicherheit willen, die gegenwärtigen Zustände bekämpfen, und eine große Begebenheit wäre es geworden, wenn er sich mit den Alliierten alliiert und so auf Paris losgegangen wäre.

Seit der Ankunft der Equipage fand sich die Umgebung des Herzogs von Weimar um vieles gebessert, denn man mußte dem Kämmerier, dem Koch und andern Hausbeamten das Zeugnis geben, daß sie niemals ohne Vorrat gewesen und selbst in dem größten Mangel immer für etwas warme Speise gesorgt. Hierdurch erquickt ritt ich umher mich mit der Gegend nur einigermaßen bekannt zu machen, ganz ohne Frucht; diese flachen Hügel hatten keinen Charakter, kein Gegenstand zeichnete sich vor andern aus. Mich doch zu orientieren forscht' ich nach der langen und hochaufgewachsenen Pappelallee, die gestern so auffallend gewesen war, und da ich sie nicht entdecken konnte, glaubt' ich mich weit verirrt, allein bei näherer Aufmerksamkeit fand ich daß sie niedergehauen, weggeschleppt und wohl schon verbrannt sei.

An den Stellen wo die Kanonade hingewirkt, erblickte man großen Jammer: die Menschen lagen unbegraben, und die schwer verwundeten Tiere konnten nicht ersterben. Ich sah ein Pferd das sich in seinen eigenen, aus dem verwundeten Leibe herausgefallenen Eingeweiden mit den Vorderfüßen verfangen hatte und so unselig dahin hinkte. – Im Nachhausereiten traf ich den Prinzen Louis Ferdinand, im freien Felde, auf einem hölzernen Stuhle sitzen, den man aus einem untern Dorfe heraufgeschafft; zugleich schleppten einige seiner Leute einen schweren verschlossenen Küchschrank herbei, sie versicherten es klappere darin, sie hofften einen guten Fang getan zu haben. Man erbrach ihn begierig, fand aber nur ein stark beleibtes Kochbuch und nun, indessen der gespaltene Schrank im Feuer aufloderte, las man die köstlichsten Küchenrezepte vor, und so ward abermals Hunger und Begierde durch eine aufgeregte Einbildungskraft bis zur Verzweiflung gesteigert.

Den 24. September.

Erheitert einigermaßen wurde das schlimmste Wetter von der Welt durch die Nachricht, daß ein Stillstand geschlossen sei und daß man also wenigstens die Aussicht habe, mit einiger Gemütsruhe leiden und darben zu können; aber auch dieses gedieh nur zum halben Trost, da man bald vernahm, es sei eigentlich nur eine Übereinkunft, daß die Vorposten Friede halten sollten, wobei nicht unbenommen bleibe die Kriegsoperationen außer dieser Berührung nach Gutdünken fortzusetzen. Dieses war eigentlich zu Gunsten der Franzosen bedingt, welche rings umher ihre Stellung verändern und uns besser einschließen konnten, wir aber in der Mitte mußten still halten und in unserem stockenden Zustand verweilen. Die Vorposten aber ergriffen diese Erlaubnis mit Vergnügen; zuerst kamen sie überein, daß, welchem von beiden Teilen Wind und Wetter in's Gesicht schlage, der solle das Recht haben sich umzukehren und, in seinen Mantel gewickelt, von dem Gegenteil nichts befürchten. Es kam weiter; die Franzosen hatten immer noch etwas weniges zur Nahrung, indes den Deutschen alles abging; jene teilten daher einiges mit und man ward immer kameradlicher. Endlich wurden sogar, mit Freundlichkeit, von französischer Seite Druckblätter ausgeteilt, wodurch den guten Deutschen das Heil der Freiheit und Gleichheit in zwei Sprachen verkündigt war; die Franzosen ahmten das Manifest des Herzogs von Braunschweig in umgekehrtem Sinne nach, entboten guten Willen und Gastfreundschaft, und ob sich schon bei ihnen mehr Volk als sie von oben herein regieren konnten auf die Beine gemacht hatte, so geschah dieser Aufruf, wenigstens in diesem Augenblick, mehr um den Gegenteil zu schwächen, als sich selbst zu stärken.

Zum 24. September.

Als Leidensgenossen bedauerte ich auch in dieser Zeit zwei hübsche Knaben von vierzehn bis funfzehn Jahren. Sie hatten, als Requirierte, mit vier schwachen Pferden meine leichte Chaise bis hierher kaum durchgeschleppt, und litten still, mehr für ihre Tiere als für sich, doch war ihnen so wenig als uns allen zu helfen. Da sie um meinetwillen jedes Unheil ausstanden, fühlte ich mich zu irgend einer Pietät gedrungen und wollte jenes erhandelte Kommißbrot redlich mit ihnen teilen; allein sie lehnten es ab und versicherten, dergleichen könnten sie nicht essen, und als ich fragte, was sie denn gewöhnlich genössen? versetzten sie: *du bon pain, de la bonne soupe, de la bonne viande, de la bonne bière.* Da nun bei ihnen alles gut und bei uns alles schlimm war, verzieh ich ihnen gern daß sie mit Zurücklassung ihrer Pferde sich bald darauf davon machten. Sie hatten übrigens manches Unheil ausgestanden, ich glaube aber daß eigentlich das dargebotene Kommißbrot sie zu dem letzten entscheidenden Schritt, als ein furchtbares Gespenst, bewogen habe. Weiß und schwarz Brot ist eigentlich das Schibboleth, das Feldgeschrei zwischen Deutschen und Franzosen.

Eine Bemerkung darf ich hier nicht unberührt lassen: wir kamen freilich zur ungünstigsten Jahrszeit in ein von der Natur nicht gesegnetes Land, das aber denn doch seine wenigen, arbeitsamen, ordnungsliebenden, genügsamen Einwohner allenfalls ernährt. Reichere und vornehmere Gegenden mögen eine solche freilich geringschätzig behandeln; ich aber habe keineswegs Ungeziefer und Bettelherbergen dort getroffen. Von Mauerwerk gebaut, mit Ziegeln gedeckt sind die Häuser und überall hinreichende Tätigkeit. Auch ist die eigentlich schlimme Landstrecke höchstens vier bis sechs Stunden breit und hat, sowohl an dem Argonner Waldgebirge her, als gegen Rheims und Châlons zu, schon wieder günstigere Gelegenheit. Kinder, die man in dem ersten besten Dorfe aufgegriffen hatte, sprachen mit Zufriedenheit von ihrer Nahrung, und ich durfte mich nur des Kellers zu Somme Tourbe und des weißen Brotes, das uns ganz frisch von Châlons her in die Hände gefallen war, erinnern, so schien es doch, als ob in Friedenszeiten hier nicht gerade Hunger und Ungeziefer zu Hause sein müsse.

Den 25. September.

Daß während des Stillstandes die Franzosen von ihrer Seite tätig sein würden, konnte man vermuten und erfahren. Sie suchten die verlorne Kommunikation mit Châlons wieder herzustellen und die Emigrierten in unserm Rücken zu verdrängen, oder vielmehr an uns heranzudrängen; doch augenblicklich ward für uns das Schädlichste, daß sie, sowohl vom Argonner Waldgebirge, als von Sedan und Montmédy her, uns die Zufuhr erschweren, wo nicht völlig vernichten konnten.

Den 26. September.

Da man mich als auf mancherlei aufmerksam kannte, so brachte man alles was irgend sonderbar scheinen mochte herbei; unter andern legte man mir eine Kanonenkugel vor, ungefähr vierpfündig zu achten, doch war das Wunderliche daran sie auf ihrer ganzen Oberfläche in krystallisierten Pyramiden endigen zu sehen. Kugeln waren jenes Tags genug verschossen worden, daß sich eine gar wohl hierüber konnte verloren haben. Ich erdachte mir allerlei Hypothesen, wie das Metall beim Gusse, oder nachher, sich zu dieser Gestalt bestimmt hätte; durch einen Zufall ward ich hierüber aufgeklärt. Nach einer kurzen Abwesenheit wieder in mein Zelt zurückkehrend fragte ich nach der Kugel, sie wollte sich nicht finden. Als ich darauf bestand, beichtete man: sie sei, nachdem man allerlei an ihr probiert, zersprungen. Ich forderte die Stücke und fand, zu meiner großen Verwunderung, eine Krystallisation die von der Mitte ausgehend sich strahlig gegen die Oberfläche erweitete. Es war Schwefelkies, der sich in einer freien Lage ringsum mußte gebildet haben. Diese Entdeckung führte weiter, dergleichen Schwefelkiese fanden sich mehr, obschon kleiner in Kugel- und Nierenform, auch in andern weniger regelmäßigen Gestalten, durchaus aber darin gleich, daß sie nirgends angesessen hatten und daß ihre Krystallisation sich immer auf eine gewisse Mitte bezog; auch waren sie nicht abgerundet, sondern völlig frisch und deutlich krystallinisch abgeschlossen. Sollten sie sich wohl in dem Boden selbst erzeugt haben, und findet man dergleichen mehr auf Ackerfeldern?

Aber ich nicht allein war auf die Mineralien der Gegend aufmerksam; die schöne Kreide die sich überall vorfand, schien durchaus von einigem Wert. Es ist wahr, der Soldat durfte nur ein Kochloch aufhauen, so traf er auf die klarste weiße Kreide, die er zu seinem blanken und glatten Putz sonst so nötig hatte. Da ging wirklich ein Armee-Befehl aus: der Soldat solle sich mit dieser, hier umsonst zu habenden, notwendigen Ware so viel als möglich versehen. Dies gab nun freilich zu einigem Spott Gelegenheit; mitten in den furchtbarsten Kot versenkt, sollte man sich mit Reinlichkeits- und Putzmitteln beladen; wo man nach Brot seufzte, sich mit Staub zufrieden stellen. Auch stutzten die Offiziere nicht wenig, als sie im Hauptquartier übel angelassen wurden, weil sie nicht so reinlich, so zierlich wie auf der Parade zu Berlin oder Potsdam erschienen. Die Oberen konnten nicht helfen, so sollten sie, meinte man, auch nicht schelten.

Den 27. September.

Eine etwas wunderliche Vorsichtsmaßregel dem dringenden Hunger zu begegnen, ward gleichfalls bei der Armee publiziert: man solle die vorhandenen Gerstengarben so gut als möglich ausklopfen, die gewonnenen Körner in heißem Wasser so lange sieden bis sie aufplatzen, und durch diese Speise die Befriedigung des Hungers versuchen.

Unserer nächsten Umgebung war jedoch eine bessere Beihülfe zugedacht. Man sah in der Ferne zwei Wagen festgefahren, denen man, weil sie Proviant und andere Bedürfnisse geladen hatten, gern zu Hülfe kam. Stallmeister von Seebach schickte sogleich Pferde dorthin, man brachte sie los, führte sie aber auch sogleich des Herzogs Regiment zu; sie protestierten dagegen, als zur östreichischen Armee bestimmt, wohin auch wirklich ihre Pässe lauteten. Allein man hatte sich einmal ihrer angenommen; um den Zudrang zu verhüten und sie zugleich festzuhalten, gab man ihnen Wache, und da sie auch von uns bezahlt erhielten was sie forderten, so mußten sie auch bei uns ihre eigentliche Bestimmung finden.

Eilig drängten sich zu allererst die Haushofmeister, Köche und ihre Gehülfen herbei, nahmen von der Butter in Fäßchen, von Schinken und andern guten Dingen Besitz. Der Zulauf vermehrte sich, die größere Menge schrie nach Tabak, der denn auch um teuren Preis häufig ausgegeben wurde. Die Wagen aber waren so umringt daß sich zuletzt niemand mehr nähern konnte, deswegen mich unsere Leute und Reiter anriefen und auf das dringendste baten ihnen zu diesem notwendigsten aller Bedürfnisse zu verhelfen.

Ich ließ mir durch Soldaten Platz machen und erstieg sogleich, um mich nicht im Gedränge zu verwirren, den nächsten Wagen; dort bepackte ich mich für gutes Geld mit

Tabak, was nur meine Taschen fassen wollten, und ward, als ich wieder herab und spendend in's Freie gelangte, für den größten Wohltäter gepriesen, der sich jemals der leidenden Menschheit erbarmt hatte. Auch Branntwein war angelangt, man versah sich damit und bezahlte die Bouteille gern mit einem Laubthaler.

Den 27. September.

Sowohl im Hauptquartiere selbst, wohin man zuweilen gelangte, als bei allen denen die von dort herkamen, erkundigte man sich nach der Lage der Dinge; sie konnte nicht bedenklicher sein. Von dem Unheil das in Paris vorgegangen, verlautete immer mehr und mehr, und was man anfangs für Fabeln gehalten, erschien zuletzt als Wahrheit überschwenglich furchtbar. König und Familie waren gefangen, die Absetzung dessen schon zur Sprache gekommen, der Haß des Königtums überhaupt gewann immer mehr Breite, ja schon konnte man erwarten, daß gegen den unglücklichen Monarchen ein Prozeß würde eingeleitet werden. Unsere unmittelbaren kriegerischen Gegner hatten sich eine Kommunikation mit Châlons wieder eröffnet; dort befand sich Luckner, der die von Paris anströmenden Freiwilligen zu Kriegshaufen bilden sollte; aber diese, in den gräßlichen ersten Septembertagen, durch die reißend fließenden Blutströme, aus der Hauptstadt ausgewandert, brachten Lust zum Morden und Rauben mehr als zu einem rechtlichen Kriege mit. Nach dem Beispiel des Pariser Greuelvolks ersahen sie sich willkürliche Schlachtopfer, um ihnen, wie sich's fände, Autorität, Besitz, oder wohl gar das Leben zu rauben. Man durfte sie nur undiszipliniert loslassen, so machten sie uns den Garaus.

Die Emigrierten waren an uns herangedrückt worden, und man erzählte noch von gar manchem Unheil, das im Rücken und von der Seite bedrohte. In der Gegend von Rheims sollten sich zwanzigtausend Bauern zusammengerottet haben, mit Feldgerät und wildergriffenen Naturwaffen versehen; die Sorge war groß, auch diese möchten auf uns losbrechen.

Von solchen Dingen ward am Abend in des Herzogs Zelt in Gegenwart von bedeutenden Kriegsobristen gesprochen; jeder brachte seine Nachricht, seine Vermutung, seine Sorge als Beitrag in diesen ratlosen Rat, denn es schien durchaus nur ein Wunder uns retten zu können. Ich aber dachte in diesem Augenblick, daß wir gewöhnlich in mißlichen Zuständen uns gern mit hohen Personen vergleichen, besonders mit solchen denen es noch schlimmer gegangen; da fühlt' ich mich getrieben, wo nicht zur Erheiterung doch zur Ableitung, aus der Geschichte Ludwigs des Heiligen die drangvollsten Begebenheiten zu erzählen. Der König, auf seinem Kreuzzuge, will zuerst den Sultan von Ägypten demütigen, denn von diesem hängt gegenwärtig das gelobte Land ab. Damiette fällt ohne Belagerung den Christen in die Hände. Angefeuert von seinem Bruder Graf Artois unternimmt der König einen Zug das rechte Nilufer hinauf, nach Babylon-Cairo. Es glückt einen Graben auszufüllen, der Wasser vom Nil empfängt. Die Armee zieht hinüber. Aber nun findet sie sich geklemmt zwischen dem Nil, dessen Haupt- und Nebenkanälen; dagegen die Sarazenen auf beiden Ufern des Flusses glücklich postiert sind. Über die größeren Wasserleitungen zu setzen wird schwierig. Man baut Blockhäuser gegen die Blockhäuser der Feinde; diese aber haben den Vorteil des Griechischen Feuers. Sie beschädigen damit die hölzernen Bollwerke, Bauten und Menschen. Was hilft den Christen ihre entschiedene Schlachtordnung, immerfort von den Sarazenen gereizt, geneckt, angegriffen, teilweise in Scharmützel verwickelt! Einzelne Wagnisse, Faustkämpfe, sind bedeutend, herzerhebend, aber die Helden, der König selbst wird abgeschnitten. Zwar brechen die Tapfersten durch, aber die Verwirrung wächst. Der Graf von Artois ist in Gefahr, zu dessen Rettung wagt der

König alles. Der Bruder ist schon tot, das Unheil steigt auf's Äußerste. An diesem heißen Tage kommt alles darauf an, eine Brücke über ein Seitenwasser zu verteidigen, um die Sarazenen vom Rücken des Hauptgefechtes abzuhalten. Den wenigen da postierten Kriegsleuten wird auf alle Weise zugesetzt, mit Geschütz von den Soldaten, mit Steinen und Kot durch Troßbuben. Mitten in diesem Unheil spricht der Graf von Soissons zum Ritter Joinville scherzend: Seneschall, laßt das Hundepack bellen und blöken; bei Gottesthron! (so pflegte er zu schwören) von diesem Tage sprechen wir noch im Zimmer vor den Damen.

Man lächelte, nahm das Omen gut auf, besprach sich über mögliche Fälle, besonders hob man die Ursachen hervor, warum die Franzosen uns eher schonen als verderben müßten: der lange ungetrübte Stillstand, das bisherige zurückhaltende Betragen gaben einige Hoffnung. Diese zu beleben wagte ich noch einen historischen Vortrag und erinnerte mit Vorzeigung der Spezialkarten, daß zwei Meilen von uns nach Westen das berüchtigte Teufelsfeld gelegen sei, bis wohin Attila König der Hunnen mit seinen ungeheuren Heereshaufen, im Jahr Vierhundert zwei und funfzig, gelangte, dort aber von den burgundischen Fürsten unter Beistand des römischen Feldherrn Aetius geschlagen worden; daß, hätten sie ihren Sieg verfolgt, er in Person und mit allen seinen Leuten umgekommen und vertilgt worden wäre. Der römische General aber, der die Burgunder-Fürsten nicht von aller Furcht vor diesem gewaltigen Feind zu befreien gedachte, weil er sie alsdann sogleich gegen die Römer gewendet gesehen hätte, beredete einen nach dem andern nach Hause zu ziehen; und so entkam denn auch der Hunnenkönig mit den Überresten eines unzählbaren Volkes.

In eben dem Augenblick ward die Nachricht gebracht, der erwartete Brottransport von Grandpré sei angekommen; auch dies belebte doppelt und dreifach die Geister; man schied getrösteter von einander, und ich konnte dem

Herzog bis gegen Morgen in einem unterhaltenden französischen Buche vorlesen, das auf die wunderlichste Weise in meine Hände gekommen. Bei den verwegenen frevelhaften Scherzen, welche mitten in dem bedrängtesten Zustand noch Lachen erregten, erinnerte ich mich der leichtfertigen Jäger vor Verdun, welche Schelmlieder singend in den Tod gingen. Freilich wenn man dessen Bitterkeit vertreiben will, muß man es mit den Mitteln so genau nicht nehmen.

Den 28. September.

Das Brot war angekommen, nicht ohne Mühseligkeit und Verlust; auf den schlimmsten Wegen von Grandpré, wo die Bäckerei lag, bis zu uns heran waren mehrere Wagen stecken geblieben, andere dem Feind in die Hände gefallen und selbst ein Teil des Transportes ungenießbar: denn im wässerigen, zu schnell gebackenen Brote trennte sich Krume von Rinde, und in den Zwischenräumen erzeugte sich Schimmel. Abermals in Angst vor Gift brachte man mir dergleichen Laibe, diesmal in ihren innern Hohlungen hoch pomeranzenfarbig anzusehen, auf Arsenik und Schwefel hindeutend, wie jenes vor Verdun auf Grünspan. War es aber auch nicht vergiftet, so erregte doch der Anblick Abscheu und Ekel, getäuschte Befriedigung schärfte den Hunger; Krankheit, Elend, Mißmut lagen schwer auf einer so großen Masse guter Menschen.

In solchen Bedrängnissen wurden wir noch gar durch eine unglaubliche Nachricht überrascht und betrübt, es hieß: der Herzog von Braunschweig habe sein früheres Manifest an Dumouriez geschickt, welcher darüber ganz verwundert und entrüstet sogleich den Stillstand aufgekündigt und den Anfang der Feindseligkeiten befohlen habe. So groß das Unheil war, in welchem wir staken und noch größeres bevorsahen, konnten wir doch nicht unterlassen zu scherzen und zu spotten, wir sagten: da sähe man, was für Unheil die Autorschaft nach sich ziehe! Jeder Dichter und sonstige Schriftsteller trage gern seine Arbeiten einem jeden vor, ohne daß er frage, ob es die rechte Zeit und Stunde sei, nun ergehe es dem Herzog von Braunschweig eben so, der die Freuden der Autorschaft genießend sein unglückliches Manifest ganz zur unrechten Zeit wieder produziere.

Wir erwarteten nun die Vorposten abermals puffen zu hören, man schaute sich nach allen Hügeln um, ob nicht irgend ein Feind erscheinen möchte, aber es war alles so still und ruhig als wäre nichts vorgegangen. Indessen lebte man in der peinlichsten Ungewißheit und Unsicherheit, denn jeder sah wohl ein, daß wir strategisch verloren waren, wenn es dem Feind im mindesten einfallen sollte uns zu beunruhigen und zu drängen. Doch deutete schon manches in dieser Ungewißheit auf Übereinkunft und mildere Gesinnung; so hatte man zum Beispiel den Postmeister von Sainte Menehould gegen die am zwanzigsten, zwischen der Wagenburg und Armee, weggefangenen Personen der königlichen Suite frei und ledig gegeben.

Den 29. September.

Gegen Abend setzte sich, der erteilten Ordre gemäß, die Equipage in Bewegung; unter Geleit Regiments Herzog von Braunschweig sollte sie voran gehen, um Mitternacht die Armee folgen. Alles regte sich, aber mißmutig und langsam; denn selbst der beste Wille gleitete auf dem durchweichten Boden und versank, eh' er sich's versah. Auch diese Stunden gingen vorüber: Zeit und Stunde rennt durch den rauhsten Tag!

Es war Nacht geworden, auch diese sollte man schlaflos zubringen, der Himmel war nicht ungünstig, der Vollmond leuchtete, aber hatte nichts zu beleuchten. Zelte waren verschwunden, Gepäck, Wagen und Pferde alles hinweg und unsere kleine Gesellschaft besonders in einer seltsamen Lage. An dem bestimmten Orte, wo wir uns befanden, sollten die Pferde uns aufsuchen, sie waren ausgeblieben. So weit wir bei falbem Licht umhersahen, schien alles öd' und leer; wir horchten vergebens, weder Gestalt noch Ton war zu vernehmen. Unsere Zweifel wogten hin und her; wir wollten den bezeichneten Platz lieber nicht verlassen, als die Unsrigen in gleiche Verlegenheit setzen und sie gänzlich verfehlen. Doch war es grauerlich, in Feindesland, nach solchen Ereignissen vereinzelt, aufgegeben, wo nicht zu sein doch für den Augenblick zu scheinen. Wir paßten auf, ob nicht vielleicht eine feindliche Demonstration vorkomme, aber es rührte und regte sich weder Günstiges noch Ungünstiges.

Wir trugen nach und nach alles hinterlassene Zeltstroh in der Umgegend zusammen und verbrannten es, nicht ohne Sorgen. Gelockt durch die Flamme, zog sich eine alte Marketenderin zu uns heran; sie mochte sich beim Rückweg in den fernen Orten nicht ohne Tätigkeit verspätet haben, denn sie trug ziemliche Bündel unter den Armen. Nach Gruß und Erwärmung hob sie zuvörderst Friedrich den Großen in den Himmel und pries den siebenjährigen Krieg, dem sie als Kind wollte beigewohnt haben; schalt grimmig auf die gegenwärtigen Fürsten und Heerführer, die so große Mannschaft in ein Land brächten, wo die Marketenderin ihr Handwerk nicht treiben könne, worauf es denn doch eigentlich abgesehen sei. Man konnte sich an ihrer Art die Sachen zu betrachten gar wohl erlustigen und sich für einen Augenblick zerstreuen, doch waren uns endlich die Pferde höchst willkommen; da wir denn auch mit dem Regimente Weimar den ahnungsvollen Rückzug antraten.

Vorsichtsmaßregeln, bedeutende Befehle ließen fürchten, daß die Feinde unserm Abmarsch nicht gelassen zusehen würden. Mit Bangigkeit hatte man noch am Tage das sämtliche Fuhrwerk, am bänglichsten aber die Artillerie, in den durchweichten Boden einschneidend, sich stockend bewegen sehen; was mochte nun zu Nacht alles vorfallen? Mit Bedauern sah man gestürzte, geborstene Bagagewagen im

Bachwasser liegen, mit Bejammern ließ man zurückbleibende Kranke hülflos. Wo man sich auch umsah, einigermaßen vertraut mit der Gegend, gestand man, hier sei gar keine Rettung, sobald es dem Feinde, den wir links, rechts und im Rücken wußten, belieben möchte uns anzugreifen; da dies aber in den ersten Stunden nicht geschah, so stellte sich das hoffnungsbedürftige Gemüt schnell wieder her und der Menschengeist, der allem was geschieht Verstand und Vernunft unterlegen möchte, sagte sich getrost, die Verhandlungen zwischen den Hauptquartieren Hans und Sainte Menehould seien glücklich und zu unsern Gunsten abgeschlossen worden. Von Stunde zu Stunde vermehrte sich der Glaube; und als ich Halt machen, die sämtlichen Wagen über dem Dorfe St. Jean ordnungsgemäß auffahren sah, war ich schon völlig gewiß, wir würden nach Hause gelangen und in guter Gesellschaft *(devant les Dames)* von unseren ausgestandenen Qualen sprechen und erzählen dürfen. Auch diesmal teilt' ich Freunden und Bekannten meine Überzeugung mit und wir ertrugen die gegenwärtige Not schon mit Heiterkeit.

Kein Lager ward bezogen, aber die Unsrigen schlugen ein großes Zelt auf, inwendig und auswendig umher die reichsten herrlichsten Weizengarben zur Schlafstätte gebreitet. Der Mond schien hell durch die beruhigte Luft, nur ein sanfter Zug leichter Wolken war bemerklich, die ganze Umgebung sichtbar und deutlich, fast wie am Tage. Beschienen waren die schlafenden Menschen, die Pferde vom Futterbedürfnis wach gehalten, darunter viele weiße, die das Licht kräftig wiedergaben; weiße Wagenbedeckungen, selbst die zur Nachtruhe gewidmeten weißen Garben, alles verbreitete Helle und Heiterkeit über diese bedeutende Szene. Fürwahr der größte Maler hätte sich glücklich geschätzt einem solchen Bilde gewachsen zu sein.

Erst spät legt' ich mich in's Zelt und hoffte des tiefsten Schlafes zu genießen; aber die Natur hat manches Unbequeme zwischen ihre schönsten Gaben ausgestreut, und so gehört zu den ungeselligsten Unarten des Menschen, daß er schlafend, eben wenn er selbst am tiefsten ruht, den Gesellen durch unbändiges Schnarchen wach zu halten pflegt. Kopf an Kopf, ich innerhalb, er außerhalb des Zeltes, lag ich mit einem Manne, der mir durch ein gräßlich Stöhnen die so nötige Ruhe unwiederbringlich verkümmerte. Ich löste den Strang vom Zeltpflock, um meinen Widersacher kennen zu lernen; es war ein braver tüchtiger Mann von der Dienerschaft, er lag vom Mond beschienen in so tiefem Schlaf, als wenn er Endymion selbst gewesen wäre. Die Unmöglichkeit in solcher Nachbarschaft Ruhe zu erlangen, regte den schalkischen Geist in mir auf; ich nahm eine Weizenähre und ließ die schwankende Last über Stirn und Nase des Schlafenden schweben. In seiner tiefen Ruhe gestört, fuhr er mit der Hand mehrmals über's Gesicht, und sobald er wieder in Schlaf versank wiederholt' ich mein Spiel, ohne daß er hätte begreifen mögen, woher in dieser Jahrszeit eine Bremse kommen könne. Endlich bracht' ich es dahin, daß er völlig ermuntert aufzustehen beschloß. Indessen war auch mir alle Schlaflust vergangen, ich trat vor das Zelt und bewunderte in dem wenig veränderten Bilde die unendliche Ruhe am Rande der größten, immer noch denkbaren Gefahr; und wie in solchen Augenblicken Angst und Hoffnung, Kümmernis und Beruhigung wechselsweise auf und ab gaukeln, so erschrak ich wieder, bedenkend daß, wenn der Feind uns in diesem Augenblick überfallen wollte, weder eine Radspeiche noch ein Menschengebein davon kommen würde.

Der anbrechende Tag wirkte sodann wieder zerstreuend, denn da zeigte sich manches Wunderliche. Zwei alte Marketenderinnen hatten mehrere seidene Weiberröcke buntscheckig um Hüfte und Brust über einander gebunden, den obersten aber um den Hals und oben darüber noch ein Halbmäntelchen. In diesem Ornat stolzierten sie gar komisch einher und behaupteten, durch Kauf und Tausch sich diese Maskerade gewonnen zu haben.

Den 30. September.

So früh sich auch mit Tages Anbruch das sämtliche Fuhrwerk in Bewegung setzte, so legten wir doch nur einen kurzen Weg zurück, denn schon um neun Uhr hielten wir zwischen Laval und Wargemoulin. Menschen und Tiere suchten sich zu erquicken, kein Lager ward aufgeschlagen. Nun kam auch die Armee heran und postierte sich auf einer Anhöhe; durchaus herrschte die größte Stille und Ordnung. Zwar konnte man an verschiedenen Vorsichtsmaßregeln gar wohl bemerken, daß noch nicht alle Gefahr überstanden sei; man recognoszierte, man unterhielt sich heimlich mit unbekannten Personen, man rüstete sich zum abermaligen Aufbruch.

Den 1. Oktober.

Der Herzog von Weimar führte die Avantgarde und deckte zugleich den Rückzug der Bagage. Ordnung und Stille herrschten diese Nacht und man beruhigte sich in dieser Ruhe, als um zwölf Uhr aufzubrechen befohlen ward. Nun ging aber aus allem hervor, daß dieser Marsch nicht ganz sicher sei, wegen Streifpartien, welche vom Argonner Wald herunter zu befürchten waren. Denn wäre auch mit Dumouriez und den höchsten Gewalten Übereinkunft getroffen gewesen, welches nicht einmal als ganz gewiß angenommen werden konnte, so gehorchte doch damals nicht leicht jemand dem andern, und die Mannschaft im Waldgebirge durfte sich nur für selbständig erklären, einen Versuch machen zu unserm Verderben, welches niemand damals hätte mißbilligen dürfen.

Auch der heutige Marsch ging nicht weit; es war die Absicht, Equipage und Armee zusammen sollten auch gleichen Schritt mit den Östreichern und Emigrierten halten, die, uns zur linken Seite, parallel gleichfalls auf dem Rückzug begriffen waren.

Gegen acht Uhr hielten wir schon, bald nachdem wir Rouvroy hinter uns gelassen hatten; einige Zelte wurden aufgeschlagen, der Tag war schön und die Ruhe nicht gestört.

Und so will ich denn hier auch noch anführen, daß ich in diesem Elend das neckische Gelübde getan: man solle, wenn ich uns erlöst und mich wieder zu Hause sähe, von mir niemals wieder einen Klagelaut vernehmen über den meine freiere Zimmeraussicht beschränkenden Nachbargiebel, den ich vielmehr jetzt recht sehnlich zu erblicken wünsche; ferner wollt' ich mich über Mißbehagen und Langeweile im deutschen Theater nie wieder beklagen, wo man doch immer Gott danken könne unter Dach zu sein, was auch auf der Bühne vorgehe. Und so gelobt' ich noch ein Drittes, das mir aber entfallen ist.

Es war noch immer genug, daß jeder für sich selbst in dem Grade sorgte, und Roß und Wagen, Mann und Pferd nach ihren Abteilungen regelmäßig zusammenblieben, und so auch wir, sobald stille gehalten oder ein Lager aufgeschlagen ward, immer wieder gedeckte Tafeln und Bänke und Stühle fanden. Doch wollte uns bedünken, daß wir gar zu schmal abgefunden würden, ob wir uns gleich bei dem bekannten allgemeinen Mangel bescheiden darein ergaben.

Indessen schenkte mir das Glück Gelegenheit einem bessern Gastmahl beizuwohnen. Es war zeitig Nacht geworden, jedermann hatte sich sogleich auf die zubereitete Streue gelegt, auch ich war eingeschlafen, doch weckte mich ein lebhafter angenehmer Traum: denn mir schien als röch' ich, als genöss' ich die besten Bissen, und als ich darüber aufwachte, mich aufrichtete, war mein Zelt voll des herrlichsten Geruchs gebratenen und versengten Schweinefettes, der mich sehr lüstern machte. Unmittelbar an der Natur mußte es uns verziehen sein den Schweinehirten für göttlich und

Schweinebraten für unschätzbar zu halten. Ich stand auf und erblickte in ziemlicher Ferne ein Feuer, glücklicherweise ober dem Winde: von daher kam mir die Fülle des guten Dunstes. Unbedenklich ging ich dem Scheine nach und fand die sämtliche Dienerschaft um ein großes, bald zu Kohlen verbranntes Feuer beschäftigt, den Rücken des Schweins schon beinahe gar, das Übrige zerstückt, zum Einpacken bereit, einen jeden aber tätig und handreichend, um die Würste bald zu vollenden. Unfern des Feuers lagen ein paar große Baumstämme; nach Begrüßung der Gesellschaft setzt' ich mich darauf, und ohne ein Wort zu sagen, sah ich einer solchen Tätigkeit mit Vergnügen zu. Teils wollten mir die guten Leute wohl, teils konnten sie den unerwarteten Gast schicklicherweise nicht ausschließen, und wirklich, da es zum Austeilen kam, reichten sie mir ein kostbares Stück; auch war Brot zu haben und ein Schluck Branntwein dazu; es fehlte eben an keinem Guten.

Nicht weniger ward mir ein tüchtiges Stück Wurst gereicht, als wir uns noch bei Nacht und Nebel zu Pferde setzten; ich steckte es in meine Pistolenhalfter und so war mir die Begünstigung des Nachtwindes gut zu statten gekommen.

Den 2. Oktober.

Wenn man sich auch mit einigem Essen und Trinken gestärkt und den Geist durch sittliche Trostgründe beschwichtigt hatte, so wechselten doch immer Hoffnung und Sorge, Verdruß und Scham in der schwankenden Seele; man freute sich noch am Leben zu sein, unter solchen Bedingungen zu leben verwünschte man. Nachts um zwei Uhr brachen wir auf, zogen mit Vorsicht an einem Walde vorbei, kamen bei Vaux über die Stelle unseres vor kurzem verlassenen Lagers und bald an die Aisne. Hier fanden wir zwei Brücken geschlagen, die uns auf's rechte Ufer hinüber leiteten. Da verweilten wir nun zwischen beiden, die wir zugleich übersehen konnten, auf einem Sand- und Weidenwerder, das lebhafteste Küchenfeuer sogleich besorgend. Die zartesten Linsen die ich jemals genossen, lange, rote, schmackhafte Kartoffeln waren bald bereitet. Als aber zuletzt jene, von den östreichischen Fuhrleuten aufgebrachten, bisher streng verheimlichten Schinken gar geworden, konnte man sich genugsam wieder herstellen.

Die Equipage war schon herüber; aber bald eröffnete sich ein so prächtiger als trauriger Anblick. Die Armee zog über die Brücken, Fußvolk und Artillerie, die Reiterei durch eine Furt, alle Gesichter düster, jeder Mund verschlossen, eine gräßliche Empfindung mitteilend. Kamen Regimenter heran unter denen man Bekannte, Befreundete wußte, so eilte man hin, man umarmte, man besprach sich, aber unter welchen Fragen, welchem Jammer, welcher Beschämung, nicht ohne Tränen.

Indessen freuten wir uns so marketenderhaft eingerichtet zu sein, um Hohe wie Niedere erquicken zu können. Erst war die Trommel eines allda postierten Piketts die Tafel, dann holte man aus benachbarten Orten Stühle, Tische und machte sich's und den verschiedenartigsten Gästen so bequem als möglich. Der Kronprinz und Prinz Louis ließen sich die Linsen schmecken, mancher General der von weiten den Rauch sah, zog sich darnach. Freilich, wie auch unser Vorrat sein mochte, was sollte das unter so viele? Man mußte zum zweiten- und drittenmale ansetzen, und unsere Reserve verminderte sich.

Wie nun unser Fürst gern alles mitteilte, so hielten's auch seine Leute, und es wäre schwer einzeln zu erzählen, wie viel der unglücklichen vorbeiziehenden einzelnen Kranken durch Kämmerier und Koch erquickt wurden.

So ging es nun den ganzen Tag, und so ward mir der Rückzug nicht etwa nur durch Beispiel und Gleichnis, nein, in seiner völligen Wirklichkeit dargestellt und der Schmerz durch jede neue Uniform erneuert und vervielfältigt. Ein so grauenvolles Schauspiel sollte denn auch seiner würdig schließen; der König und sein Generalstab ritt von weiten her, hielt an der Brücke eine Zeit lang stille, als wenn er sich's noch einmal übersehen und überdenken wollte; zog dann aber am Ende den Weg aller der Seinen. Eben so erschien der Herzog von Braunschweig an der andern Brücke, zauderte und ritt herüber.

Die Nacht brach ein, windig aber trocken, und ward auf dem traurigen Weidenkies meist schlaflos zugebracht.

Den 3. Oktober.

Morgens um sechs Uhr verließen wir diesen Platz, zogen über eine Anhöhe nach Grandpré zu und trafen daselbst die Armee gelagert. Dort gab es neues Übel und neue Sorgen; das Schloß war zum Krankenhause umgebildet und schon mit mehrern hundert Unglücklichen belegt, denen man nicht helfen, sie nicht erquicken konnte. Man zog mit Scheu vorüber und mußte sie der Menschlichkeit des Feindes überlassen.

Hier überfiel uns abermals ein grimmiger Regen und lähmte jede Bewegung.

Den 4. Oktober.

Die Schwierigkeit vom Platze zu kommen wuchs mehr und mehr; um den unfahrbaren Hauptwegen zu entgehen suchte man sich Bahn über Feld. Der Acker, von rötlicher Farbe, noch zäher als der bisherige Kreideboden, hinderte jede Bewegung. Die vier kleinen Pferde konnten meine Halbchaise kaum erziehen, ich dachte sie wenigstens um das Gewicht meiner Person zu erleichtern. Die Reitpferde waren nicht zu erblicken; der große Küchwagen mit sechs tüchtigen bespannt kam an mir vorbei. Ich bestieg ihn; von Viktualien war er nicht ganz leer, die Küchmagd aber stak sehr verdrießlich in der Ecke. Ich überließ mich meinen Studien. Den dritten Band von Fischers physikalischem Lexikon hatte ich aus dem Koffer genommen; in solchen Fällen ist ein Wörterbuch die willkommenste Begleitung, wo jeden Augenblick eine Unterbrechung vorfällt, und dann gewährt es wieder die beste Zerstreuung, indem es uns von einem zum andern führt.

Man hatte sich auf den zähen, hie und da quelligen roten Tonfeldern notgedrungen unvorsichtig eingelassen; in einer solchen Falge mußte zuletzt auch dem tüchtigen Küchengespann die Kraft ausgehen. Ich schien mir in meinem Wagen wie eine Parodie von Pharao im roten Meere, denn auch um mich her wollten Reiter und Fußvolk in gleicher Farbe gleicher Weise versinken. Sehnsüchtig schaut' ich nach allen umgebenden Hügelhöhen, da erblickt' ich endlich die Reitpferde, darunter den mir bestimmten Schimmel; ich winkte sie mit Heftigkeit herbei, und nachdem ich meine Physik der armen krankverdrießlichen Küchmagd übergeben und ihrer Sorgfalt empfohlen, schwang ich mich auf's Pferd, mit dem festen Vorsatz mich sobald nicht wieder auf eine Fahrt einzulassen. Hier ging es nun freilich selbständiger, aber nicht besser, noch schneller.

Grandpré, das nun als ein Ort der Pest und des Todes geschildert war, ließen wir gern hinter uns. Mehrere befreundete Kriegsgenossen trafen zusammen und traten im Kreise, hinter sich am Zügel die Pferde haltend, um ein Feuer. Sie sagen, dies sei das einzige Mal gewesen, wo ich ein verdrießlich Gesicht gemacht und sie weder durch Ernst gestärkt, noch durch Scherz erheitert habe.

Den 4. Oktober.

Der Weg, den das Heer eingeschlagen hatte, führte gegen Buzancy, weil man oberhalb Dun über die Maas gehen wollte. Wir schlugen unser Lager unmittelbar bei Sivry, in dessen Umgegend wir noch nicht alles verzehrt fanden. Der Soldat stürzte in die ersten Gärten und verdarb was andere hätten genießen können. Ich ermunterte unseren Koch und seine Leute zu einer strategischen Fouragierung, wir zogen um's ganze Dorf und fanden noch völlig unangetastete Gärten und eine reiche unbestrittene Ernte. Hier war von Kohl und Zwiebeln, von Wurzeln und andern guten Vegetabilien die Fülle; wir nahmen deshalb nicht mehr als wir brauchten, mit Bescheidenheit und Schonung. Der Garten war nicht groß, aber sauber gehalten, und ehe wir zu dem Zaun wieder hinauskrochen, stellt' ich Betrachtungen an, wie es zugehe, daß in einem Hausgarten doch auch keine Spur von einer Türe in's anstoßende Gebäude zu entdecken sei. Als wir mit Küchenbeute wohl beschwert wieder zurückkamen, hörten wir großen Lärm vor dem Regimente. Einem Reiter war sein, vor zwanzig Tagen etwa, in dieser Gegend requiriertes Pferd davon gelaufen, es hatte den Pfahl, an dem es gebunden gewesen, mit fortgenommen, der Kavallerist wurde sehr übel angesehen, bedroht und befehligt das Pferd wieder zu schaffen.

Da es beschlossen war den fünften in der Gegend zu rasten, so wurden wir in Sivry einquartiert und fanden, nach so viel Unbilden, die Häuslichkeit gar erfreulich, und konnten den französisch ländlichen, idyllisch Homerischen Zustand zu unserer Unterhaltung und Zerstreuung abermals genauer bemerken. Man trat nicht unmittelbar von der Straße in das Haus, sondern fand sich erst in einem kleinen, offenen, viereckten Raum, wie die Türe selbst das Quadrat angab; von da gelangte man, durch die eigentliche Haustüre, in ein geräumiges, hohes, dem Familienleben bestimmtes Zimmer; es war mit Ziegelsteinen gepflastert, links, an der langen Wand, ein Feuerherd, unmittelbar an Mauer und Erde; die Esse die den Rauch abzog schwebte darüber. Nach Begrüßung der Wirtsleute zog man sich gern dahin, wo man eine entschieden bleibende Rangordnung für die Umsitzenden gewahrte. Rechts am Feuer stand ein hohes Klappkästchen, das auch zum Stuhl diente; es enthielt das Salz, welches, in Vorrat angeschafft, an einem trocknen Platze verwahrt werden mußte. Hier war der Ehrensitz, der sogleich dem vornehmsten Fremden angewiesen wurde; auf mehrere hölzerne Stühle setzten sich die übrigen Ankömmlinge mit den Hausgenossen. Die landsittliche Kochvorrichtung, *pot au feu*, konnt' ich hier zum erstenmal genau betrachten. Ein großer eiserner Kessel hing an einem Haken, den man durch Verzahnungen erhöhen und erniedrigen konnte, über dem Feuer; darin befand sich schon ein gutes Stück Rindfleisch mit Wasser und Salz, zugleich aber auch mit weißen und gelben Rüben, Porrée, Kraut, und andern vegetabilischen Ingredienzien.

Indessen wir uns freundlich mit den guten Menschen besprachen, bemerkt' ich erst, wie architektonisch klug Anrichte, Gossenstein, Topf- und Tellerbretter angebracht seien. Diese nahmen sämtlich den länglichen Raum ein, den jenes Viereck des offenen Vorhauses inwendig zur Seite ließ. Nett und alles der Ordnung gemäß war das Geräte zusammengestellt; eine Magd, oder Schwester des Hauses, besorgte alles auf's zierlichste. Die Hausfrau saß am Feuer, ein Knabe stand an ihren Knien, zwei Töchterchen drängten sich an sie heran. Der Tisch war gedeckt, ein großer irdener Napf aufgestellt, schönes weißes Brot in Scheibchen hineingeschnitten, die heiße Brühe drüber gegossen und guter Appetit empfohlen. Hier hätten jene Knaben, die mein Kommißbrot verschmähten, mich auf das Muster von *bon pain* und *bonne soupe* verweisen können. Hierauf folgte das zu gleicher Zeit gargewordene Zugemüse, so wie das Fleisch, und jedermann hätte sich an dieser einfachen Kochkunst begnügen können.

Wir fragten teilnehmend nach ihren Zuständen; sie hatten schon das vorigemal, als wir so lange bei Landres gestanden, sehr viel gelitten und fürchteten, kaum hergestellt, von einer feindlichen zurückziehenden Armee nunmehr den völligen Untergang. Wir bezeigten uns teilnehmend und freundlich, trösteten sie, daß es nicht lange dauern werde, da wir, außer der Arrièregarde, die letzten seien, und gaben ihnen Rat und Regel, wie sie sich gegen Nachzügler zu verhalten hätten. Bei immer wechselnden Sturm und Regengüssen brachten wir den Tag meist unter Dach und am Feuer zu; das Vergangene in Gedanken zurückrufend, das Nächstbevorstehende nicht ohne Sorge bedenkend. Seit Grandpré hatte ich weder Wagen noch Koffer noch Bedienten wieder gesehen, Hoffnung und Sorge wechselten deshalb augenblicklich ab. Die Nacht war herangekommen, die Kinder sollten zu Bette gehen; sie näherten sich Vater und Mutter ehrfurchtsvoll, verneigten sich, küßten ihnen die Hand und sagten *bon soir Papa, bon soir Maman*, mit wünschenswerter Anmut. Bald darauf erfuhren wir, daß der Prinz von Braunschweig in unserer Nachbarschaft gefährlich krank liege und erkundigten uns nach ihm. Besuch lehnte man ab und versicherte zugleich, daß es mit ihm viel besser geworden, so daß er morgen früh unverzüglich aufzubrechen gedenke.

Kaum hatten wir uns vor dem schrecklichen Regen wieder an's Kamin geflüchtet, als ein junger Mann hereintrat, den wir als den jüngeren Bruder unseres Wirts wegen entschiedener Ähnlichkeit erkennen mußten; und so erklärte sich's auch. In die Tracht des französischen Landvolks gekleidet, einen starken Stab in der Hand, trat er auf, ein schöner junger Mann. Sehr ernst, ja verdrießlich wild saß er bei uns am Feuer ohne zu sprechen; doch hatte er sich kaum erwärmt, als er mit seinem Bruder auf und ab, sodann in das nächste Zimmer trat. Sie sprachen sehr lebhaft und vertraulich zusammen. Er ging in den grimmigen Regen hinaus, ohne daß ihn unsere Wirtsleute zu halten suchten.

Aber auch wir wurden durch ein Angst- und Zetergeschrei in die stürmische Nacht hinausgerufen. Unsere Soldaten hatten, unter dem Vorwand Fourage auf den Böden zu suchen, zu plündern angefangen und zwar ganz ungeschickter Weise, indem sie einem Weber sein Werkzeug

verdrießlich, vielmehr behülflich und zutätig erwiesen, schien uns einigermaßen wunderbar, da sie wohl Ursache gehabt hätten unser Betragen roh und rücksichtslos zu finden. In demselbigen Zimmer, wo wir die Operation vornahmen, lagen die Kinder in reinlichen Betten, und aufgeweckt durch unser Getöse, schauten sie artig furchtsam unter den Dekken hervor. Nahe an einem großen zweischläfrigen Ehebett mit grünem Rasch sorgfältig umschlossen, hing das Schwein, so daß die Vorhänge einen malerischen Hintergrund zu dem erleuchteten Körper machten. Es war ein Nachtstück ohne Gleichen. Aber solchen Betrachtungen konnten sich die Einwohner nicht hingeben; wir merkten vielmehr, daß sie jenem Hause, dem man das Schwein abgewonnen, nicht sonderlich befreundet seien und also eine gewisse Schadenfreude hierbei obwalte. Früher hatten wir auch gutmütig einiges von Fleisch und Wurst versprochen, das alles kam der Funktion zu statten, die in wenig Stunden vollendet sein sollte. Unser Husar aber bewies sich in seinem Fache so tätig und behend wie die Zigeunerin drüben in dem ihrigen, und wir freuten uns schon auf die guten Würste und Braten, die uns von dieser Halbbeute zu Teil werden sollten. In Erwartung dessen legten wir uns in der Schmiedewerkstatt unseres Wirtes auf die schönsten Weizengarben und schliefen geruhig bis an den Tag. Indessen hatte unser Husar sein Geschäft im Innern des Hauses vollendet, ein Frühstück fand sich bereit und das Übrige war schon eingepackt, nachdem vorher den Wirtsleuten gleichfalls ihr Teil gespendet worden, nicht ohne Verdruß unserer Leute, welche behaupteten: bei diesem Volk sei Gutmütigkeit übel angewendet, sie hätten gewiß noch Fleisch und andere gute Dinge verborgen, die wir auszuwittern noch nicht recht gelernt hätten.

Als ich mich in dem innern Zimmer umsah, fand ich zuletzt eine Türe verriegelt, die ihrer Stellung nach in einen Garten gehen mußte. Durch ein kleines Fenster an der Seite konnt' ich bemerken, daß ich nicht irre geschlossen hatte;

der Garten lag etwas höher als das Haus, und ich erkannt' ihn ganz deutlich für denselben, wo wir uns früh mit Küchenwaren versehen hatten. Die Türe war verrammelt und von außen so geschickt verschüttet und bedeckt, daß ich nun wohl begriff, warum ich sie heute früh vergebens gesucht hatte. Und so stand es in den Sternen geschrieben, daß wir, ungeachtet aller Vorsicht, doch in das Haus gelangen sollten.

Den 6. Oktober früh.

Bei solchen Umgebungen darf man sich nicht einen Augenblick Ruhe, nicht das kürzeste Verharren irgend eines Zustandes erwarten. Mit Tagesanbruch war der ganze Ort auf einmal in großer Bewegung; die Geschichte des entflohenen Pferdes kam wieder zur Sprache. Der geängstigte Reiter, der es herbeischaffen, oder Strafe leiden und zu Fuße gehen sollte, war auf den nächsten Dörfern herumgerannt, wo man ihm denn, um die Plackerei selbst los zu werden, zuletzt versicherte: es müsse in Sivry stecken; dort habe man vor so viel Wochen einen Rappen ausgehoben, wie er ihn beschreibe, unmittelbar vor Sivry habe nun das Pferd sich losgemacht, und was sonst noch die Wahrscheinlichkeit vermehren mochte. Nun kam er begleitet von einem ernsten Unteroffizier der, durch Bedrohung des ganzen Ortes, endlich die Auflösung des Rätsels fand. Das Pferd war wirklich hinein nach Sivry zu seinem vorigen Herrn gelaufen, die Freude den vermißten Haus- und Stallgenossen wieder zu sehen, sagen sie, sei in der Familie grenzenlos gewesen, allgemein die Teilnahme der Nachbarn. Künstlich genug hatte man das Pferd auf einen Oberboden gebracht und hinter Heu versteckt; jedermann bewahrte das Geheimnis. Nun aber ward es, unter Klagen und Jammern, wieder hervorgezogen, und Betrübnis ergriff die ganze Gemeinde, als der Reiter sich darauf schwang und dem Wachtmeister folgte. Niemand gedachte weder eigener Lasten noch des keineswegs aufgeklärten allgemeinen Geschickes: das Pferd, und der zum zweitenmal getäuschte Besitzer waren der Gegenstand der zusammengelaufenen Menge.

Eine augenblickliche Hoffnung tat sich hervor; der Kronprinz von Preußen kam geritten, und indem er sich erkundigen wollte, was die Menge zusammengebracht, wendeten sich die guten Leute an ihn mit Flehen, er möge ihnen das Pferd wieder zurückgeben. Es stand nicht in seiner Macht, denn die Kriegsläufte sind mächtiger als die Könige, er ließ sie trostlos, indem er sich stillschweigend entfernte.

Nun besprachen wir wiederholt mit unsern guten Hausleuten das Manöver gegen die Nachzügler, denn schon spukte das Geschmeiß hin und wider. Wir rieten: Mann und Frau, Magd und Geselle sollten in der Türe innerhalb des kleinen Vorraums sich halten und allenfalls ein Stück Brot, einen Schluck Wein, wenn es gefordert würde, auswendig reichen, den eindringenden Ungestüm aber standhaft abwehren. Mit Gewalt erstürmten dergleichen Leuten nicht leicht ein Haus, einmal eingelassen aber werde man ihrer nicht wieder Herr. Die guten Menschen baten uns noch länger zu bleiben, allein wir hatten an uns selber zu denken; das Regiment des Herzogs war schon vorwärts und der Kronprinz abgeritten; dies war genug unsern Abschied zu bestimmen.

Wie klüglich dies gewesen, wurde uns noch deutlicher, als wir, bei der Kolonne angelangt, zu hören hatten, daß der Vortrab der französischen Prinzen gestern, als er eben den Paß chesne le populeur und die Aisne hinter sich gelassen, zwischen Les Grandes et Petites Armoises von Bauern angegriffen worden; einem Offizier solle das Pferd unter'm Leib getötet, dem Bedienten des Kommandierenden eine Kugel durch den Hut gegangen sein. Nun fiel mir's auf's Herz, daß in vergangner Nacht, als der bärbeißige Schwager in's Haus trat, ich einer solchen Ahnung mich nicht erwehren konnte.

Zum 6. Oktober.

Aus der gefährlichsten Klemme waren wir nun heraus, unser Rückzug jedoch noch immer beschwerlich und bedenklich; der Transport unseres Haushaltes von Tag zu Tage lästiger, denn freilich führten wir ein komplettes Mobiliar mit uns; außer dem Küchengerät noch Tisch und Bänke, Kisten, Kasten und Stühle, ja ein paar Blechofen. Wie wollte man die mehreren Wagen fortbringen, da der Pferde täglich weniger wurden; einige fielen, die überbliebenen zeigten sich kraftlos. Es blieb nichts übrig als einen Wagen stehen zu lassen, um die andern fortzubringen. Nun ward geratschlagt, was wohl das Entbehrlichste sei, und so mußte man einen mit allerlei Gerät wohlbepackten Wagen im Stiche lassen, um nicht alles zu entbehren. Diese Operation wiederholte sich einigemal, unser Zug ward um vieles kompendioser, und doch wurden wir auf's neue an eine solche Reduktion gemahnt, da wir uns an den niedrigen Ufern der Maas mit größter Unbequemlichkeit fortschleppten.

Was mich aber in diesen Stunden am meisten druckte und besorgt machte, war, daß ich meinen Wagen schon einige Tage vermißte. Nun konnt' ich mir's nicht anders denken, als mein sonst so resoluter Diener sei in Verlegenheit geraten, habe seine Pferde verloren und andere zu requirieren nicht vermocht. Da sah ich denn in trauriger Einbildungskraft meine werte böhmische Halbchaise, ein Geschenk meines Fürsten, die mich schon so weit in der Welt herumgetragen, im Kot versunken, vielleicht auch über Bord geworfen und somit, wie ich da zu Pferde saß, trug ich nun alles bei mir. Der Koffer mit Kleidungsstücken, Manuskripten jeder Art und manches durch Gewohnheit sonst noch werte Besitztum, alles schien mir verloren und schon in die Welt zerstreut.

Was war aus der Brieftasche mit Geld und bedeutenden Papieren geworden, aus sonstigen Kleinigkeiten die man an sich herumsteckt? Hatte ich das alles nun recht umständlich und peinlich durchgedacht, so stellte sich der Geist aus dem unerträglichen Zustande bald wieder her. Das Vertrauen auf meinen Diener fing wieder an zu wachsen und wie ich vorher umständlich den Verlust gedacht, so dacht' ich nunmehr alles durch seine Tätigkeit erhalten, und freute mich dessen, als läg' es mir schon vor Augen.

Den 7. Oktober.

Als wir eben auf dem linken Ufer der Maas aufwärts zogen, um an die Stelle zu gelangen, wo wir übersetzten und die gebahnte Hauptstraße jenseits erreichen sollten, gerade auf dem sumpfigsten Wiesenfleck, hieß es: der Herzog von Braunschweig komme hinter uns her. Wir hielten an und begrüßten ihn ehrerbietig; er hielt auch ganz nahe vor uns stille und sagte zu mir: »Es tut mir zwar leid, daß ich Sie in dieser unangenehmen Lage sehe, jedoch darf es mir in dem Sinne erwünscht sein, daß ich einen einsichtigen glaubwürdigen Mann mehr weiß, der bezeugen kann, daß wir nicht vom Feinde, sondern von den Elementen überwunden worden.«

Er hatte mich in dem Hauptquartier zu Hans vorbeigehend gesehen, und wußte überhaupt, daß ich bei dem ganzen traurigen Zug gegenwärtig gewesen. Ich antwortete ihm etwas Schickliches und bedauerte noch zuletzt, daß er, nach so viel Leiden und Anstrengung, noch durch die Krankheit seines fürstlichen Sohnes sei in Sorgen gesetzt worden: woran wir vorige Nacht in Sivry großen Anteil empfunden. Er nahm es wohl auf, denn dieser Prinz war sein Liebling, zeigte sodann auf ihn, der in der Nähe hielt, wir verneigten uns auch vor ihm. Der Herzog wünschte uns allen Geduld und Ausdauer, und ich ihm dagegen eine ungestörte Gesundheit, weil ihm sonst nichts abgehe uns und die gute Sache zu retten. Er hatte mich eigentlich niemals geliebt, das mußte ich mir gefallen lassen, er gab es zu erkennen, das konnt' ich ihm verzeihen; nun aber war das Unglück eine milde Vermittlerin geworden, die uns auf eine teilnehmende Weise zusammenbrachte.

Den 7. und 8. Oktober.

Wir hatten über die Maas gesetzt und den Weg eingeschlagen, der aus den Niederlanden nach Verdun führt; das Wetter war furchtbarer als je, wir lagerten bei Consenvoye. Die Unbequemlichkeit, ja das Unheil stiegen auf's Höchste, die Zelte durchnäßt, sonst kein Schirm, kein Obdach; man wußte nicht, wohin man sich wenden sollte; noch immer fehlte mein Wagen und ich entbehrte das Notwendigste. Konnte man sich auch unter einem Zelte bergen, so war doch an keine Ruhestelle zu denken. Wie sehnte man sich nicht nach Stroh, ja nach irgend einem Brettstück, und zuletzt blieb doch nichts übrig, als sich auf den kalten feuchten Boden niederzulegen.

Nun hatte ich aber schon in vorigen gleichen Fällen mir ein praktisches Hülfsmittel ersonnen, wie solche Not zu überdauern sei; ich stand nämlich so lange auf den Füßen, bis die Kniee zusammen brachen, dann setzt' ich mich auf einen Feldstuhl, wo ich hartnäckig verweilte, bis ich niederzusinken glaubte, da denn jede Stelle, wo man sich horizontal ausstrecken konnte, höchst willkommen war. Wie also Hunger das beste Gewürz bleibt, so wird Müdigkeit der herrlichste Schlaftrunk sein.

Zwei Tage und zwei Nächte hatten wir auf diese Weise verlebt, als der traurige Zustand einiger Kranken auch Gesunden zu Gute kommen sollte. Des Herzogs Kammerdiener war von dem allgemeinen Übel befallen, einen Junker vom Regiment hatte der Fürst aus dem Lazarett von Grandpré gerettet; nun beschloß er die beiden in das etwa zwei Meilen entfernte Verdun zu schicken. Kämmerier Wagner wurde ihnen zur Pflege mitgegeben und ich säumte nicht, auf gnädigste vorsorgliche Anmahnung, den vierten Platz einzunehmen. Mit Empfehlungsschreiben an den Kommandanten wurden wir entlassen, und als beim Einsitzen

Den 10. Oktober.

Ein Knabe der uns in der verwilderten Stadt herumführte, fragte mit Bedeutung: ob wir denn von den unvergleichlichen Verduner Pastetchen noch nicht gekostet hätten? Er führte uns darauf zu dem berühmtesten Meister dieser Art. Wir traten in einen weiten Hausraum, in welchem große und kleine Öfen ringsherum angebracht waren, zugleich auch in der Mitte Tisch und Bänke zum frischen Genuß des augenblicklich Gebacknen. Der Künstler trat vor, sprach aber seine Verzweiflung höchst lebhaft aus, daß es ihm nicht möglich sei uns zu bedienen, da es ganz und gar an Butter fehle. Er zeigte die schönsten Vorräte des feinsten Weizenmehls; aber wozu nützten ihm diese ohne Milch und Butter! Er rühmte sein Talent, den Beifall der Einwohner, der Durchreisenden, und bejammerte nur, daß er gerade jetzt, wo er sich vor solchen Fremden zu zeigen und seinen Ruf auszubreiten Gelegenheit finde, gerade des Notwendigsten ermangeln müßte. Er beschwor uns daher Butter herbeizuschaffen, und gab zu verstehen, wenn wir nur ein wenig Ernst zeigen wollten, so sollte sich dergleichen schon irgend wo finden. Doch ließ er sich für den Augenblick zufrieden stellen, als wir versprachen bei längerem Aufenthalt von Jardin Fontaine dergleichen herbeizuholen.

Unsern jungen Führer, der uns weiter durch die Stadt begleitete und sich eben sowohl auf hübsche Kinder als auf Pastetchen zu verstehen schien, befragten wir nach einem wunderschönen Frauenzimmer, das sich eben aus dem Fenster eines wohlgebauten Hauses herausbog. Ja, rief er, nachdem er ihren Namen genannt, das hübsche Köpfchen mag sich fest auf den Schultern halten, es ist auch eine von denen, die dem König von Preußen Blumen und Früchte überreicht haben. Ihr Haus und Familie dachten schon, sie wären wieder oben drauf, das Blatt aber hat sich gewendet, jetzt tausch' ich nicht mit ihr. Er sprach hierüber mit besonderer Gelassenheit, als wäre es ganz naturgemäß und könne und werde nicht anders sein. – Mein Diener war von Jardin Fontaine zurückgekommen, wohin er, unsern alten Wirt zu begrüßen und den Brief an die Schwester zu Paris wiederzubringen, gegangen war. Der neckische Mann empfing ihn gutmütig genug, bewirtete ihn auf's beste und lud die Herrschaft ein, die er gleichfalls zu traktieren versprach.

So wohl sollt' es uns aber nicht werden; denn kaum hatten wir den Kessel über's Feuer gehängt, mit herkömmlichen Ingredienzien und Zeremonien, als eine Ordonnanz hereintrat und im Namen des Kommandanten Herrn von Courbière freundlich andeutete, wir möchten uns einrichten morgen früh um acht Uhr aus Verdun zu fahren. Höchst betroffen daß wir Dach, Fach und Herd, ohne uns nur einigermaßen herstellen zu können, eiligst verlassen und uns wieder in die wüste schmutzige Welt hinausgestoßen sehen sollten, beriefen wir uns auf die Krankheit des Junkers und Kammerdieners, worauf er denn meinte, wir sollten diese baldmöglichst fortzubringen suchen, weil in der Nacht die Lazarette geleert und nur die völlig intransportablen Kranken zurückgelassen würden. Uns überfiel Schrecken und Entsetzen, denn bisher zweifelte niemand, daß von Seiten der Alliierten man Verdun und Longwy erhalten, wo nicht gar noch einige Festungen erobern und sichere Winterquartiere bereiten müsse. Von diesen Hoffnungen konnten wir nicht auf einmal Abschied nehmen; daher schien es uns, man wolle nur die Festung von den unzähligen Kranken und dem unglaublichen Troß befreien, um sie alsdann mit der notwendigen Garnison besetzen zu können. Kämmerier Wagner jedoch, der das Schreiben des Herzogs dem Kommandanten überbracht hatte, glaubte das Allerbedenklichste in diesen Maßregeln zu sehen. Was es aber auch im Ganzen für einen Ausgang nähme, mußten wir uns diesmal in unser Schicksal ergeben und speisten geruhig den einfachen Topf in verschiedenen Absätzen und Trachten, als eine andere Ordonnanz abermals hereintrat und uns beschied,

*Die Fischweiber von Paris holen den König von Versailles in die Hauptstadt zurück und feiern ihn. Kupferstich aus den frühesten Monaten der Französischen Revolution, als sie in der Errichtung einer konstitutionellen Monarchie schien enden zu können.*

wir möchten ja ohne Zaudern und Aufenthalt morgen früh um drei Uhr aus Verdun zu kommen suchen. Kämmerier Wagner, der den Inhalt jenes Briefs an den Kommandanten zu wissen glaubte, sah hierin ein entschiedenes Bekenntnis, daß die Festung den Franzosen sogleich wieder würde übergeben werden. Dabei gedachten wir der Drohung des Knaben, gedachten der schönen geputzten Frauenzimmer, der Früchte und Blumen, und betrübten uns zum erstenmal recht herzlich und gründlich über eine so entschieden mißlungene große Unternehmung.

Ob ich schon unter dem diplomatischen Korps echte und verehrungswürdige Freunde gefunden, so konnt' ich doch, so oft ich sie mitten unter diesen großen Bewegungen fand, mich gewisser neckischer Einfälle nicht enthalten; sie kamen mir vor wie Schauspieldirektoren, welche die Stücke wählen, Rollen austeilen und in unscheinbarer Gestalt einhergehen, indessen die Truppe, so gut sie kann, auf's beste herausgestutzt das Resultat ihrer Bemühungen dem Glück und der Laune des Publikums überlassen muß.

Baron Breteuil wohnte gegen uns über; seit der Halsbandgeschichte war er mir nicht aus den Gedanken gekommen. Sein Haß gegen den Kardinal von Rohan verleitete ihn zu der furchtbarsten Übereilung; die durch jenen Prozeß entstandene Erschütterung ergriff die Grundfesten des Staates, vernichtete die Achtung gegen die Königin und gegen die obern Stände überhaupt: denn leider alles, was zur Sprache kam, machte nur das greuliche Verderben deutlich, worin der Hof und die Vornehmeren befangen lagen.

Diesmal glaubte man, er habe den auffallenden Vergleich gestiftet, der uns zum Rückzug verpflichtete, zu dessen Entschuldigung man höchst günstige Bedingungen voraussetzte; man versicherte, König, Königin und Familie sollten frei gegeben und sonst noch manches Wünschenswerte erfüllt werden. Die Frage aber, wie diese großen diplomatischen Vorteile mit allem Übrigen, was uns doch auch bekannt war, übereinstimmen sollten, ließ einen Zweifel nach dem andern aufkeimen.

Die Zimmer, die wir bewohnten, waren anständig möbliert; mir fiel ein Wandschrank auf, durch dessen Glastüren ich viele regelmäßig beschnittene gleiche Hefte in Quart erblickte. Zu meiner Verwunderung ersah ich daraus, daß unser Wirt als einer der Notablen im Jahre 1787 zu Paris gewesen; in diesen Heften war seine Instruktion abgedruckt. Die Mäßigkeit der damaligen Forderungen, die Bescheidenheit, womit sie abgefaßt, kontrastierten völlig mit den gegenwärtigen Zuständen von Gewaltsamkeit, Übermut und Verzweiflung. Ich las diese Blätter mit wahrhafter Rührung und nahm einige Exemplare zu mir.

Den 11. Oktober.

Ohne die Nacht geschlafen zu haben, waren wir früh um drei Uhr eben im Begriff unsern gegen das Hoftor gerichteten Wagen zu besteigen, als wir ein unüberwindliches Hindernis gewahr wurden; denn es zog schon eine ununterbrochene Kolonne Krankenwagen, zwischen den zur Seite aufgehäuften Pflastersteinen, durch die zum Sumpf gefahrene Stadt. Als wir nun so standen abzuwarten was erreicht werden könnte, drängte sich unser Wirt, der Ludwigsritter, ohne zu grüßen an uns vorbei. Unsere Verwunderung über sein frühes und unfreundliches Erscheinen ward aber bald in Mitleid verkehrt, denn sein Bedienter, hinter ihm drein, trug ein Bündelchen auf dem Stocke, und so ward es nur allzu deutlich, daß er, nachdem er vier Wochen vorher Haus und Hof wieder gesehen hatte, es nun abermals, wie wir unsere Eroberungen, verlassen mußte.

Sodann ward aber meine Aufmerksamkeit auf die bessern Pferde vor meiner Chaise gelenkt; da gestand denn die liebe Dienerschaft: daß sie die bisherigen schwachen, unbrauchbaren, gegen Zucker und Kaffee, vertauscht, sogleich aber in Requisition anderer glücklich gewesen sei. Die Tätigkeit des gewandten Liseurs war hiebei nicht zu verkennen; auch durch ihn kamen wir diesmal vom Flecke, denn er sprengte in eine Lücke der Wagenreihe und hielt das folgende Gespann so lange zurück, bis wir sechs- und vierspännig eingeschaltet waren; da ich mich denn frischer Luft in meinem leichten Wägelchen abermals erfreuen konnte.

Nun bewegten wir uns mit Leichenschritt, aber bewegten uns doch; der Tag brach an, wir befanden uns vor der Stadt in dem größtmöglichen Gewirr und Gewimmel. Alle Arten von Wagen, wenig Reiter, unzählige Fußgänger durchkreuzten sich auf dem großen Platze vor dem Tor. Wir zogen mit unserer Kolonne rechts gegen Etain, auf einem beschränkten Fahrweg mit Gräben zu beiden Seiten. Die Selbsterhaltung in einem so ungeheuren Drange kannte schon kein Mitleiden, keine Rücksicht mehr; nicht weit vor uns fiel ein Pferd vor einem Rüstwagen, man schnitt die Stränge entzwei und ließ es liegen. Als nun aber die drei übrigen die Last nicht weiter bringen konnten, schnitt man auch sie los, warf das schwerbepackte Fuhrwerk in den Graben und mit dem geringsten Aufhalte fuhren wir weiter und zugleich über das Pferd weg das sich eben erholen wollte, und ich sah ganz deutlich wie dessen Gebeine unter den Rädern knirschten und schlotterten.

Reiter und Fußgänger suchten sich von der schmalen unwegsamen Fahrstraße auf die Wiesen zu retten; aber auch diese waren zu Grunde geregnet, von ausgetretenen Gräben überschwemmt, die Verbindung der Fußpfade überall unterbrochen. Vier ansehnliche, schöne, sauber gekleidete französische Soldaten wateten eine Zeit lang neben unseren Wagen her, durchaus nett und reinlich, und wußten so gut hin und her zu treten, daß ihr Fußwerk nur bis an die Knorren von der schmutzigen Wallfahrt zeugte, welche die guten Leute bestanden.

Daß man unter solchen Umständen in Gräben, auf Wiesen, Feldern und Angern tote Pferde genug erblickte, war natürliche Folge des Zustands; bald aber fand man sie auch abgedeckt, die fleischigen Teile sogar ausgeschnitten; trauriges Zeichen des allgemeinen Mangels!

So zogen wir fort, jeden Augenblick in Gefahr, bei der geringsten eigenen Stockung selbst über Bord geworfen zu werden; unter welchen Umständen freilich die Sorgfalt unseres Geleitsmanns nicht genug zu rühmen und zu preisen war. Dieselbe betätigte sich denn auch zu Etain, wo wir gegen Mittag anlangten und in dem schönen wohlgebauten Städtchen, durch Straßen und auf Plätzen ein sinneverwirrendes Gewimmel um und neben uns erblickten; die Masse wogte hin und her, und indem alles vorwärts drang ward jeder dem andern hinderlich. Unvermutet ließ unser Führer die Wagen vor einem wohlgebauten Hause des Marktes halten, wir traten ein, Hausherr und Frau begrüßten uns in ehrerbietiger Entfernung.

Man führte uns in ein getäfeltes Zimmer auf gleicher Erde, wo im schwarz-marmornen Kamin behägliches Feuer brannte. In dem großen Spiegel darüber beschauten wir uns ungern, denn ich hatte noch immer nicht die Entschließung gefaßt meine langen Haare kurz schneiden zu lassen, die jetzt wie ein verworrener Hanfrocken umherquollen; der Bart strauchig vermehrte das wilde Ansehen unserer Gegenwart.

Nun aber konnten wir, aus den niedrigen Fenstern den ganzen Markt überschauend, unmittelbar das grenzenlose Getümmel beinahe mit Händen greifen. Aller Art Fußgänger, Uniformierte, marode, gesunde aber trauernde Bürgerliche, Weiber und Kinder drängten und quetschten sich zwischen Fuhrwerk aller Gestalt; Rüst- und Leiterwagen, Ein- und Mehrspänner, hunderterlei eigenes und requiriertes Gepferde, weichend, anstoßend, hinderte sich rechts und links. Auch Hornvieh zog damit weg, wahrscheinlich geforderte weggenommene Herden. Reiter sah man wenig, auffallend aber waren die eleganten Wagen der Emigrierten, vielfarbig lackiert, verguldet und versilbert, die ich wohl schon in Grevenmachern mochte bewundert haben. Die größte Not entstand aber da, wo die den Markt füllende Menge in eine zwar gerade und wohlgebaute, doch verhältnismäßig viel zu enge Straße ihren Weg einschlagen sollte. Ich habe in meinem Leben nichts Ähnliches gesehen; vergleichen aber ließ sich der Anblick mit einem erst über Wiesen und Anger ausgetretenen Strome, der sich nun wieder durch enge Brückenbogen durchdrängen und im beschränkten Bette weiter fließen soll.

Die lange, aus unsern Fenstern übersehbare Straße hinab schwoll unaufhaltsam die seltsamste Woge; ein hoher zweisitziger Reisewagen ragte über der Flut empor. Er ließ uns an die schönen Französinnen denken, sie waren es aber nicht, sondern Graf Haugwitz, den ich mit einiger Schadenfreude Schritt vor Schritt dahin wackeln sah.

Zum 11. Oktober.

Ein gutes Essen war uns bereitet, die köstlichste Schöpfenkeule besonders willkommen; an gutem Wein und Brot fehlte es nicht, und so waren wir neben dem größten Getümmel in der schönsten Beruhigung: wie man auch wohl der stürmenden See, am Fuße eines Leuchtturms, auf dem Steindamm sitzend, der wilden Wellenbewegung zusieht und dort und da ein Schiff ihrer Willkür Preis gegeben. Aber uns erwartete in diesem gastlichen Hause eine wahrhaft herzergreifende Familienszene.

Der Sohn, ein schöner junger Mann, hatte schon einige Zeit, hingerissen von den allgemeinen Gesinnungen, in Paris unter den Nationaltruppen gedient und sich dort hervorgetan. Als nun aber die Preußen eingedrungen, die Emigrierten mit der stolzen Hoffnung eines gewissen Sieges herangelangt waren, verlangten die nun auch zuversichtlichen Eltern dringend und wieder dringend, der Sohn solle seine dortige Lage, die er nunmehr verabscheuen müsse, eiligst aufgeben, zurückkehren und diesseits für die gute Sache fechten. Der Sohn, wider Willen, aus Pietät, kommt zurück, eben in dem Moment da Preußen, Östreicher und Emigrierte retirieren; er eilt verzweiflungsvoll durch das Gedränge zu seinem Vaterhause. Was soll er nun anfangen? und wie sollen sie ihn empfangen? Freude ihn wieder zu sehen, Schmerz ihn in dem Augenblick wieder zu verlieren, Verwirrung ob Haus und Hof in diesem Sturm werde zu erhalten sein. Als junger Mann dem neuen Systeme günstig kehrt er genötigt zu einer Partei zurück, die er verabscheut, und eben als er sich in dies Schicksal ergibt, sieht er diese Partei zu Grunde gehen. Aus Paris entwichen weiß er sich schon in das Sünden- und Todesregister geschrieben; und nun im Augenblick soll er aus seinem Vaterlande verbannt, aus seines Vaters Hause gestoßen werden. Die Eltern, die sich gern an ihm letzen möchten, müssen ihn selbst wegtreiben, und er, in Schmerzenswonne des Wiedersehens, weiß nicht wie er sich losreißen soll; die Umarmungen sind Vorwürfe und das Scheiden, das vor unsern Augen geschieht, schrecklich.

Unmittelbar vor unserer Stubentüre ereignete sich das alles auf der Hausflur. Kaum war es still geworden und die Eltern hatten sich weinend entfernt, als eine Szene, fast noch wunderbarer, auffallender, uns selbst ansprach, ja in Verlegenheit setzte und, obgleich herzergreifend genug, uns doch zuletzt ein Lächeln abnötigte. Einige Bauersleute, Männer, Frauen und Kinder drangen in unsere Zimmer und warfen sich heulend und schreiend mir zu Füßen. Mit der vollen Beredsamkeit des Schmerzes und des Jammers klagten sie, daß man ihr schönes Rindvieh wegtreibe, sie schienen Pächter eines ansehnlichen Gutes; ich solle nur zum Fenster hinaussehen, eben triebe man sie vorbei, es hätten Preußen sich derselben bemächtigt; ich solle befehlen, solle Hülfe schaffen. Hierauf trat ich, um mich zu besinnen, an's Fenster, der leichtfertige Husar stellte sich hinter mich und sagte: Verzeihen Sie! ich habe Sie für den Schwager des Königs von Preußen ausgegeben, um gute Aufnahme und Bewirtung zu finden. Die Bauern hätten freilich nicht hereinkommen sollen; aber mit einem guten Wort weisen Sie die Leute an mich und scheinen überzeugt von meinen Vorschlägen.

Was war zu tun? überrascht und unwillig nahm ich mich zusammen und schien über die Umstände nachzudenken. Wird doch, sagt' ich zu mir selbst, List und Verschlagenheit im Kriege gerühmt! Wer sich durch Schelme bedienen läßt, kommt in Gefahr von ihnen irre geführt zu werden. Ein Skandal, unnütz und beschämend, ist hier zu vermeiden. Und wie der Arzt in verzweifelten Fällen wohl noch ein Hoffnungsrezept verschreibt, entließ ich die guten Menschen mehr pantomimisch als mit Worten; dann sagt' ich mir zu meiner Beruhigung: hatte doch bei Sivry der echte Thronfolger den bedrängten Leuten ihr Pferd nicht zusprechen können, so dürfte sich der untergeschobene Schwager des Königs wohl verzeihen, wenn er die Hülfsbedürftigen mit irgend einer klugen eingeflüsterten Wendung abzulehnen suchte.

Wir aber gelangten in finsterer Nacht nach Sebincourt; alle Fenster waren helle, zum Zeichen daß alle Zimmer besetzt seien. An jeder Haustüre ward protestiert, von den Einwohnern die keine neuen Gäste, von den Einquartierten die keine Genossen aufnehmen wollten. Ohne viel Umstände aber drang unser Husar in's Haus, und als er einige französische Soldaten in der Halle am Feuer fand, ersuchte er sie zudringlich, vornehmen Herren, die er geleite, einen Platz am Kamin einzuräumen. Wir traten zugleich herein, sie waren freundlich und rückten zusammen, setzten sich aber bald wieder in die wunderliche Positur ihre aufgehobenen Füße gegen das Feuer zu strecken. Sie liefen auch wohl einmal im Saale hin und wider und kehrten bald in ihre vorige Lage zurück, und nun konnt' ich bemerken, daß es ihr eigentliches Geschäft sei den untern Teil ihrer Gamaschen zu trocknen.

Gar bald aber erschienen sie mir als bekannt; es waren eben dieselbigen, die heute früh neben unserm Wagen im Schlamme so zierlich einhertraten. Nun früher als wir angelangt hatten sie schon am Brunnen die untersten Teile gewaschen und gebürstet, trockneten sie nunmehr, um morgen früh neuem Schmutz und Unrat galant entgegen zu gehen. Ein musterhaftes Betragen, an das man sich in manchen Fällen des Lebens wohl wieder zu erinnern hat. Auch dacht' ich dabei meiner lieben Kriegskameraden, die den Befehl zur Reinlichkeit murrend aufgenommen hatten.

Doch uns dergestalt untergebracht zu haben, war dem klugen dienstfertigen Liseur nicht genug; die Fiktion des Mittags, die sich so glücklich erwiesen hatte, ward kühnlich wiederholt, die hohe Generalsperson, der Schwager des Königs, wirkte mächtig und vertrieb eine ganze Masse guter Emigrierten aus einem Zimmer mit zwei Betten. Zwei Offiziere von Köhler nahmen wir dagegen in demselben Raum auf, ich aber begab mich vor die Haustüre, zu dem alten erprobten Schlafwagen, dessen Deichsel, diesmal nach Deutschland gekehrt, mir ganz eigene Gedanken hervorrief, die jedoch durch ein schnelles Einschlummern gar bald abgeschnitten wurden.

Den 12. Oktober.

Der heutige Weg erschien noch trauriger als der gestrige; ermattete Pferde waren öfter gefallen und lagen mit umgestürzten Wagen häufiger neben der Hochstraße auf den Wiesen. Aus den geborstenen Decken der Rüstwagen fielen gar niedliche Mantelsäcke, einem Emigriertenkorps gehörig, hervor; das bunte zierliche Ansehn dieses herrenlosen aufgegebenen Gutes lockte die Besitzlust der Vorbeiwandernden, und mancher bepackte sich mit einer Last, die er zunächst auch wieder abwerfen sollte. Daraus mag denn wohl die Rede entstanden sein, auf dem Rückzuge seien Emigrierte von Preußen geplündert worden.

Von ähnlichen Vorfällen erzählte man auch manches Scherzhafte; ein schwer beladener Emigrantenwagen war ebenermaßen an einer Anhöhe stecken geblieben und verlassen worden. Nachfolgende Truppen untersuchen den Inhalt, finden Kästchen von mäßiger Größe, auffallend schwer, belästigen sich gemeinschaftlich damit und schleppen sie mit unsäglicher Mühe auf die nächste Höhe. Hier wollen sie nun in die Beute und in die Last sich teilen; aber welch ein Anblick! Aus jedem zerschlagenen Kasten fällt eine Anzahl Kartenspiele hervor, und die Goldlustigen trösten sich im wechselseitigen Spott durch Lachen und Possen.

Wir aber zogen durch Longuyon nach Longwy; und hier muß man, indem die Bilder bedeutender Freudenszenen aus dem Gedächtnis verschwinden, sich glücklich schätzen, daß auch widerwärtige Greuelbilder sich vor der Einbildungskraft abstumpfen. Was soll ich also wiederholen, daß die Wege nicht besser wurden, daß man nach wie vor, zwischen umgestürzten Wagen, abgedeckte und frisch ausgeschnittene Pferde aber- und abermals rechts und links verabscheute. Von Büschen schlecht bedeckte, geplünderte und ausgezogene Menschen konnte man oft genug bemerken, und endlich lagen auch die vor dem offenen Blick neben der Straße.

Uns sollte jedoch auf einem Seitenwege abermals Erquikkung und Erholung werden, dagegen aber auch traurige Betrachtungen über den Zustand des wohlhabenden gutmütigen Bürgers in schrecklichem, diesmal ganz unerwartetem Kriegs-Unheil.

Den 13. Oktober.

Unser Führer wollte nicht freventlich seine braven wohlhabenden Verwandten in dieser Gegend gerühmt haben; er ließ uns deshalb einen Umweg machen über Arlon, wo wir in einem schönen Städtchen, bei ansehnlichen und wakkern Leuten, in einem wohlgebauten und gut eingerichteten Hause, von ihm angemeldet, gar freundlich aufgenommen wurden. Die guten Personen freuten sich selbst ihres Vettern, glaubten gewisse Besserung und nächste Beförderung schon in dem Auftrage zu sehn, daß er uns, mit zwei Wagen, so viel Pferden und, wie er ihnen glauben gemacht hatte, mit vielem Geld und Kostbarkeiten, aus dem gefährlichsten Gewirre herauszuführen beehrt worden. Auch wir konnten seiner bisherigen Leitung das beste Zeugnis geben und, ob wir gleich an die Bekehrung dieses verlornen Sohnes nicht sonderlich glauben konnten, so waren wir ihm doch diesmal so viel schuldig geworden, daß wir auch seinem künftigen Betragen einiges Zutrauen nicht ganz verweigern durften. Der Schelm verfehlte nicht mit schmeichelhaftem Wesen das Seinige zu tun und erhielt wirklich, in der Stille, von den braven Leuten ein artiges Geschenk in Gold. Wir erquickten uns dagegen an gutem kaltem Frühstück und dem trefflichsten Wein und beantworteten die Fragen der freilich auch sehr erstaunten wackern Leute, wegen der wahrscheinlichen nächsten Zukunft, so schonend als möglich.

Vor dem Hause hatten wir ein paar sonderbare Wagen bemerkt, länger und teilweise höher als gewöhnliche Rüstwagen, auch an der Seite mit wunderlichen Ansätzen geformt; mit rege gewordener Neugier fragte ich nach diesem seltsamen Fuhrwerke, man antwortete mir zutraulich, aber mit Vorsicht: es sei darin die Assignatenfabrik der Emigrierten enthalten, und bemerkte dabei was für ein grenzenloses Unglück dadurch über die Gegend gebracht worden. Denn, da man sich seit einiger Zeit der echten Assignate kaum erwehren könne, so habe man nun auch, seit dem Einmarsch der Alliierten, diese falschen in Umlauf gezwungen. Aufmerksame Handelsleute hätten dagegen sogleich, ihrer Sicherheit willen, diese verdächtige Papierware nach Paris zu senden und sich von dorther offizielle Erklärung ihrer Falschheit zu verschaffen gewußt; dies verwirre aber Handel und Wandel in's Unendliche; denn da man bei den echten Assignaten sich nur zum Teil gefährdet finde, bei den falschen aber gewiß gleich um das Ganze betrogen sei, auch beim ersten Anblick niemand sie zu unterscheiden vermöge, so wisse kein Mensch mehr was er geben und was er empfangen solle, dies verbreite schon bis Luxemburg und Trier solche Ungewißheit, Mißtrauen und Bangigkeit, daß nunmehr von allen Seiten das Elend nicht größer werden könne.

Bei allen solchen schon erlittenen und noch zu fürchtenden Unbilden zeigten sich diese Personen in bürgerlicher Würde, Freundlichkeit und gutem Benehmen zu unserer Verwunderung, wovon uns in den französischen ernsten Dramen alter und neuer Zeit ein Abglanz herüber gekommen ist. Von einem solchen Zustande können wir uns in eigner vaterländischer Wirklichkeit und ihrer Nachbildung keinen Begriff machen. Die *»Petite Ville«* mag lächerlich sein, die »Deutschen Kleinstädter« sind dagegen absurd.

Den 14. Oktober.

Sehr angenehm überrascht fuhren wir von Arlon nach Luxemburg auf der besten Kunststraße, und wurden in diese sonst so wichtige und wohlverwahrte Festung eingelassen wie in jedes Dorf, in jeden Flecken. Ohne irgend angehalten oder befragt zu werden, sahen wir uns nach und nach innerhalb der Außenwerke, der Wälle, Gräben, Zugbrücken, Mauern und Tore, unserm Führer, der Mutter und Vater hier zu finden vorgab, das Weitere vertrauend. Überdrängt war die Stadt von Blessierten und Kranken, von tätigen Menschen, die sich selbst, Pferde und Fuhrwerk wieder herzustellen trachteten. – Unsere Gesellschaft, die sich bisher zusammengehalten hatte, mußte sich trennen; mir verschaffte der gewandte Quartiermeister ein hübsches Zimmer, das aus dem engsten Höfchen, wie aus einer Feueresse, doch bei sehr hohen Fenstern genugsames Licht erhielt. Hier wußte er mich mit meinem Gepäck und sonst gar wohl einzurichten und für alle Bedürfnisse zu sorgen; er gab mir den Begriff von den Haus- und Mietleuten des Gebäudes und versicherte: daß ich gegen eine kleine Gabe sobald nicht ausgetrieben und wohl behandelt werden sollte.

Hier konnt' ich nun zum erstenmal den Koffer wieder aufschließen und mich meiner Reise-Habseligkeiten, des Geldes, der Manuskripte wieder versichern. Das Konvolut zur Farbenlehre bracht' ich zuerst in Ordnung, immer meine frühste Maxime vor Augen: die Erfahrung zu erweitern und die Methode zu reinigen. Ein Kriegs- und Reisetagebuch mocht' ich gar nicht anrühren. Der unglückliche Verlauf der Unternehmung, der noch Schlimmeres befürchten ließ, gab immer neuen Anlaß zum Wiederkäuen des Verdrusses und zu neuem Aufregen der Sorge. Meine stille, von jedem Geräusch abgeschlossene Wohnung gewährte mir wie eine Klosterzelle vollkommenen Raum zu den ruhigsten Betrachtungen, dagegen ich mich, sobald ich nur den Fuß vor die Haustüre hinaussetzte, in dem lebendigsten Kriegsgetümmel befand und nach Lust das wunderlichste Lokal durchwandeln konnte, das vielleicht in der Welt zu finden ist.

*Festung Luxemburg. Tor zum Breitenweg im Stadtgrund.*
*Zeichnung von Goethe, wahrscheinlich Herbst 1792*

Den 15. Oktober.

Wer Luxemburg nicht gesehen hat, wird sich keine Vorstellung von diesem an und über einander gefügten Kriegsgebäude machen. Die Einbildungskraft verwirrt sich, wenn man die seltsame Mannichfaltigkeit wieder hervorrufen will, mit der sich das Auge des hin- und hergehenden Wanderers kaum befreunden konnte. Plan und Grundriß vor sich zu nehmen wird nötig sein, Nachstehendes nur einigermaßen verständlich zu finden.

Ein Bach, Petrus genannt, erst allein, dann verbunden mit dem entgegen kommenden Fluß, die Elze, schlingt sich mäanderartig zwischen Felsen durch und um sie herum, bald im natürlichen Lauf, bald durch Kunst genötigt. Auf dem linken Ufer liegt hoch und flach die alte Stadt; sie, mit ihren Festungswerken nach dem offenen Lande zu, ist andern befestigten Städten ähnlich. Als man nun für die Sicherheit derselben nach Westen Sorge getragen, sah man wohl ein, daß man sich auch gegen die Tiefe, wo das Wasser fließt, zu verwahren habe; bei zunehmender Kriegskunst war auch das nicht hinreichend, man mußte, auf dem rechten Ufer des Gewässers, nach Süden, Osten und Norden, auf ein- und ausspringenden Winkeln unregelmäßiger Felspartien neue Schanzen vorschieben, nötig immer eine zur Beschützung der andern. Hieraus entstand nun eine Verkettung unübersehbarer Bastionen, Redouten, halber Monde, und solches Zangen- und Krakelwerk als nur die Verteidigungskunst im seltsamsten Falle zu leisten vermochte.

Nichts kann deshalb einen wunderlichern Anblick gewähren als das mitten durch dies alles am Flusse sich hinabziehende enge Tal, dessen wenige Flächen, dessen sanft oder steil aufsteigende Höhen zu Gärten angelegt, in Terrassen abgestuft und mit Lusthäusern belebt sind; von wo aus man auf die steilsten Felsen, auf hochgetürmte Mauern rechts und links hinaufschaut. Hier findet sich so viel Größe mit Anmut, so viel Ernst mit Lieblichkeit verbunden, daß wohl zu wünschen wäre, Poussin hätte sein herrliches Talent in solchen Räumen betätigt.

Nun besaßen die Eltern unseres lockeren Führers in dem Pfaffental einen artigen abhängigen Garten, dessen Genuß sie mir gern und freundlich überließen. Kirche und Kloster, nicht weit entfernt, rechtfertigte den Namen dieses Elysiums, und in dieser geistlichen Nachbarschaft schien auch den weltlichen Bewohnern Ruh und Friede verheißen, ob sie gleich mit jedem Blick in die Höhe an Krieg, Gewalt und Verderben erinnert wurden.

Jetzt nun aber aus der Stadt, wo das unselige Kriegsnachspiel mit Lazaretten, abgerissenen Soldaten, zerstückten Waffen, herzustellenden Achsen, Rädern und Lafetten, zugleich mit sonstigen Trümmern aller Art aufgeführt wurde, in eine solche Stille zu flüchten war höchst wohltätig; aus den Straßen zu entweichen, wo Wagner, Schmiede und andre Gewerke ihr Wesen öffentlich unermüdet und geräuschvoll treiben, und sich in das Gärtchen im geistlichen Tale zu verbergen war höchst behaglich. Hier fand ein Ruhe- und Sammlungsbedürftiger das willkommenste Asyl.

Den 16. Oktober.

Die allen Begriff übersteigende Mannichfaltigkeit der auf und an einander getürmten, gefügten Kriegsgebäude, die bei jedem Schritt vor- oder rückwärts-, auf- oder abwärts ein anderes Bild zeigten, riefen die Lust hervor wenigstens etwas davon auf's Papier zu bringen. Freilich mußte diese Neigung auch wieder einmal sich regen, da seit so viel Wochen mir kaum ein Gegenstand vor die Augen gekommen der sie geweckt hätte. Unter andern fiel es sonderbar auf, daß so manche gegen einander über stehende Felsen, Mauern und Verteidigungswerke in der Höhe durch Zugbrükken, Galerien und gewisse wunderliche Vorrichtungen verbunden waren. Irgend jemand vom Metier hätte dieses alles mit Kunstaugen angesehen und sich mit Soldatenblick

*Mosellandschaft mit Freiheitsbaum. Im Hintergrund die Kirche von Schengen. Aquarell über Bleistift und Tuschfeder von Goethe, Herbst 1792*

der sichern Einrichtung erfreut; ich aber konnte nur den malerischen Effekt ihr abgewinnen und hätte gar zu gern, wäre nicht alles Zeichnen an und in den Festungen höchlich verpönt, meine Nachbildungskräfte hier in Übung gesetzt.

Den 19. Oktober.

Nachdem ich nun also mehrere Tage in diesen Labyrinten, wo Naturfels und Kriegsgebäu wetteifernd seltsam steile Schluchten gegen einander aufgetürmt und daneben Pflanzen-Wachstum, Baumzucht und Lustgebüsch nicht ausgeschlossen, mich sinnend und denkend einsam genug herumgewunden hatte, fing ich an nach Hause kommend die Bilder, wie sie sich der Einbildungskraft nach und nach einprägten, auf's Papier zu bringen, unvollkommen zwar, doch hinreichend das Andenken eines höchst seltsamen Zustandes einigermaßen festzuhalten.

Den 20. Oktober.

Ich hatte Zeit gewonnen das kurz Vergangene zu überdenken, aber je mehr man dachte je verworrener und unsicherer ward alles vor dem Blicke. Auch sah ich, daß wohl das Notwendigste sein möchte, sich auf das unmittelbar Bevorstehende zu bereiten. Die wenigen Meilen bis Trier mußten zurückgelegt werden; aber was mochte dort zu finden sein, da nun die Herren selbst mit andern Flüchtlingen sich nachdrängten.

Als das Schmerzlichste jedoch was einen jeden, mehr oder weniger resigniert wie er war, mit einer Art von Furienwut ergriff, empfand man die Kunde, die sich nicht verbergen ließ, daß unsere höchsten Heerführer mit den vermaledeiten, durch das Manifest dem Untergang gewidmeten, durch die schrecklichsten Taten abscheulich dargestellten Aufrührern doch übereinkommen, ihnen die Festungen übergeben mußten, um nur sich und den Ihrigen eine mögliche Rückkehr zu gewinnen. Ich habe von den Unsrigen gesehen, für welche der Wahnsinn zu fürchten war.

Den 22. Oktober.

Auf dem Wege nach Trier fand sich bei Grevenmachern nichts mehr von jener galanten Wagenburg; öde, wüst und zerfahren lagen die Anger und die weit und breiten Spuren deuteten auf jenes vorübergegangene flüchtige Dasein. Am Posthaus fuhr ich diesmal mit requirierten Pferden ganz im Stillen vorbei, das Briefkästchen stand noch auf seinem Platze, kein Gedränge war umher; man konnte sich der wunderlichsten Gedanken nicht erwehren.

Doch ein herrlicher Sonnenblick belebte so eben die Gegend, als mir das Monument von Ygel, wie der Leuchtturm einem nächtlich Schiffenden, entgegen glänzte.

Vielleicht war die Macht des Altertums nie so gefühlt worden als an diesem Kontrast: ein Monument, zwar auch kriegerischer Zeiten, aber doch glücklicher siegreicher Tage und eines dauernden Wohlbefindens rühriger Menschen in dieser Gegend.

Obgleich in später Zeit unter den Antoninen erbaut, behält es immer noch von trefflicher Kunst so viel Eigenschaften übrig, daß es uns im Ganzen anmutig ernst zuspricht und aus seinen, obgleich sehr beschädigten Teilen das Gefühl eines fröhlich tätigen Daseins mitteilt. Es hielt mich lange fest; ich notierte manches, ungern scheidend, da ich mich nur desto unbehaglicher in meinem erbärmlichen Zustande fühlte.

Doch auch jetzt wechselte schnell wieder eine freudige Aussicht in der Seele, die bald darauf zur Wirklichkeit gelangte.

Den 23. Oktober.

Wir brachten unserm Freunde Lieutenant von Fritsch, den wir auf seinem Posten widerwillig zurückgelassen, die erwünschte Nachricht, daß er den Militär-Verdienst-Orden erhalten habe, mit Recht, wegen einer braven Tat, und mit Glück, ohne an unserm Jammer Teil genommen zu haben. Die Sache verhielt sich aber also.

Die Franzosen, weil sie uns weit genug in's Land vorgedrungen, uns in bedeutender Entfernung, in großer Not wußten, versuchten im Rücken einen unvermuteten Streich; sie näherten sich Trier in bedeutender Anzahl, sogar mit Kanonen. Lieutenant von Fritsch erfährt es, und mit weniger Mannschaft geht er dem Feinde entgegen, der über die Wachsamkeit stutzend, mehr anrückende Truppen befürchtend, nach kurzem Gefecht sich bis Merzig zurückzieht und nicht wieder erscheint. Dem Freunde war das Pferd blessiert, durch dieselbe Kugel sein Stiefel gestreift, dagegen er aber auch als Sieger zurückkehrend auf's beste empfangen wird. Der Magistrat, die Bürgerschaft erzeigen ihm alle mögliche Aufmerksamkeit; auch die Frauenzimmer, die ihn bisher als einen hübschen jungen Mann gekannt, erfreuen sich nun doppelt an ihm als einem Helden.

Sogleich berichtet er seinem Chef den Vorfall, der wie billig dem Könige vorgetragen wird, worauf denn der blaue Kreuzstern erfolgt. Die Glückseligkeit des braven Jünglings, dessen lebhafteste Freude mitzufühlen, war ein ungemeiner Genuß; ihn hatte das Glück, das uns vermied, in unserm Rücken aufgesucht und er sah sich für den militärischen Gehorsam belohnt, der ihn an einer untätigen Lage zu fesseln schien.

Den 24. Oktober.

Der Freund hatte mir bei jenem Canonicus abermals Quartier verschafft. Auch ich war von der allgemeinen Krankheit nicht ganz frei geblieben und bedurfte daher einiger Arznei und Schonung.

In diesen ruhigen Stunden nahm ich sogleich die kurzen Bemerkungen vor, die ich bei dem Monument zu Ygel aufgezeichnet hatte.

Soll man den allgemeinsten Eindruck aussprechen, so ist hier Leben dem Tod, Gegenwart der Zukunft entgegengestellt und beide unter einander im ästhetischen Sinne aufgehoben. Dies war die herrliche Art und Weise der Alten, die sich noch lange genug in der Kunstwelt erhielt.

Die Höhe des Monuments kann siebzig Fuß betragen, es steigt in mehreren architektonischen Abteilungen obeliskenartig hinauf; erst der Grund, auf diesem ein Sockel, sodann die Hauptmasse, darüber eine Attike, sodann ein Fronton und zuletzt eine wundersam sich aufschlingende Spitze, wo sich die Reste einer Kugel und eines Adlers zeigen. Jede dieser Abteilungen ist, mit den Gliedern aus denen sie besteht, durchaus mit Bildern und Zieraten geschmückt.

Diese Eigenschaft deutet denn freilich auf spätere Zeiten: denn dergleichen tritt ein, sobald sich die reine Proportion im Ganzen verliert, wie denn auch hier daran manches zu erinnern sein möchte.

Dessen ungeachtet muß man anerkennen, daß dieses Werk auf eine erst kurz vergangene höhere Kunst gegründet ist. So waltet denn auch über das Ganze der antike Sinn, in dem das wirkliche Leben dargestellt wird, allegorisch gewürzt durch mythologische Andeutungen. In dem Hauptfelde Mann und Frau von kolossaler Bildung sich die Hände reichend, durch eine dritte verloschene Figur als einer segnenden verbunden. Sie stehen zwischen zwei sehr verzierten, mit über einander gestellten tanzenden Kindern geschmückten Pilastern.

Alle Flächen sodann deuten auf die glücklichsten Familienverhältnisse, übereindenkende und wirkende Verwandte, redliches genußreiches Zusammenleben darstellend.

Aber eigentlich waltet überall die Tätigkeit vor; ich getraue mir jedoch nicht alles zu erklären. In einem Felde scheinen sich Geschäft-überlegende Handelsleute versammelt zu haben; offenbar aber sind beladene Schiffe, Delphine als Verzierung, Transport auf Saumrossen, Ankunft von Waren und deren Beschauen, und was sonst noch Menschliches und Natürliches mehr vorkommen dürfte.

Sodann aber auch im Zodiak ein rennendes Pferd, das vielleicht vormals Wagen und Lenker hinter sich zog, in Friesen, sodann sonstigen Räumen und Giebelfeldern Bacchus, Faunen, Sol und Luna, und was sonst noch Wunderbares Knopf und Giebel verzieren und verziert haben mag.

Das Ganze ist höchst erfreulich und man könnte, auf der Stufe wo heut zu Tag Bau- und Bildkunst stehen, in diesem Sinne ein herrliches Denkmal den würdigsten Menschen, ihren Lebensgenüssen und Verdiensten gar wohl errichten. Und so war es mir denn recht erwünscht, mit solchen Betrachtungen beschäftigt, den Geburtstag unserer verehrten Herzogin Amalie im Stillen zu feiern, ihr Leben, ihr edles Wirken und Wohltun umständlich zurück zu rufen; woraus sich denn ganz natürlich die Aufregung ergab, ihr in Gedanken einen gleichen Obelisk zu widmen, und die sämtlichen Räume mit ihren individuellen Schicksalen und Tugenden charakteristisch zu verzieren.

Trier den 25. Oktober.

Die mir nunmehr gegönnte Ruh und Bequemlichkeit benutzte ich nun ferner manches zu ordnen und aufzubewahren, was ich in den wildesten Zeiten bearbeitet hatte. Ich rekapitulierte und redigierte meine chromatischen Akten, zeichnete mehrere Figuren zu den Farbentafeln, die ich oft genug veränderte, um das was ich darstellen und behaupten wollte, immer anschaulicher zu machen. Hierauf dacht' ich denn auch meinen dritten Teil von Fischers physikalischem Lexikon wieder zu erlangen. Auf Erkundigung und Nachforschen fand ich endlich die Küchmagd im Lazarett, das man mit ziemlicher Sorgfalt in einem Kloster errichtet hatte. Sie litt an der allgemeinen Krankheit, doch waren die Räume luftig und reinlich, sie erkannte mich, konnte aber nicht reden, nahm den Band unter dem Haupte hervor und übergab mir ihn so reinlich und wohl erhalten als ich ihn überliefert hatte, und ich hoffe die Sorgfalt, der ich sie empfahl, wird ihr zu Gute gekommen sein.

Ein junger Schullehrer, der mich besuchte und mir verschiedene der neusten Journale mitteilte, gab Gelegenheit zu erfreulichen Unterhaltungen. Er verwunderte sich, wie so viel andere, daß ich von Poesie nichts wissen wolle, dagegen auf Naturbetrachtungen mich mit ganzer Kraft zu werfen schien. Er war in der Kantischen Philosophie unterrichtet, und ich konnte ihm daher auf den Weg deuten den ich eingeschlagen hatte. Wenn Kant in seiner »Kritik der Urteilskraft« der ästhetischen Urteilskraft die teleologische zur Seite stellt, so ergibt sich daraus daß er andeuten wolle: ein Kunstwerk solle wie ein Naturwerk, ein Naturwerk wie ein Kunstwerk behandelt und der Wert eines jeden aus sich selbst entwickelt, an sich selbst betrachtet werden. Über solche Dinge konnte ich sehr beredt sein und glaube dem guten jungen Mann einigermaßen genutzt zu haben. Es ist wundersam, wie eine jede Zeit Wahrheit und Irrtum aus dem kurz Vergangenen, ja dem längst Vergangenen mit sich trägt und schleppt, muntere Geister jedoch sich auf neuer Bahn bewegen, wo sie sich's denn freilich gefallen lassen meist allein zu gehen oder einen Gesellen auf eine kurze Strecke mit sich fortzuziehen.

Trier den 26. Oktober.

Nun durfte man aber aus solchen ruhigen Umgebungen nicht heraustreten, ohne sich wie im Mittelalter zu finden, wo Klostermauern und der tollste unregelmäßigste Kriegszustand mit einander immerfort kontrastierten. Besonders jammerten einheimische Bürger so wie zurückkehrende Emigrierte über das schreckliche Unheil, was durch die falschen Assignaten über Stadt und Land gekommen war. Schon hatten Handelshäuser gewußt dergleichen nach Paris zu bringen und von dort die Falschheit, völlige Ungültigkeit, die höchste Gefahr vernommen sich mit dergleichen nur irgend abzugeben. Daß die echten gleichfalls dadurch in Mißkredit gerieten, daß man bei völliger Umkehrung der Dinge auch wohl die Vernichtung aller dieser Papiere zu fürchten habe, fiel jedermann auf. Dieses ungeheure Übel nun gesellte sich zu den übrigen, so daß es vor der Einbildungskraft und dem Gefühl ganz grenzenlos erschien; ein verzweiflungsvoller Zustand, demjenigen ähnlich, wenn man eine Stadt vor sich niederbrennen sieht.

Trier den 28. Oktober.

Die Wirtstafel, an der man übrigens ganz wohl versorgt war, gab auch ein sinneverwirrendes Schauspiel; Militärs und Angestellte, aller Art Uniform, Farben und Trachten, im Stillen mißmutig, auch wohl in Äußerungen heftig, aber alle wie in einer gemeinsamen Hölle zusammengefaßt.

Daselbst begegnete mir ein wahrhaft rührendes Ereignis; ein alter Husaren-Offizier, mittler Größe, grauen Bartes und Haares und funkelnden Auges, kam nach Tisch auf mich zu, ergriff mich bei der Hand und fragte: ob ich denn das alles auch mit ausgestanden habe? Ich konnte ihm einiges von Valmy und Hans erzählen, woraus er sich denn gar wohl das Übrige nachbilden konnte. Hierauf fing er mit Enthusiasmus und warmem Anteil zu sprechen an, Worte die ich nachzuschreiben kaum wage, des Inhalts: es sei schon unverantwortlich, daß man sie, deren Metier und Schuldigkeit es bleibe dergleichen Zustände zu erdulden und ihr Leben dabei zuzusetzen, in solche Not geführt, die vielleicht kaum jemals erhört worden; daß aber auch ich (er drückte seine gute Meinung über meine Persönlichkeit und meine Arbeiten aus) das hätte mit erdulden sollen, darüber wollt' er sich nicht zufrieden geben. Ich stellte ihm die Sache von der heitern Seite vor, von der Seite, mit meinem Fürsten, dem ich nicht ganz unnütz gewesen, mit so vielen wackern Kriegsmännern zu eigner Prüfung diese wenigen Wochen her geduldet zu haben; allein er blieb bei seiner Rede, indessen ein Zivilist zu uns trat und dagegen erwiderte: man sei mir Dank schuldig, daß ich das alles mit ansehen wollen, indem man sich nun gar wohl von meiner geschickten Feder Darstellung und Aufklärung erwarten könne. Der alte Degen wollte davon auch nichts wissen und rief: Glaubt es nicht, er ist viel zu klug! was er schreiben dürfte mag er nicht schreiben, und was er schreiben möchte wird er nicht schreiben.

Übrigens mochte man kaum hie und da hinhorchen, der Verdruß war grenzenlos. Und wie es schon eine verdrießliche Empfindung erregt, wenn glückliche Menschen nicht ablassen, uns ihr Behagen vorzurechnen, so ist es noch viel unausstehlicher, wenn uns ein Unheil, das wir selbst aus dem Sinne schlagen möchten, immer wiederkäuend vorgetragen wird. Von den Franzosen, die man haßte, aus dem Lande gedrängt zu sein, genötigt mit ihnen zu unterhandeln, mit den Männern des zehnten Augusts sich zu befreunden, das alles war für Geist und Gemüt so hart, als bisher die körperliche Duldung gewesen. Man schonte der obersten Leitung nicht, und das Vertrauen, das man dem berühmten Feldherrn so lange Jahre gegönnt hatte, schien für immer verloren.

Trier den 29. Oktober.

Als man sich nun auf deutschem Grund und Boden wiederfand und aus der ungeheuersten Verwirrung zu entwickeln hoffen durfte, traf uns die Nachricht von Custinens verwegenen und glücklichen Unternehmungen. Das große Magazin zu Speier war in seine Hände geraten, er hatte darauf gewußt eine Übergabe von Mainz zu bewirken. Diese Schritte schienen die grenzenlosesten Übel nach sich zu ziehen, sie deuteten auf einen außerordentlichen, so kühnen als folgerechten Geist, und da mußte denn schon alles verloren sein. Nichts fand man wahrscheinlicher und natürlicher als daß auch schon Coblenz von den Franken besetzt sei, und wie sollten wir unsern Rückweg antreten! Frankfurt gab man in Gedanken gleichfalls auf; Hanau und Aschaffenburg an einer, Cassel an der andern Seite sah man bedroht und was nicht alles zu fürchten! Vom unseligen Neutralitätssystem die nächsten Fürsten paralysiert, desto lebendig tätiger die von revolutionären Gesinnungen ergriffene Masse. Sollte man, wie Mainz bearbeitet worden, nicht auch die Gegend und die nächst anstoßenden Provinzen zu Gesinnungen vorbereiten und die schon entwickelten schleunig benutzen? Das alles mußte zum Gedanken, zur Sprache kommen.

Öfters hört' ich wiederholen: sollten die Franzosen wohl ohne große Überlegung und Umsicht, ohne starke Heeresmacht solche bedeutende Schritte getan haben? Custinens Handlungen schienen so kühn als vorsichtig; man dachte sich ihn, seine Gehülfen, seine Obern als weise, kräftige, konsequente Männer. Die Not war groß und sinneverwirrend, unter allen bisher erduldeten Leiden und Sorgen ohne Frage die größte.

Mitten in diesem Unheil und Tumulte fand mich ein verspäteter Brief meiner Mutter, ein Blatt das an jugendlich ruhige, städtisch häusliche Verhältnisse gar wundersam erinnerte. Mein Oheim Schöff Textor war gestorben, dessen nahe Verwandtschaft mich von der ehrenhaft wirksamen Stelle eines Frankfurter Ratsherrn bei seinen Lebzeiten ausschloß, worauf man, herkömmlich löblicher Sitte gemäß, meiner sogleich gedachte, der ich unter den Frankfurter Graduierten ziemlich weit vorgerückt war.

Meine Mutter hatte den Auftrag erhalten bei mir anzufragen: ob ich die Stelle eines Ratsherrn annehmen würde, wenn mir, unter die Losenden gewählt, die goldene Kugel zufiele? Vielleicht konnte eine solche Anfrage in keinem seltsamern Augenblicke anlangen als in dem gegenwärtigen; ich war betroffen, in mich selbst zurück gewiesen; tausend Bilder stiegen vor mir auf und ließen mich nicht zu Gedanken kommen. Wie aber ein Kranker oder Gefangener sich wohl im Augenblicke an einem erzählten Märchen zerstreut, so war auch ich in andere Sphären und Jahre versetzt.

Ich befand mich in meines Großvaters Garten, wo die reich mit Pfirsichen gesegneten Spaliere des Enkels Appetit gar lüstern ansprachen und nur die angedrohte Verweisung aus diesem Paradiese, nur die Hoffnung die reifste rotbäkkigste Frucht aus des wohltätigen Ahnherrn eigner Hand zu erhalten, solche Begierde bis zum endlichen Termin einigermaßen beschwichtigen konnte. Sodann erblickt' ich den ehrwürdigen Altvater um seine Rosen beschäftigt, wie er gegen die Dornen mit altertümlichen Handschuhen, als Tribut überreicht von zollbefreiten Städten, sich vorsichtig verwahrte, dem edlen Laertes gleich, nur nicht wie dieser sehnsüchtig und kummervoll. Dann erblickt' ich ihn im Ornat als Schultheiß, mit der goldnen Kette, auf dem Thronsessel unter des Kaisers Bildnis; sodann leider im halben Bewußtsein einige Jahre auf dem Krankenstuhle, und endlich im Sarge.

Bei meiner letzten Durchreise durch Frankfurt hatte ich meinen Oheim im Besitz des Hauses, Hofes und Gartens gefunden, der als wackrer Sohn, dem Vater gleich, die höheren Stufen freistädtischer Verfassung erstieg. Hier im traulichen Familienkreis, in dem unveränderten altbekannten Lokal, riefen sich jene Knabenerinnerungen lebhaft hervor und traten mir nun neukräftig vor die Augen. Sodann gesellten sich zu ihnen andere jugendliche Vorstellungen, die ich nicht verschweigen darf. Welcher reichstädtische Bürger wird leugnen, daß er, früher oder später, den Ratsherrn, Schöff und Burgemeister im Auge gehabt und, seinem Talent gemäß, nach diesen, vielleicht auch nach minderen Stellen emsig und vorsichtig gestrebt: denn der süße Gedanke, an irgend einem Regimente Teil zu nehmen, erwacht gar bald in der Brust eines jeden Republikaners, lebhafter und stolzer schon in der Seele des Knaben.

Diesen freundlichen Kinderträumen konnt' ich mich jedoch nicht lange hingeben, nur allzuschnell aufgeschreckt besah ich mir die ahnungsvolle Lokalität die mich umfaßte, die traurigen Umgebungen die mich beengten, und zugleich die Aussicht nach der Vaterstadt getrübt, ja verfinstert. Mainz in französischen Händen, Frankfurt bedroht, wo nicht schon eingenommen, der Weg dorthin versperrt, und innerhalb jener Mauern, Straßen, Plätze, Wohnungen Jugendfreunde, Blutverwandte vielleicht schon von demselben Unglück ergriffen, daran ich Longwy und Verdun so grausam hatte leiden sehen; wer hätte gewagt sich in solchen Zustand zu stürzen!

Aber auch in der glücklichsten Zeit jenes ehrwürdigen Staatskörpers wäre mir nicht möglich gewesen auf diesen Antrag einzugehen; die Gründe waren nicht schwer auszusprechen. Seit zwölf Jahren genoß ich eines seltenen Glükkes, des Vertrauens wie der Nachsicht des Herzogs von Weimar. Dieser von der Natur höchst begünstigte, glücklich ausgebildete Fürst ließ sich meine wohlgemeinten, oft unzulänglichen Dienste gefallen und gab mir Gelegenheit mich zu entwickeln, welches unter keiner andern vaterländischen Bedingung möglich gewesen wäre; meine Dankbarkeit war ohne Grenzen, so wie die Anhänglichkeit an die hohen Frauen Gemahlin und Mutter, an die heranwachsende Familie, an ein Land, dem ich doch auch manches geleistet hatte. Und mußte ich nicht zugleich jenes Zirkels neuerworbener höchstgebildeter Freunde gedenken, auch so manches andern häuslich Lieben und Guten was sich aus meinen treubeharrlichen Zuständen entwickelt hatte. Diese bei solcher Gelegenheit abermals erregten Bilder und Gefühle erheiterten mich auf einmal in dem betrübtesten Augenblick: denn man ist schon halb gerettet, wenn man, aus traurigster Lage im fremden Land, einen hoffnungsvollen Blick in die gesicherte Heimat zu tun aufgeregt wird; so genießen wir diesseits auf Erden was uns jenseits der Sphären zugesagt ist.

In solchem Sinne begann ich den Brief an meine Mutter, und wenn sich diese Beweggründe zunächst auf mein Gefühl, auf persönliches Behagen, individuellen Vorteil zu beziehen schienen, so hatt' ich noch andere hinzuzufügen, die auch das Wohl meiner Vaterstadt berücksichtigten und meine dortigen Gönner überzeugen konnten. Denn wie sollt' ich mich in dem ganz eigentümlichen Kreise tätig wirksam erzeigen, wozu man vielleicht mehr als zu jedem andern treulich herangebildet sein muß? Ich hatte mich seit so viel Jahren zu Geschäften meinen Fähigkeiten angemessen gewöhnt, und zwar solchen, die zu städtischen Bedürfnissen und Zwecken kaum verlangt werden möchten. Ja ich durfte hinzufügen: daß wenn eigentlich nur Bürger in den Rat aufgenommen werden sollten, ich nunmehr jenem Zustand so entfremdet sei, um mich völlig als einen Auswärtigen zu betrachten.

Dieses alles gab ich meiner Mutter dankbar zu erkennen, welche sich auch wohl nichts anderes erwartete. Freilich mag dieser Brief spät genug zu ihr gelangt sein.

Trier den 29. Oktober.

Mein junger Freund, mit dem ich gar manche angenehme wissenschaftliche und literarische Unterhaltung genoß, war auch im Geschichtlichen der Stadt und Umgebung gar wohl erfahren. Unsere Spaziergänge bei leidlichem Wetter waren deshalb immer belehrend und ich konnte mir das Allgemeinste merken.

Die Stadt an sich hat einen auffallenden Charakter, sie behauptet mehr geistliche Gebäude zu besitzen als irgend eine andere von gleichem Umfang und möchte ihr dieser Ruhm wohl kaum zu leugnen sein; denn sie ist innerhalb der Mauern von Kirchen, Kapellen, Klöstern, Konventen, Kollegien, Ritter- und Brüdergebäuden belastet, ja erdrückt; außerhalb von Abteien, Stiftern, Kartausen blockiert, ja belagert.

Dieses zeugt denn von einem weiten geistlichen Wirkungskreis, welchen der Erzbischof sonst von hier aus beherrschte, denn seine Diözes war auf Metz, Toul und Verdun ausgedehnt. Auch dem weltlichen Regiment fehlt es nicht an schönen Besitztümern, wie denn der Kurfürst von Trier auf beiden Seiten der Mosel ein herrliches Land beherrscht, und so fehlt es auch Trier nicht an Palästen, welche beweisen, daß zu verschiedener Zeit von hier aus die Herrschaft sich weit und breit erstreckte.

Der Ursprung der Stadt verliert sich in die Fabelzeit; das erfreuliche Lokal mag früh genug Anbauende hierher gelockt haben. Die Trevirer waren in's Römische Reich eingeschlossen, erst Heiden dann Christen, von Normannen und von Franken überwältigt, und zuletzt ward das schöne Land dem Römisch-Deutschen Reiche einverleibt.

Ich wünschte wohl die Stadt in guter Jahreszeit, an friedlichen Tagen zu sehen, ihre Bürger näher kennen zu lernen, welche von jeher den Ruf haben freundlich und fröhlich zu sein. Von erster Eigenschaft finden sich in diesem Augenblicke wohl noch Spuren, von der zweiten kaum; und wie sollte Fröhlichkeit sich in einem so widerwärtigen Zustande erhalten.

Freilich wer in die Annalen der Stadt zurücksieht, findet wiederholte Nachricht von Kriegsunheil, das diese Gegend betroffen, da das Moseltal, ja der Fluß selbst dergleichen Züge begünstigt. Attila sogar aus dem fernsten Osten hat mit seinem unzählbaren Heere Vor- und Rückzug, wie wir, durch diese Flußregion genommen. Was erduldeten die Einwohner nicht im dreißigjährigen Kriege, bis zu Ende des siebzehnten Jahrhunderts, indem sich der Fürst an Frankreich als den nachbarlichsten Alliierten angeschlossen hatte, und darüber in langwierige österreichische Gefangenschaft geriet. Auch an inneren Kriegen erkrankte die Stadt mehr als einmal, wie es überall in bischöflichen Städten sich ereignen mußte, wo der Bürger mit geistlich-weltlicher Obergewalt sich nicht immer vertragen konnte.

Mein Führer, indem er mich geschichtlich unterrichtete, machte mich auf Gebäude der verschiedensten Zeit aufmerksam, wovon das meiste kurios, und daher wohl merkwürdig schien, weniges aber dem Geschmacksurteil erfreulich zusagte, wie vorher an dem Monumente zu Ygel gerühmt werden konnte.

Die Reste des römischen Amphitheaters fand ich respektabel; da aber das Gebäude über sich selbst zusammengestürzt und wahrscheinlich mehrere Jahrhunderte als Steinbruch behandelt war, ließ sich nichts entziffern. Bewundernswert jedoch war noch immer, wie die Alten, ihrer Weisheit gemäß, große Zwecke mit mäßigen Mitteln hervorzubringen suchten, und die Naturgelegenheit eines Tals zwischen zwei Hügeln zu nutzen gewußt, wo die Gestalt des Bodens an Exkavation und Substruktion dem Baumeister vieles glücklich ersparte. Wenn man nun von den ersten Höhen des Martisberges, wo diese Ruine gelegen, etwas weiter aufsteigt, so sieht man über alle Reliquien der Heiligen, über Dome, Dächer und Schirme nach dem Apolloberg hinüber, und so behaupten beide Götter, den Merkur zur Seite, ihres Namens Gedächtnis; die Bilder waren zu beseitigen, der Genius nicht.

Zur Betrachtung der Baukunst früherer Mittelzeit bietet Trier merkwürdige Monumente: ich habe von solchen Dingen wenige Kenntnis, und sie sprechen nicht zum gebildeten Sinn. Mich wollte der Anblick bei einiger Teilnahme verwirren; manches davon ist verschüttet, zerstückt, zu anderm Gebrauche gewidmet.

Über die große Brücke, auch noch im Altertum gegründet, führte man mich im heitersten Momente; hier nun sieht man deutlich, wie die Stadt auf einer, mit ausspringendem Winkel nach dem Fluß zudrängenden Fläche, welche denselben gegen das linke Ufer hinweist, erbaut ist. Nun überschaut man vom Fuße des Apolloberges Fluß, Brücke, Mühlen, Stadt und Gegend, da sich denn die noch nicht ganz entlaubten Weinberge sowohl zu unsern Füßen als auf den ersten Höhen des Martisberges gegenüber gar freundlich ausnahmen, anschaulich machten, in welcher gesegneten Gegend man sich befinde, und ein Gefühl von Wohlfahrt und Behagen erweckten, welches über den Weinländern in der Luft zu schweben scheint. Die besten Sorten Moselwein, die uns nun zu Teil wurden, schienen nach diesem Überblick einen angenehmern Geschmack zu haben.

Trier den 29. Oktober.

Unser fürstlicher Heerführer kam an und nahm Quartier im Kloster St. Maximin. Diese reichen und sonst überglücklichen Menschen hatten denn freilich schon eine gute Zeit her große Unruhe erduldet; die Brüder des Königs waren dort einquartiert gewesen und nachher war es nicht wieder leer geworden. Eine solche Anstalt, aus Ruh und Frieden entsprungen, auf Ruh und Frieden berechnet, nahm sich freilich unter diesen Umständen wunderlich aus, da, man mochte noch so schonend verfahren, ein gewaltiger Gegensatz des Ritter- und Mönchtums sich hervortat. Der Herzog wußte jedoch hier wie überall, selbst als ungebetener Gast, durch Freigebigkeit und freundliches Betragen, sich und die Seinigen angenehm zu machen.

Mich aber sollte auch hier der böse Kriegsdämon wieder verfolgen. Unser guter Obrist von Gotsch war gleichfalls im Kloster einquartiert; ich fand ihn zur Nacht seinen Sohn bewachend und besorgend, welcher an der unglücklichen Krankheit gleichfalls hart darnieder lag. Hier mußt' ich nun wieder die Litanei und Verwünschung unseres Feldzugs aus dem Munde eines alten Soldaten und Vaters vernehmen, der die sämtlichen Fehler mit Leidenschaft zu rügen berechtigt war, die er als Soldat einsah, und als Vater verfluchte. Auch die Isletten kamen wieder zur Sprache, und es mußte wirklich ein jeder, der sich diesen unseligen Punkt deutlich machte, durchaus verzweifeln.

Ich erfreute mich der Gelegenheit die Abtei zu sehen, und fand ein weitläufiges, wahrhaft fürstliches Gebäude; die Zimmer von bedeutender Größe und Höhe, und die Fußboden getäfelt, Sammet und damastne Tapeten, Stukkatur, Verguldung und Schnitzwerk nicht gespart, und was man sonst in solchen Palästen zu sehen gewohnt ist, alles doppelt und dreifach in großen Spiegeln wiederholt.

Auch ward den einquartierten Personen ganz wohl dahier; die Pferde jedoch konnten nicht sämtlich untergebracht werden, sie mußten unter freiem Himmel aushalten ohne Lagerstätte, Raufen und Tröge. Unglücklicherweise waren die Futtersäcke gefault, und so mußte der Hafer von der Erde aufgeschnopert werden.

Wenn aber die Stallungen unbedeutend waren, so fand man die Keller desto geräumiger. Noch über die eigenen Weinberge genoß das Kloster die Einnahme von vielen Zehnten. Freilich mochte in den letzten Monaten gar manches Stückfaß geleert worden sein, es lagen deren viele auf dem Hofe.

Den 30. Oktober

gab unser Fürst große Tafel; drei der vornehmsten geistlichen Herren waren eingeladen, sie hatten köstliches Tischzeug, sehr schönes Porzellan-Service hergegeben; von Silber war wenig zu sehen, Schätze und Kostbarkeiten lagen in Ehrenbreitstein. Die Speisen von den fürstlichen Köchen schmackhaft zubereitet; Wein, der uns früher hatte nach

Frankreich folgen sollen, von Luxemburg zurückkehrend ward hier genossen; was aber am meisten Lob und Preis verdiente war das kostbarste weiße Brot, das an den Gegensatz des Kommißbrotes bei Hans erinnerte.

Ich hatte mich, als ich nach Trierischer Geschichte in diesen Tagen forschte, notwendig auch um die Abtei St. Maximin bekümmern müssen: ich konnte daher mit meinem geistlichen Nachbar ein ganz auslangendes geschichtliches Gespräch führen. Das hohe Alter des Stifts ward vorausgesetzt; dann gedachte man seiner mannichfaltig wechselnden Schicksale, der nahen Lage des Stifts an der Stadt, beiden Teilen gleich gefährlich; wie es denn im Jahre 1674 niedergebrannt und völlig verwüstet wurde. Von dem Wiederaufbau und der allmählichen Herstellung in den gegenwärtigen Zustand ließ ich mich auch unterrichten. Dazu konnte man viel Gutes sagen und die Anstalt preisen, welches der geistliche Herr auch gern vernahm; von den letzten Zeiten aber wollte er nichts Rühmliches wissen: die französischen Prinzen waren da lange im Quartier gelegen, und man hatte von manchem Unfug, Übermut und Verschwendung zu hören.

Bei Abwechselung des Gesprächs daher ging ich wieder in's Geschichtliche zurück; als ich aber der frühern Zeit erwähnte, wo das Stift sich dem Erzbischof gleich gesetzt und der Abt Reichsstand des Römisch-Deutschen Reichs gewesen, wich er lächelnd aus, als wenn er eine solche Erinnerung in der neusten Zeit für verfänglich halte.

Die Sorge des Herzogs für sein Regiment ward nun tätig und klar; denn als die Kranken zu Wagen fortzubringen unmöglich war, so ließ der Fürst ein Schiff mieten um sie bequem nach Coblenz zu transportieren.

Nun aber kamen andere auf eine eigene Weise preßhafte Kriegsmänner an. Auf dem Rückzuge hatte man gar bald bemerkt, daß die Kanonen nicht fortzubringen seien; die Artillerie-Pferde kamen um, eines nach dem andern, wenig Vorspann war zu finden; die Pferde, auf dem Hinzug requiriert, beim Herzug geflüchtet, fehlten überall, man griff zu der letzten Maßregel: von jedem Regiment mußte eine starke Anzahl Reiter absitzen und zu Fuße wandern, damit das Geschütz gerettet werde. In ihren steifen Stiefeln, die zuletzt nicht mehr durchhalten wollten, litten diese braven Menschen bei dem schrecklichen Wege unendlich; aber auch ihnen erheiterte sich die Zeit, denn es ward Anstalt getroffen daß auch sie zu Wasser nach Coblenz fahren konnten.

Oktober.

Mein Fürst hatte mir aufgetragen dem Marquis Lucchesini aufzuwarten, eine Abschieds-Empfehlung auszusprechen und mich nach einigem zu erkundigen. Bei später Abendzeit, nicht ohne einige Schwierigkeiten, ward ich bei diesem, mir früher nicht ungewogenen bedeutenden Manne eingelassen. Die Anmut und Freundlichkeit mit der er mich empfing war wohltätig; nicht so die Beantwortung meiner Fragen und Erfüllung meiner Wünsche; er entließ mich, wie er mich aufgenommen hatte, ohne mich im mindesten zu fördern, und man wird mir zutrauen, daß ich darauf vorbereitet gewesen.

Als ich nun die Abfahrt jener kranken und ermüdeten Reiter eifrig betreiben sah, ergriff mich gleichfalls das Gefühl, es sei wohl am besten getan einen Ausweg auf dem Wasser zu suchen. Sehr ungern ließ ich meine Chaise zurück, die man mir aber nach Coblenz nachzusenden versprach, und mietete ein einmänniges Boot, wo mir denn beim Einschiffen meine sämtlichen Habseligkeiten, gleichsam vorgezählt, einen sehr angenehmen Eindruck machten, indem ich sie mehr als einmal verloren glaubte oder zu verlieren fürchtete. Zu dieser Fahrt gesellte sich ein preußischer Offizier, den ich als alten Bekannten aufnahm, dessen ich mich als Pagen gar wohl erinnerte und dem seine Hofzeit noch gar deutlich vorschwebte; wie er mir denn gewöhnlich den Kaffee wollte präsentiert haben.

Das Wetter war leidlich, die Fahrt ruhig und man erkannte die Anmut dieser Wohltat um so mehr, je mühseliger auf dem Landwege, der sich dem Flusse hie und da näherte, die Kolonnen dahinzogen, oder auch wohl von Zeit zu Zeit stockend verweilten. Schon in Trier hatte man geklagt, daß bei so eiligem Rückmarsch die größte Schwierigkeit sei Quartier zu finden, indem gar oft die einem Regiment angewiesenen Ortschaften schon besetzt gefunden worden, wodurch große Not und Verwirrung entstehe.

Die Ufer-Ansichten der Mosel waren längs dieser Fahrt höchst mannichfaltig; denn obgleich das Wasser eigensinnig seinen Hauptlauf von Südwest nach Nordost richtet, so wird es doch, da es ein schikanöses gebirgisches Terrain durchstreift, von beiden Seiten durch vorspringende Winkel bald rechts bald links gedrängt, so daß es nur im weitläufigen Schlangengange fortwandeln kann. Deswegen ist denn aber auch ein tüchtiger Fährmeister höchst nötig; der unsere bewies Kraft und Gewandtheit, indem er bald hier einen vorgeschobenen Kies zu vermeiden, sogleich aber dort den an steiler Felswand herflutenden Strom zu schnellerer Fahrt kühn zu benutzen wußte. Die vielen Ortschaften zu beiden Seiten gaben den muntersten Anblick; der Weinbau, überall sorgfältig gepflegt, ließ auf ein heiteres Volk schließen, das keine Mühe schont den köstlichen Saft zu erzielen. Jeder sonnige Hügel war benutzt, bald aber bewunderten wir schroffe Felsen am Strom, auf deren schmalen vorragenden Kanten, wie auf zufälligen Natur-Terrassen, der Weinstock zum allerbesten gedieh. – Wir landeten bei einem artigen Wirtshause, wo uns eine alte Wirtin wohl empfing, manches erduldete Ungemach beklagte, den Emigrierten aber besonders alles Böse gönnte. Sie habe, sagte sie, an ihrem Wirtstische gar oft mit Grauen gesehen, wie diese gottesvergessenen Menschen das liebe Brot kugel- und brockenweise sich an den Kopf geworfen, so daß sie und ihre Mägde es nachher mit Tränen zusammengekehrt.

Und so ging es mit gutem Glück und Mut immer weiter hinab bis zur Dämmerung, da wir uns denn aber in das mäandrische Flußgewinde, wie es sich gegen die Höhen von Montreal herandrängt, verschlungen sahen. Nun überfiel uns die Nacht, bevor wir Trarbach erreichen oder auch nur gewahren konnten. Es ward stockfinster; eingeengt wußten wir uns zwischen mehr oder weniger steilem Ufer, als ein Sturm, bisher schon ruckweise verkündigt, gewaltsam anhaltend hereinbrach; bald schwoll der Strom im Gegenwinde, bald wechselten abprallende Windstöße niederstürzend mit wütendem Sausen; eine Welle nach der andern schlug über den Kahn, wir fühlten uns durchnäßt. Der Schiffmeister barg nicht seine Verlegenheit; die Not schien immer größer, je länger sie dauerte, und der Drang war auf's höchste gestiegen, als der wackere Mann versicherte, er wisse weder wo er sei noch wohin er steuern solle.

Unser Begleiter verstummte, ich war still in mir gefaßt, wir schwebten in der tiefsten Finsternis, nur manchmal wollte mir scheinen, daß Massen über mir doch noch etwas dunkler als der verfinsterte Himmel sich dem Auge bemerklich machten; dies gewährte jedoch wenig Trost und Hoffnung, zwischen Land und Fels eingeschlossen zu sein drang sich immer ängstlicher auf. Und so wurden wir im Stockfinstern lange hin- und hergeworfen, bis sich endlich in der Ferne ein Licht und damit auch Hoffnung auftat. Nun ward nach Möglichkeit drauf los gesteuert und gerudert, wobei sich Paul nach Kräften tätig erwies.

Endlich stiegen wir in Trarbach glücklich an's Land, wo man uns in einem leidlichen Gasthofe Henne mit Reis alsobald anbot. Ein angesehener Kaufmann aber, die Landung von Fremden in so tiefer stürmischer Nacht vernehmend, nötigte uns in sein Haus, wo wir bei hellem Kerzenschein, in wohlgeschmückten Zimmern, englische schwarze Kunstblätter in Rahm und Glas gar zierlich aufgehangen mit Freude, ja mit Rührung, gegen die kurz vorher erduldeten finsteren Gefährlichkeiten, begrüßend erblickten. Herr und Frau, noch junge Leute, beeiferten sich uns gütlich zu tun; wir genossen des köstlichsten Moselweins, an dem sich mein Gefährte, der eine Wiederherstellung freilich am nötigsten haben mochte, besonders erquickte.

Paul gestand, daß er schon Rock und Stiefel ausgezogen, um, wenn wir scheitern sollten, uns durch Schwimmen zu erretten; wobei er sich denn freilich nur allein möchte durchgebracht haben.

Kaum hatten wir uns getrocknet und geletzt, als es in mir schon wieder zu treiben anfing und ich fortzueilen begehrte. Der freundliche Wirt wollte uns nicht entlassen, sondern verlangte vielmehr, wir sollten den morgenden Tag noch zugeben, versprach auch von einer benachbarten Höhe die weiteste schönste Aussicht über ein bedeutend Gelände und manches andere was uns zur Erquickung und Zerstreuung hätte dienen können. Aber es ist wunderbar: wie sich der Mensch an ruhige Zustände gewöhnt und in denselben verharren mag, so gibt es auch eine Gewöhnung zum Unruhigen; es war in mir die Nötigung zu einem rollenden Forteilen, der ich nicht gebieten konnte.

Als wir daher fortzueilen im Begriff standen, nötigte uns der wackere Mann noch zwei Matratzen auf, damit wir im Schiff wenigstens einige Bequemlichkeit hätten: die Frau gab solche nicht gerne her, welches ihr, da der Barchent neu und schön, gar nicht zu verdenken war. Und so ereignet sich's oft in Einquartierungsfällen, daß bald der eine bald der andere Gatte dem aufgedrungenen Gast mehr oder weniger wohl will.

Bis Coblenz schwammen wir ruhig hinunter und ich erinnere mich nur deutlich, daß ich am Ende der Fahrt das schönste Naturbild gesehen, was mir vielleicht zu Augen gekommen. Als wir gegen die Mosel-Brücke zufuhren, stand uns dieses schwarze mächtige Bauwerk kräftig entgegen; durch die Bogen-Öffnungen aber schauten die stattlichen Gebäude des Tals, über der Brückenlinie sodann das Schloß Ehrenbreitstein im blauen Dufte durch und hervor. Rechts bildete die Stadt, an die Brücke sich anschließend, einen tüchtigen Vorgrund; dieses Bild gab einen herrlichen aber nur augenblicklichen Genuß, denn wir landeten und schickten sogleich gewissenhaft die Matratzen unversehrt an das von den wackern Trarbachern uns bezeichnete Handelshaus.

Dem Herzog von Weimar war ein schönes Quartier eingeräumt, worin auch ich ein gutes Unterkommen fand; die Armee rückte nach und nach heran: die Dienerschaft des fürstlichen Generals traf ein und konnte nicht genug von den Unbilden erzählen, die sie erleiden müssen. Wir segneten uns die Wasserfahrt eingeschlagen zu haben, und die glücklich überstandene Windsbraut schien nur ein geringes Übel gegen eine stockende und überall gehinderte Landfahrt.

Der Fürst selbst war angekommen; um den König versammelten sich viele Generale; ich aber, in einsamen Spaziergängen den Rhein hin, wiederholte mir die wunderlichen Ereignisse der vergangenen Wochen.

Ein französischer General, Lafayette, Haupt einer großen Partei, vor kurzem der Abgott seiner Nation, des vollkommensten Vertrauens der Soldaten genießend, lehnt sich gegen die Obergewalt auf, die allein nach Gefangennehmung des Königs das Reich repräsentiert; er entflieht, seine Armee, nicht stärker als dreiundzwanzigtausend Mann, bleibt ohne General und Oberoffiziere, desorganisiert, bestürzt.

Zur selbigen Zeit betritt ein mächtiger König, mit einem achtzigtausend Mann starken verbündeten Heere, den Boden von Frankreich, zwei befestigte Städte, nach geringem Zaudern, ergeben sich.

Nun erscheint ein wenig bekannter General, Dumouriez; ohne jemals einen Oberbefehl geführt zu haben, nimmt er, gewandt und klug, eine sehr starke Stellung; sie wird durchbrochen und doch erreicht er eine zweite, wird auch daselbst eingeschlossen und zwar so daß der Feind sich zwischen ihn und Paris stellt.

Aber sonderbar verwickelte Zustände werden durch anhaltendes Regenwetter herbeigeführt; das furchtbare alliierte Heer, nicht weiter als sechs Stunden von Châlons und zehn von Rheims, sieht sich abgehalten diese beiden Orte zu gewinnen, bequemt sich zum Rückzug, räumt die zwei eroberten Plätze, verliert über ein Drittel seiner Mannschaft und davon höchstens zweitausend durch die Waffen, und sieht sich nun wieder am Rheine. Alle diese Begegnisse, die an das Wunderbare grenzen, ereignen sich in weniger als sechs Wochen, und Frankreich ist aus der größten Gefahr gerettet, deren seine Jahrbücher jemals gedenken.

Vergegenwärtige man sich nun die vielen tausend Teilnehmer an solchem Mißgeschick, denen das grimmige Leibes- und Seelenleiden einiges Recht zur Klage zu geben schien, so wird man sich leicht vorstellen, daß nicht alles im Stillen abgetan ward, und so sehr man sich auch vorzusehen gedachte, doch aus einem vollen Herzen der Mund zu Zeiten überging.

Und so begegnete denn auch mir, daß ich an großer Tafel neben einem alten trefflichen General saß und vom Vergangenen zu sprechen mich nicht ganz enthielt, worauf er mir, zwar freundlich, aber mit gewisser Bestimmtheit antwortete: Erzeigen Sie mir morgen früh die Ehre mich zu besuchen, da wir uns hierüber freundlich und aufrichtig besprechen wollen. Ich schien es anzunehmen, blieb aber aus und gelobte mir innerlich, das gewohnte Stillschweigen sobald nicht wieder zu brechen.

Auf der Wasserfahrt so wie auch in Coblenz hatte ich manche Bemerkung gemacht zum Vorteil meiner chromatischen Studien; besonders war mir über die epoptischen Farben ein neues Licht aufgegangen, und ich konnte immer mehr hoffen, die physischen Erscheinungen in sich zu verknüpfen, und sie von andern abzusondern, mit denen sie in entfernterer Verwandtschaft zu stehen schienen.

Auch kam mir des treuen Kämmerier Wagner Tagebuch zu Ergänzung des meinigen gar wohl zu statten, das ich in den letzten Tagen ganz und gar vernachlässigt hatte.

Des Herzogs Regiment war herangekommen, und kantonnierte in den Dörfern gegen Neuwied über. Hier bewies der Fürst die väterlichste Sorgfalt für seine Untergebenen; jeder Einzelne durfte seine Not klagen, und so viel nur möglich ward abgestellt und nachgeholfen. Lieutenant von Flotow, in der Stadt auf Kommando stehend, und dem Wohltäter am nächsten, erwies sich tätig und hülfreich. Dem Hauptbedürfnis an Schuhen und Stiefeln wurde dadurch abgeholfen, daß man Leder kaufte, und die im Regimente sich findenden Schuster unter den Meistern der Stadt arbeiten ließ. Auch für Reinlichkeit und Zierde war gesorgt, gelbe Kreide angeschafft, die Collets gesäubert und gefärbt, und unsere Reiter trabten wieder ganz schmuck einher.

Meine Studien jedoch sowohl als die heitere Unterhaltung mit den Kanzlei- und Hausgenossen wurden gar sehr belebt durch den Ehrenwein, welcher von trefflicher Moselsorte unserem Fürsten vom Stadtrate gereicht ward, und welchen wir, da der Fürst meist auswärts speiste, zu genießen die Erlaubnis hatten. Als wir Gelegenheit fanden, einem von den Gebern darüber ein Kompliment zu machen, und dankbar anerkannten, daß sie sich bei solcher Gelegenheit, um unsertwillen, mancher guten Flasche berauben wollen, vernahmen wir die Erwiderung: daß sie uns dies und noch viel mehr gönnten, und nur die Fässer bedauerten, welche sie an die Emigrierten wenden müssen, welche zwar viel Geld, aber auch viel Unheil über die Stadt gebracht, ja den Zustand derselben völlig umgekehrt; besonders aber wollte man ihr Betragen gegen den Fürsten nicht rühmen, an dessen Stelle sie sich gewissermaßen gesetzt, und gegen seinen Willen kühnlich Unverantwortliches unternommen.

In der letzten Unheil drohenden Zeit war er auch nach Regensburg abgereist, und ich schlich, zu schöner heiterer Mittagsstunde, an sein Schloß hin, das auf dem linken Rheinufer, etwas oberhalb der Stadt, wunderschön, seitdem ich diese Gegend nicht betreten, aus der Erde gewachsen war. Es stand einsam, und als die allerneuste, wenn auch nicht architektonische doch politische Ruine da, und ich hatte nicht den Mut, mir von dem umherwandelnden Schloßvogt den Eingang zu gewinnen. Wie schön war die nähere und weitere Umgebung, wie angebaut und gartenreich der Raum zwischen Schloß und Stadt, die Aussicht den Rhein stromauf ruhig und besänftigend, gegen Stadt und Festung aber prächtig und aufregend.

In der Absicht, mich übersetzen zu lassen, ging ich zur fliegenden Brücke, ward aber aufgehalten, oder hielt mich vielmehr selbst auf, in Beschauung eines östreichischen Wagentransportes, welcher nach und nach übergesetzt wurde. Hier ereignete sich ein Streit zwischen einem preußischen und östreichischen Unteroffizier, welcher den Charakter beider Nationen klar in's Licht setzte.

Vom Östreicher, der hieher postiert war, um die möglich schnelle Überfahrt der Wagen-Kolonne zu beaufsichtigen, aller Verwirrung vorzubeugen, und deshalb kein anderes Fuhrwerk dazwischen zu lassen, verlangte der Preuße heftig eine Ausnahme für sein Wägelchen, auf welchem Frau und Kind mit einigen Habseligkeiten gepackt waren. Mit großer Gelassenheit versagte der Östreicher die Forderung, auf die Ordre sich berufend, die ihm dergleichen ausdrücklich verbiete; der Preuße ward heftiger, der Östreicher wo möglich gelassener; er litt keine Lücke in der ihm empfohlenen Kolonne, und der andere fand sich einzudrängen keinen Raum. Endlich schlug der Zudringliche an seinen Säbel, und forderte den Widerstehenden heraus; mit Drohen und

Schimpfen wollte er seinen Gegner in's nächste Gäßchen bewegen, um die Sache daselbst auszumachen; der höchst ruhige verständige Mann aber, der die Rechte seines Postens gar wohl kannte, rührte sich nicht, und hielt Ordnung nach wie vor.

Ich wünschte diese Szene wohl von einem Charakterzeichner aufgefaßt: denn wie im Betragen so auch in Gestalt unterschieden sich beide; der Gelassene war stämmig und stark, der Wütende, denn zuletzt erwies er sich so, hager, lang, schmächtig und rührig.

Die auf diesen Spazierweg zu verwendende Zeit war zum Teil schon verstrichen, und mir vertrieb die Furcht vor ähnlichen Retardationen bei der Rückkehr jede Lust das sonst so geliebte Tal zu besuchen, das doch nur das Gefühl schmerzlichen Entbehrens erregt und mich fruchtlos zu Betrachtung früherer Jahre aufgeregt hätte; doch stand ich lange hinüber schauend, friedlicher Zeiten mitten im verwirrenden Wechsel irdischer Ereignisse treulich eingedenk.

Und so traf es zufällig, daß ich von den Maßregeln zum ferneren Feldzuge auf dem rechten Ufer näher unterrichtet ward. Des Herzogs Regiment rüstete sich hinüber zu ziehen; der Fürst selbst mit seiner ganzen Umgebung sollte folgen. Mir bangte vor jeder Fortsetzung des kriegerischen Zustandes, und das Fluchtgefühl ergriff mich abermals. Ich möchte dies ein umgekehrtes Heimweh nennen, eine Sehnsucht in's Weite, statt in's Enge. Ich stand; der herrliche Fluß lag vor mir, er gleitete so sanft und lieblich hinunter, in ausgedehnter breiter Landschaft; er floß zu Freunden, mit denen ich, trotz manchem Wechseln und Wenden, immer treu verbunden geblieben. Mich verlangte aus der fremden gewaltsamen Welt an Freundesbrust, und so mietete ich, nach erhaltenem Urlaub, eilig einen Kahn bis Düsseldorf; meine noch immer zurückbleibende Chaise Coblenzer Freunden empfehlend, mit Bitte sie mir hinabwärts zu spedieren.

Als ich nun mit meinen Habseligkeiten mich eingeschifft und sogleich auf dem Strome dahin schwimmen sah, begleitet vom getreuen Paul und einem blinden Passagier, welcher gelegentlich zu rudern sich verband, hielt ich mich für glücklich, und von allem Übel befreit.

Indessen standen noch einige Abenteuer bevor. Wir hat ten nicht lange flußabwärts gerudert, als zu bemerken war, daß der Kahn ein starkes Leck haben müsse, indem der Fährmann von Zeit zu Zeit das Wasser fleißig ausschöpfte. Und nun entdeckte sich erst, daß wir, bei übereilt unternommener Fahrt, nicht bedacht hatten, wie auf die weite Strecke hinab, von Coblenz bis Düsseldorf, der Schiffer nur ein altes Boot zu nehmen pflegt, um es unten als Brennholz zu verkaufen, und, sein Fährgeld in der Tasche, ganz leicht nach Hause zu wandern.

Indessen fuhren wir getrost dahin. Eine sternhelle, doch sehr kalte Nacht begünstigte unsere Fahrt, als auf einmal der fremde Ruderer verlangte an's Land gesetzt zu werden, und sich mit dem Schiffer zu streiten anfing, an welcher Stelle es denn eigentlich für den Wandrer am vorteilhaftesten sei, worüber sie sich nicht vereinigen konnten.

Unter diesen Händeln, die mit Heftigkeit geführt wurden, stürzte unser Fährmann in's Wasser, und wurde nur mit Mühe herausgezogen. Nun konnte er bei heller klarer Nacht nicht mehr aushalten, und bat dringend um die Erlaubnis, bei Bonn anfahren zu dürfen, um sich zu trocknen und zu erwärmen. Mein Diener ging mit ihm in eine Schifferkneipe, ich aber beharrte unter freiem Himmel zu bleiben, und ließ mir ein Lager auf Mantelsack und Portefeuille bereiten. So groß ist die Macht der Gewohnheit, daß mir, der ich die letzten sechs Wochen fast immer unter freiem Himmel zugebracht hatte, vor Dach und Zimmer graute. Diesmal aber entstand daraus für mich ein neues Unheil, welches man freilich hätte vorhersehen sollen: den Kahn hatte man zwar so weit als möglich auf den Strand gezogen, aber nicht so weit, daß er nicht durch das Leck noch hätte Wasser einnehmen können.

Nach einem tiefen Schlafe fand ich mich mehr als erfrischt, denn das Wasser war bis zu meinem Lager gedrungen, und hatte mich und meine Habseligkeiten durchnäßt. Ich war daher genötigt aufzustehen, das Wirtshaus aufzusuchen, und mich in Tabak schmauchender, Glühwein schlürfender Gesellschaft so gut als möglich zu trocknen; worüber denn der Morgen ziemlich herankam und eine verspätete Reise durch frisches Rudern eifrig beschleunigt wurde.

## *Zwischenrede*

Wenn ich mich nun so, in der Erinnerung, den Rhein hinunter schwimmen sehe, wüßt' ich nicht genau zu sagen, was in mir vorging. Der Anblick eines friedlichen Wasserspiegels, das Gefühl der bequemen Fahrt auf demselben, ließ mich nach der kurz vergangenen Zeit zurückschauen, wie auf einen bösen Traum, von dem ich mich so eben erwacht fände; ich überließ mich den heitersten Hoffnungen eines nächsten gemütlichen Zusammenseins.

Nun aber, wenn ich mitzuteilen fortfahren soll, muß ich eine andere Behandlung wählen, als dem bisherigen Vortrag wohl geziemte: denn wo Tag für Tag das Bedeutendste vor unsern Augen vorgeht, wenn wir mit so viel Tausenden leiden und fürchten und nur furchtsam hoffen, dann hat die Gegenwart ihren entschiedenen Wert, und, Schritt vor Schritt vorgetragen, erneut sie das Vergangene, indem sie auf die Zukunft hindeutet.

Was aber in geselligen Zirkeln sich ereignet, kann nur aus einer sittlichen Folge der Äußerungen innerlicher Zustände begriffen werden; die Reflexion ist hier an ihrer Stelle, der Augenblick spricht nicht für sich selbst, Andenken an das Vergangene, spätere Betrachtungen müssen ihn dolmetschen.

Wie ich überhaupt ziemlich unbewußt lebte, und mich vom Tag zum Tage führen ließ, wobei ich mich, besonders die letzten Jahre, nicht übel befand, so hatte ich die Eigenheit, niemals weder eine nächst zu erwartende Person, noch eine irgend zu betretende Stelle vorauszudenken, sondern diesen Zustand unvorbereitet auf mich einwirken zu lassen. Der Vorteil der daraus entsteht ist groß; man braucht von einer vorgefaßten Idee nicht wieder zurück zu kommen, nicht ein selbstbeliebig gezeichnetes Bild wieder auszulöschen, und mit Unbehagen die Wirklichkeit an dessen Stelle aufzunehmen; der Nachteil dagegen mag wohl hervortreten, daß wir mit Unbewußtsein in wichtigen Augenblicken nur herumtasten und uns nicht gerade in jeden ganz unvorhergesehenen Zustand aus dem Stegreife zu finden wissen. – In eben dem Sinne war ich auch niemals aufmerksam, was meine persönliche Gegenwart und Geistesstimmung auf die Menschen wirke, da ich denn oft ganz unerwartet fand, daß ich Neigung oder Abneigung und sogar oft beides zugleich erregte.

Wollte man nun auch dieses Betragen als eine individuelle Eigenheit weder loben noch tadeln, so muß doch bemerkt werden, daß sie im gegenwärtigen Falle gar wunderliche Phänomene und nicht immer die erfreulichsten hervorbrachte.

Ich war mit jenen Freunden seit vielen Jahren nicht zusammengekommen, sie hatten sich getreu an ihrem Lebensgange gehalten, dagegen mir das wunderbare Los beschieden war, durch manche Stufen der Prüfung, des Tuns und Duldens durchzugehen, so daß ich, in eben der Person beharrend, ein ganz anderer Mensch geworden, meinen alten Freunden fast unkenntlich auftrat.

Es würde schwer halten, auch in späteren Jahren, wo eine freiere Übersicht des Lebens gewonnen ist, sich genaue Rechenschaft von jenen Übergängen abzulegen, die bald als Vorschritt, bald als Rückschritt erscheinen, und doch alle dem gottgeführten Menschen zu Nutz und Frommen gereichen müssen. Ungeachtet solcher Schwierigkeiten aber will ich, meinen Freunden zu Liebe, einige Andeutung versuchen.

Der sittliche Mensch erregt Neigung und Liebe nur insofern, als man Sehnsucht an ihm gewahr wird; sie drückt Besitz und Wunsch zugleich aus, den Besitz eines zärtlichen Herzens, und den Wunsch ein gleiches in andern zu finden; durch jenes ziehen wir an, durch dieses geben wir uns hin.

*Christiane Vulpius.*
*Bleistift-/Federzeichnung von Goethe, 1788*

*Johann Heinrich Lips (1758-1817).*
*Goethes Sohn August, 1793 oder 1794*

Das Sehnsüchtige, das in mir lag, das ich in früheren Jahren vielleicht zu sehr gehegt, und bei fortschreitendem Leben kräftig zu bekämpfen trachtete, wollte dem Manne nicht mehr ziemen, nicht mehr genügen, und er suchte deshalb die volle endliche Befriedigung. Das Ziel meiner innigsten Sehnsucht, deren Qual mein ganzes Inneres erfüllte, war Italien, dessen Bild und Gleichnis mir viele Jahre vergebens vorschwebte, bis ich endlich durch kühnen Entschluß die wirkliche Gegenwart zu fassen mich erdreistete. In jenes herrliche Land sind mir meine Freunde gern auch in Gedanken gefolgt, sie haben mich auf Hin- und Herwegen begleitet, möchten sie nun auch nächstens den längern Aufenthalt daselbst mit Neigung teilen und von dort mich wieder zurückbegleiten, da sich alsdann manches Problem faßlicher auflösen wird.

In Italien fühlt' ich mich nach und nach kleinlichen Vorstellungen entrissen, falschen Wünschen enthoben und an die Stelle der Sehnsucht nach dem Lande der Künste setzte sich die Sehnsucht nach der Kunst selbst; ich war sie gewahr geworden, nun wünscht' ich sie zu durchdringen.

Das Studium der Kunst wie das der alten Schriftsteller gibt uns einen gewissen Halt, eine Befriedigung in uns selbst; indem sie unser Inneres mit großen Gegenständen und Gesinnungen füllt, bemächtigt sie sich aller Wünsche die nach außen strebten, hegt aber jedes würdige Verlangen im stillen Busen; das Bedürfnis der Mitteilung wird immer geringer, und wie Malern, Bildhauern, Baumeistern, so geht es auch dem Liebhaber: er arbeitet einsam, für Genüsse, die er mit andern zu teilen kaum in den Fall kommt.

Aber zu gleicher Zeit sollte mich noch eine Ableitung der Welt entfremden und zwar die entschiedenste Wendung gegen die Natur, zu der ich aus eigenstem Trieb auf die individuellste Weise hingelenkt worden. Hier fand ich weder Meister noch Gesellen und mußte selbst für alles stehen. In der Einsamkeit der Wälder und Gärten, in den Finsternissen der dunklen Kammer wär' ich ganz einzeln geblieben, hätte mich nicht ein glückliches häusliches Verhältnis in dieser wunderlichen Epoche lieblich zu erquicken gewußt. Die »Römischen Elegien«, die »Venezianischen Epigramme« fallen in diese Zeit.

Nun aber sollte mir auch ein Vorgeschmack kriegerischer Unternehmungen werden: denn, der schlesischen durch den Reichenbacher Kongreß geschlichteten Campagne beizuwohnen beordert, hatte ich mich in einem bedeutenden Lande durch manche Erfahrung aufgeklärt und erhoben gesehen und zugleich durch anmutige Zerstreuung hin und her gaukeln lassen, indessen das Unheil der französischen Staatsumwälzung sich immer weiter verbreitend, jeden Geist, er mochte hin denken und sinnen wohin er wollte, auf die Oberfläche der europäischen Welt zurückforderte und ihm die grausamsten Wirklichkeiten aufdrang. Rief mich nun gar die Pflicht, meinen Fürsten und Herrn erst in die bedenklichen, bald aber traurigen Ereignisse des Tags abermals hineinzubegleiten und das Unerfreuliche, das ich nur gemäßigt meinen Lesern mitzuteilen gewagt, männlich zu erdulden, so hätte alles, was noch Zartes und Herzliches sich in's Innerste zurückgezogen hatte, auslöschen und verschwinden mögen.

Fasse man dies alles zusammen, so wird der Zustand, wie er nachstehend skizzenhaft verzeichnet ist, nicht ganz rätselhaft erscheinen, welches ich um so mehr wünschen muß, da ich ungern dem Trieb widerstehe, diese vor vielen Jahren flüchtig verfaßten Blätter nach gegenwärtiger Einsicht und Überzeugung umzuschreiben.

Pempelfort, November 1792.

Es war schon finster, als ich in Düsseldorf landete und mich daher mit Laternen nach Pempelfort bringen ließ, wo ich nach augenblicklicher Überraschung die freundlichste Aufnahme fand; vielfaches Hin- und Hersprechen, wie ein

*Friedrich Heinrich Jacobi. Zeichnung von Hemsterhuis, gestochen von C. E. C. Heß, o. J.*

solches Wiedersehen aufregt, nahm einen Teil der Nacht hinweg.

Den nächsten Tag war ich durch Fragen, Antworten und Erzählen bald eingewohnt; der unglückliche Feldzug gab leider genugsame Unterhaltung, niemand hatte sich den Ausgang so traurig gedacht. Aber auch aussprechen konnte niemand die tiefe Wirkung eines beinahe vierwöchentlichen furchtbaren Schweigens, die sich immer steigernde Ungewißheit bei dem Mangel aller Nachrichten. Eben als wäre das alliierte Heer von der Erde verschlungen worden, so wenig verlautete von demselben; jedermann in eine gräßliche Leere hineinblickend war von Furcht und Ängsten gepeinigt, und nun erwartete man mit Entsetzen die Kriegsläufte schon wieder in den Niederlanden, man sah das linke Rheinufer und zugleich das rechte bedroht.

Von solchen Betrachtungen zerstreuten uns moralische und literarische Verhandlungen, wobei mein Realismus zum Vorschein kommend die Freunde nicht sonderlich erbaute.

Ich hatte seit der Revolution, mich von dem wilden Wesen einigermaßen zu zerstreuen, ein wunderbares Werk begonnen, eine Reise von sieben Brüdern verschiedener Art, jeder nach seiner Weise dem Bunde dienend, durchaus abenteuerlich und märchenhaft, verworren, Aussicht und Absicht verbergend, ein Gleichnis unsers eignen Zustandes. Man verlangte eine Vorlesung, ich ließ mich nicht viel bitten und rückte mit meinen Heften hervor; aber ich bedurfte auch nur wenig Zeit um zu bemerken daß niemand davon erbaut sei. Ich ließ daher meine wandernde Familie in irgend einem Hafen und mein weiteres Manuskript auf sich selbst beruhen.

Meine Freunde jedoch, die sich in so veränderte Gesinnung nicht gleich ergeben wollten, versuchten mancherlei, um frühere Gefühle durch ältere Arbeiten wieder hervorzurufen, und gaben mir »Iphigenien« zur abendlichen Vorlesung in die Hand; das wollte mir aber gar nicht munden, dem zarten Sinne fühlt' ich mich entfremdet, auch von andern vorgetragen war mir ein solcher Anklang lästig. Indem aber das Stück gar bald zurückgelegt ward, schien es, als wenn man mich durch einen höhern Grad von Folter zu prüfen gedenke. Man brachte »Ödipus auf Kolonos«, dessen erhabene Heiligkeit meinem gegen Kunst, Natur und Welt gewendeten, durch eine schreckliche Campagne verhärteten Sinn ganz unerträglich schien; nicht hundert Zeilen hielt ich aus. Da ergab man sich denn wohl in die Gesinnung des veränderten Freundes, fehlte es doch nicht an so mancherlei Anhaltepunkten des Gesprächs.

Aus den frühern Zeiten deutscher Literatur ward manches Einzelne erfreulich hervorgerufen, niemals aber drang die Unterhaltung in einen tiefern Zusammenhang, weil man Merkmale ungleicher Gesinnung vermeiden wollte. Soll ich irgend etwas Allgemeines hier einschalten, so war es schon seit zwanzig Jahren wirklich eine merkwürdige Zeit, wo bedeutende Existenzen zusammentrafen und Menschen von einer Seite sich an einander schlossen, obgleich von der andern höchst verschieden; jeder brachte einen hohen Begriff von sich selbst zur Gesellschaft und man ließ sich eine wechselseitige Verehrung und Schonung gern gefallen.

Das Talent befestigte seinen erworbenen Besitz einer allgemeinen Achtung, durch gesellige Verbindungen wußte man sich zu hegen und zu fördern, die errungenen Vorteile wurden nicht mehr durch Einzelne sondern durch eine übereinstimmende Mehrheit erhalten. Daß hiebei eine Art Absichtlichkeit durchwalten mußte, lag in der Sache; so gut wie andere Weltkinder verstanden sie eine gewisse Kunst in ihre Verhältnisse zu legen, man verzieh sich die Eigenheiten, eine Empfindlichkeit hielt der andern die Waage und die wechselseitigen Mißverständnisse blieben lange verborgen.

Zwischen diesem allen hatte ich einen wunderlichen

Stand, mein Talent gab mir einen ehrenvollen Platz in der Gesellschaft, aber meine heftige Leidenschaft für das, was ich als wahr und naturgemäß erkannte, erlaubte sich manche gehässige Ungezogenheit gegen irgend ein scheinbar falsches Streben; weswegen ich mich auch mit den Gliedern jenes Kreises zu Zeiten überwarf, ganz oder halb versöhnte, immer aber im Dünkel des Rechthabens auf meinem Wege fort ging. Dabei behielt ich etwas von der Ingenuität des Voltaireschen Huronen noch im späteren Alter, so daß ich zugleich unerträglich und liebenswürdig sein konnte.

Ein Feld jedoch, in welchem man sich mit mehr Freiheit und Übereinstimmung erging, war die westliche, um nicht zu sagen französische, Literatur. Jacobi, indem er seinen eigenen Weg wandelte, nahm doch Kenntnis von allem Bedeutenden, und die Nachbarschaft der Niederlande trug viel dazu bei, ihn nicht allein literarisch sondern auch persönlich in jenen Kreis zu ziehen. Er war ein sehr wohlgestalteter Mann, von den vorteilhaftesten Gesichtszügen, von einem zwar gemessenen aber doch höchst gefälligen Betragen, bestimmt in jedem gebildeten Kreise zu glänzen.

Wundersam war jene Zeit, die man sich kaum wieder vergegenwärtigen könnte; Voltaire hatte wirklich die alten Bande der Menschheit aufgelöst, daher entstand in guten Köpfen eine Zweifelsucht an dem was man sonst für würdig gehalten hatte. Wenn der Philosoph von Ferney seine ganze Bemühung dahin richtete, den Einfluß der Geistlichkeit zu mindern und zu schwächen und hauptsächlich Europa im Auge behielt, so erstreckte de Pauw seinen Eroberungsgeist über fernere Weltteile; er wollte weder Chinesen noch Ägyptern die Ehre gönnen, die ein vieljähriges Vorurteil auf sie gehäuft hatte. Als Kanonikus von Xanten, Nachbar von Düsseldorf, unterhielt er ein freundschaftliches Verhältnis mit Jacobi; und wie mancher andere wäre nicht hier zu nennen?

Und so wollen wir doch noch Hemsterhuis einführen,

welcher der Fürstin Gallitzin ergeben in dem benachbarten Münster viel verweilte. Dieser ging nun von seiner Seite mit Geistesverwandten auf zartere Beruhigung, auf ideelle Befriedigung aus, und neigte sich mit Platonischen Gesinnungen der Religion zu.

Bei diesen fragmentarischen Erinnerungen muß ich auch noch Diderots gedenken, des heftigen Dialektikers, der sich auch eine Zeitlang in Pempelfort als Gast sehr wohl gefiel und mit großer Freimütigkeit seine Paradoxen behauptete.

Auch waren Rousseaus auf Naturzustände gerichtete Aussichten diesem Kreise nicht fremd, welcher nichts ausschloß, also auch mich nicht, ob er mich gleich eigentlich nur duldete.

Denn wie die äußere Literatur auf mich in jüngeren Jahren gewirkt, ist an mehreren Orten schon angedeutet. Fremdes konnt' ich wohl in meinen Nutzen verwenden, aber nicht aufnehmen, deshalb ich mich denn über das Fremde mit andern eben so wenig zu verständigen vermochte. Eben so wunderlich sah es mit der Produktion aus; diese hielt immer gleichen Schritt mit meinem Lebensgange, und da dieser selbst für meine nächsten Freunde meist ein Geheimnis blieb, so wußte man selten mit einem meiner neuen Produkte sich zu befreunden, weil man denn doch etwas Ähnliches zu dem schon Bekannten erwartete.

War ich nun schon mit meinen sieben Brüdern übel angekommen, weil sie Schwester Iphigenien nicht im mindesten glichen, so merkt' ich wohl daß ich die Freunde durch meinen »Groß-Cophta«, der längst gedruckt war, sogar verletzt hatte; es war die Rede nicht davon und ich hütete mich sie darauf zu bringen. Indessen wird man mir gestehen, daß ein Autor, der in der Lage ist seine neusten Werke nicht vortragen oder darüber reden zu dürfen, sich so peinlich fühlen muß wie ein Komponist der seine neusten Melodien zu wiederholen sich gehindert fühlte.

Mit meinen Naturbetrachtungen wollte es mir kaum besser glücken; die ernstliche Leidenschaft womit ich diesem Geschäft nachhing konnte niemand begreifen, niemand sah wie sie aus meinem Innersten entsprang; sie hielten dieses löbliche Bestreben für einen grillenhaften Irrtum; ihrer Meinung nach konnt' ich was Besseres tun und meinem Talent die alte Richtung lassen und geben. Sie glaubten sich hiezu um desto mehr berechtigt, als meine Denkweise sich an die ihrige nicht anschloß, vielmehr in den meisten Punkten gerade das Gegenteil aussprach. Man kann sich keinen isoliertern Menschen denken als ich damals war und lange Zeit blieb. Der Hylozoismus, oder wie man es nennen will, dem ich anhing und dessen tiefen Grund ich in seiner Würde und Heiligkeit unberührt ließ, machte mich unempfänglich, ja unleidsam gegen jene Denkweise, die eine tote, auf welche Art es auch sei, auf- und angeregte Materie als Glaubensbekenntnis aufstellte. Ich hatte mir aus Kants Naturwissenschaft nicht entgehen lassen, daß Anziehungs- und Zurückstoßungskraft zum Wesen der Materie gehören und keine von der andern im Begriff der Materie getrennt werden könne; daraus ging mir die Urpolarität aller Wesen hervor, welche die unendliche Mannichfaltigkeit der Erscheinungen durchdringt und belebt.

Schon bei dem früheren Besuche der Fürstin Gallitzin mit Fürstenberg und Hemsterhuis in Weimar hatte ich dergleichen vorgebracht, ward aber als wie mit gotteslästerlichen Reden bei Seite und zur Ruhe gewiesen.

Man kann es keinem Kreise verdenken, wenn er sich in sich selbst abschließt; und das taten meine Freunde zu Pempelfort redlich. Von der schon ein Jahr gedruckten »Metamorphose der Pflanzen« hatten sie wenig Kenntnis genommen, und wenn ich meine morphologischen Gedanken, so geläufig sie mir auch waren, in bester Ordnung und wie es mir schien bis zur kräftigsten Überzeugung vortrug, so mußte ich doch leider bemerken, daß die starre Vorstel-

*Augenvignette auf dem Umschlag für das als Beilage zum ersten Stück der »Beiträge zur Optik« entworfene »Optische Kartenspiel«. Farbiger Holzschnitt nach Goethes Handzeichnung, 1791*

lungsart: nichts könne werden als was schon sei, sich aller Geister bemächtigt habe. In Gefolg dessen mußt' ich denn auch wieder hören: daß alles Lebendige aus dem Ei komme, worauf ich denn mit bitterm Scherze die alte Frage hervorhob: ob denn die Henne oder das Ei zuerst gewesen? Die Einschachtelungslehre schien so plausibel und die Natur mit Bonnet zu kontemplieren höchst erbaulich.

Von meinen »Beiträgen zur Optik« hatte auch etwas verlautet, und ich ließ mich nicht lange bitten die Gesellschaft mit einigen Phänomenen und Versuchen zu unterhalten, wo mir denn ganz Neues vorzubringen nicht schwer fiel: denn alle Personen, so gebildet sie auch waren, hatten das gespaltene Licht eingelernt und wollten leider das lebendige, woran sie sich erfreuten, auf jene tote Hypothese zurückgeführt wissen.

Doch ließ ich mir dergleichen eine Zeit lang gern gefallen, denn ich hielt niemals einen Vortrag ohne daß ich dabei gewonnen hätte; gewöhnlich gingen mir unter'm Sprechen neue Lichter auf, und ich erfand im Fluß der Rede am gewissesten.

Freilich konnte ich auf diese Weise nur didaktisch und dogmatisch verfahren, eine eigentlich dialektische und konversierende Gabe war mir nicht verliehen. Oft aber trat auch eine böse Gewohnheit hervor, deren ich mich anklagen muß: da mir das Gespräch, wie es gewöhnlich geführt wird, höchst langweilig war, indem nichts als beschränkte individuelle Vorstellungsarten zur Sprache kamen, so pflegte ich den unter Menschen gewöhnlich entspringenden bornierten Streit durch gewaltsame Paradoxe aufzuregen und an's Äußerste zu führen. Dadurch war die Gesellschaft meist verletzt und in mehr als Einem Sinne verdrießlich. Denn oft, um meinen Zweck zu erreichen, mußt' ich das böse Prinzip spielen, und da die Menschen gut sein und auch mich gut haben wollten, so ließen sie es nicht durchgehen; als Ernst konnte man es nicht gelten lassen, weil es nicht gründlich, als Scherz nicht, weil es zu herb war; zuletzt nannten sie mich einen umgekehrten Heuchler und versöhnten sich bald wieder mit mir. Doch kann ich nicht leugnen, daß ich durch diese böse Manier mir manche Person entfremdet, andere zu Feinden gemacht habe.

Wie mit dem Zauberstäbchen jedoch konnte ich sogleich alle bösen Geister vertreiben, wenn ich von Italien zu erzählen anfing. Auch dahin war ich unvorbereitet, unvorsichtig gegangen; Abenteuer fehlten keineswegs, das Land selbst, seine Anmut und Herrlichkeit hatte ich mir völlig eingeprägt; mir war Gestalt, Farbe, Haltung jener vom günstigsten Himmel umschienenen Landschaft noch unmittelbar gegenwärtig. Die schwachen Versuche eigenen Nachbildens hatten das Gedächtnis geschärft, ich konnte beschreiben als wenn ich's vor mir sähe; von belebender Staffage wimmelte es durch und durch, und so war jedermann von den lebhaft vorbeigeführten Bilderzügen zufrieden, manchmal entzückt.

Wünschenswert wäre nunmehr, daß man, um die Anmut des Pempelforter Aufenthalts vollkommen darzustellen, auch die Örtlichkeit, worin dies alles vorging, klar vergegenwärtigen könnte. Ein freistehendes geräumiges Haus, in der Nachbarschaft von weitläufigen wohlgehaltenen Gärten, im Sommer ein Paradies, auch im Winter höchst erfreulich. Jeder Sonnenblick ward in reinlicher freier Umgebung genossen; Abends oder bei ungünstigem Wetter zog man sich gern in die schönen großen Zimmer zurück, die behaglich, ohne Prunk ausgestattet, eine würdige Szene jeder geistreichen Unterhaltung darboten. Ein großes Speisezimmer, zahlreicher Familie und nie fehlenden Gästen geräumig, heiter und bequem, lud an eine lange Tafel, wo es nicht an wünschenswerten Speisen fehlte. Hier fand man sich zusammen, der Hauswirt immer munter und aufregend, die Schwestern wohlwollend und einsichtig, der Sohn ernst und hoffnungsvoll, die Tochter wohlgebildet, tüchtig, treuherzig und liebenswürdig, an die leider schon vorübergegangene Mutter und an die früheren Tage erinnernd, die man vor zwanzig Jahren in Frankfurt mit ihr zugebracht hatte. Heinse, mit zur Familie gehörig, verstand Scherze jeder Art zu erwidern; es gab Abende wo man nicht aus dem Lachen kam.

Die wenigen einsamen Stunden, die mir in diesem gastfreisten aller Häuser übrig blieben, wendete ich im Stillen an eine wunderliche Arbeit. Ich hatte während der Campagne, neben dem Tagebuch, poetische Tagesbefehle, satirische Ordres du jour aufgezeichnet, nun wollte ich sie durchsehen und redigieren; allein ich bemerkte bald, daß ich mit kurzsichtigem Dünkel manches falsch gesehen und unrichtig beurteilt habe, und da man gegen nichts strenger ist als gegen erst abgelegte Irrtümer, es auch bedenklich schien dergleichen Papiere irgend einem Zufall auszusetzen, so vernichtete ich das ganze Heft in einem lebhaften Steinkohlenfeuer; worüber ich mich nun insofern betrübe, als es mir jetzt viel wert zur Einsicht in den Gang der Vorfälle und die Folge meiner Gedanken darüber sein würde.

In dem nicht weit entfernten Düsseldorf wurden fleißige Besuche gemacht bei Freunden die zu dem Pempelforter Zirkel gehörten; auf der Galerie war die gewöhnliche Zusammenkunft. Dort ließ sich eine entschiedene Neigung für die italienische Schule spüren, man zeigte sich höchst ungerecht gegen die niederländische; freilich war der hohe Sinn der ersten anziehend, edle Gemüter hinreißend. Einst hatten wir uns lange in dem Saale des Rubens und der vorzüglichsten Niederländer aufgehalten; als wir heraustraten, hing die Himmelfahrt von Guido gerade gegenüber, da rief einer begeistert aus: »Ist es einem nicht zu Mute, als wenn man aus einer Schenke in gute Gesellschaft käme!« An meinem Teil konnt' ich mir gefallen lassen, daß die Meister, die mich noch vor kurzem über den Alpen entzückt, sich so herrlich zeigten und leidenschaftliche Bewunderung erweckten; doch sucht' ich mich auch mit den Niederländern bekannt zu machen, deren Tugenden und Vorzüge im höchsten Grade sich hier den Augen darstellten, ich fand mir Gewinn für's ganze Leben.

Was mir aber noch mehr auffiel, war daß ein gewisser Freiheitssinn, ein Streben nach Demokratie sich in die hohen Stände verbreitet hatte; man schien nicht zu fühlen was alles erst zu verlieren sei, um zu irgend einer Art zweideutigen Gewinnes zu gelangen. Lafayettes und Mirabeaus Büste, von Houdon sehr natürlich und ähnlich gebildet, sah ich hier göttlich verehrt, jenen wegen seiner ritterlichen und bürgerlichen Tugenden, diesen wegen Geisteskraft und Rednergewalt. So seltsam schwankte schon die Gesinnung der Deutschen; einige waren selbst in Paris gewesen, hatten die bedeutenden Männer reden hören, handeln sehen und waren, leider nach deutscher Art und Weise, zur Nachahmung aufgeregt worden, und das gerade zu einer Zeit, wo die Sorge für das linke Rheinufer sich in Furcht verwandelte.

Die Not schien dringend: Emigrierte füllten Düsseldorf, selbst die Brüder des Königs kamen an; man eilte sie zu sehen, ich traf sie auf der Galerie und erinnerte mich dabei, wie sie durchnäßt bei dem Auszuge aus Glorieux gesehen worden. Herr von Grimm und Frau von Bueil erschienen gleichfalls. Bei Überfüllung der Stadt hatte sie ein Apotheker aufgenommen; das Naturalienkabinett diente zum Schlafzimmer; Affen, Papageien und andres Getier belauschten den Morgenschlaf der liebenswürdigsten Dame; Muscheln und Korallen hinderten die Toilette sich gehörig auszubreiten, und so war das Einquartierungsübel, das wir kaum erst nach Frankreich gebracht hatten, wieder zu uns herübergeführt.

Frau von Coudenhoven, eine schöne geistreiche Dame, sonst die Zierde des Mainzer Hofes, hatte sich auch hieher geflüchtet. Herr und Frau von Dohm kamen von deutscher

*Honoré Gabriel Comte de Mirabeau (1749-1791), Abgeordneter in der Nationalversammlung*

Seite heran, um von den Zuständen nähere Kenntnisse zu nehmen.

Frankfurt war noch von den Franzosen besetzt, die Kriegsbewegungen hatten sich zwischen die Lahn und das Taunusgebirge gezogen; bei täglich abwechselnden, bald sichern bald unsichern Nachrichten war das Gespräch lebhaft und geistreich, aber wegen streitenden Interesses und Meinungen gewährte es nicht immer eine erfreuliche Unterhaltung. Ich konnte einer so problematischen, durchaus ungewissen, dem Zufall unterworfenen Sache keinen Ernst abgewinnen und war mit meinen paradoxen Späßen mitunter aufheiternd, mitunter lästig.

So erinnere ich mich, daß an dem Abendtische der Frankfurter Bürger mit Ehren gedacht ward, sie sollten sich gegen Custine männlich und gut betragen haben; ihre Aufführung und Gesinnung, hieß es, steche gar sehr ab gegen die unerlaubte Weise, wie sich die Mainzer betragen und noch betrügen. Frau von Coudenhoven, in dem Enthusiasmus der sie sehr gut kleidete, rief aus: sie gäbe viel darum eine Frankfurter Bürgerin zu sein. Ich erwiderte: das sei etwas Leichtes, ich wisse ein Mittel, werde es aber als Geheimnis für mich behalten. Da man nun heftig und heftiger in mich drang, erklärte ich zuletzt, die treffliche Dame dürfe mich nur heiraten, wodurch sie augenblicklich zur Frankfurter Bürgerin umgeschaffen werde. Allgemeines Gelächter!

Und was kam nicht alles zur Sprache! Als einst von der unglücklichen Campagne, besonders von der Kanonade bei Valmy die Rede war, versicherte Herr von Grimm: es sei von meinem wunderlichen Ritt in's Kanonenfeuer an des Königs Tafel die Rede gewesen; wahrscheinlich hatten die Offiziere, denen ich damals begegnete, davon gesprochen; das Resultat ging darauf hinaus: daß man sich darüber nicht wundern müsse, weil gar nicht zu berechnen sei, was man von einem seltsamen Menschen zu erwarten habe.

Auch ein sehr geschickter, geistreicher Arzt nahm Teil an

unsern Halbsaturnalien, und ich dachte nicht in meinem Übermut, daß ich seiner so bald bedürfen würde. Er lachte daher zu meinem Ärger laut auf, als er mich im Bette fand, wo ein gewaltiges rheumatisches Übel, das ich mir durch Verkältung zugezogen, mich beinahe unbeweglich festhielt. Er, ein Schüler des Geheimerat Hofmann, dessen tüchtige Wunderlichkeiten, von Mainz und dem kurfürstlichen Hofe aus, bis weit hinunter den Rhein gewirkt, verfuhr sogleich mit Kampfer, welcher fast als Universalmedizin galt. Löschpapier, Kreide darauf gerieben, sodann mit Kampfer bestreut, ward äußerlich, Kampfer gleichfalls, in kleinen Dosen, innerlich angewandt. Dem sei nun wie ihm wolle, ich war in einigen Tagen hergestellt.

Die Langeweile jedoch des Leidens ließ mich manche Betrachtung anstellen, die Schwäche, die aus einem bettlägrigen Zustande gar leicht erfolgt, ließ mich meine Lage bedenklich finden, das Fortschreiten der Franzosen in den Niederlanden war bedeutend und durch den Ruf vergrößert, man sprach täglich und stündlich von neuangekommenen Ausgewanderten.

Mein Aufenthalt in Pempelfort war schon lang genug, und ohne die herzlichste Gastfreiheit der Familie hätte jeder glauben müssen dort lästig zu sein; auch hatte sich mein Bleiben nur zufällig verlängert; ich erwartete täglich und stündlich meine böhmische Chaise, die ich nicht gern zurücklassen wollte; sie war von Trier schon in Coblenz angekommen und sollte von dort bald weiter herab spediert werden; da sie jedoch ausblieb, vermehrte sich die Ungeduld, die mich in den letzten Tagen ergriffen hatte. Jacobi überließ mir einen bequemen, obgleich an Eisen ziemlich schweren Reisewagen. Alles zog, wie man hörte, nach Westphalen hinein, und die Brüder des Königs wollten dort ihren Sitz aufschlagen.

Und so schied ich denn mit dem wunderlichsten Zwiespalt; die Neigung hielt mich in dem freundlichsten Kreise, der sich soeben auch höchst beunruhigt fühlte, und ich sollte die edelsten Menschen in Sorgen und Verwirrung hinter mir lassen, bei schrecklichem Weg und Wetter mich nun wieder in die wilde wüste Welt hinauswagen, von dem Strome mit fortgezogen der unaufhaltsam eilenden Flüchtlinge, selbst mit Flüchtlingsgefühl.

Und doch hatte ich Aussicht unterwegs auf die angenehmste Einkehr, indem ich so nahe bei Münster die Fürstin Gallitzin nicht umgehen durfte.

Duisburg. November.

Und so fand ich mich denn abermals, nach Verlauf von vier Wochen, zwar viele Meilen weit entfernt von dem Schauplatz unseres ersten Unheils, doch wieder in derselben Gesellschaft, in demselben Gedränge der Emigrierten, die nun, jenseits entschieden vertrieben, diesseits nach Deutschland strömten, ohne Hülfe und ohne Rat.

Zu Mittag in dem Gasthof etwas spät angekommen saß ich am Ende der langen Tafel; Wirt und Wirtin, die mir als einem Deutschen den Widerwillen gegen die Franzosen schon ausgesprochen hatten, entschuldigten daß alle guten Plätze von diesen unwillkommenen Gästen besetzt seien. Hiebei wurde bemerkt, daß unter ihnen, trotz aller Erniedrigung, Elend und zu befürchtender Armut, noch immer dieselbe Rangsucht und Unbescheidenheit gefunden werde.

Indem ich nun die Tafel hinauf sah, erblickt' ich ganz oben, quer vor, an der ersten Stelle einen alten, kleinen, wohlgestalteten Mann von ruhigem, beinahe nichtigem Betragen. Er mußte vornehm sein, denn zwei Nebensitzende erwiesen ihm die größte Aufmerksamkeit, wählten die ersten und besten Bissen ihm vorzulegen und man hätte beinahe sagen können, daß sie ihm solche zum Munde führten. Mir blieb nicht lange verborgen, daß er vor Alter seiner Sinne kaum mächtig, als ein bedauernswürdiges Automat, den Schatten eines früheren wohlhabenden und ehrenvollen Lebens kümmerlich durch die Welt schleppe, indessen zwei Ergebene ihm den Traum des vorigen Zustandes wieder herbeizuspiegeln trachteten.

Ich beschaute mir die übrigen; das bedenklichste Schicksal war auf allen Stirnen zu lesen: Soldaten, Kommissäre, Abenteurer vielleicht zu unterscheiden; alle waren still, denn jeder hatte seine eigene Not zu übertragen, sie sahen ein grenzenloses Elend vor sich.

Etwa in der Hälfte des Mittagsmahles kam noch ein hübscher junger Mann herein, ohne ausgezeichnete Gestalt, oder irgend ein Abzeichen, man konnte an ihm den Fußwanderer nicht verkennen. Er setzte sich still gegen mir über, nachdem er den Wirt um ein Couvert begrüßt hatte, und speiste was man ihm nachholte und vorsetzte mit ruhigem Betragen. Nach aufgehobener Tafel trat ich zum Wirt, der mir in's Ohr sagte: Ihr Nachbar soll seine Zeche nicht teuer bezahlen! Ich begriff nichts von diesen Worten, aber als der junge Mann sich näherte und fragte: was er schuldig sei? erwiderte der Wirt, nachdem er sich flüchtig über die Tafel umgeschaut, die Zeche sei ein Kopfstück. Der Fremde schien betreten und sagte: das sei wohl ein Irrtum, denn er habe nicht allein ein gutes Mittagsessen gehabt, sondern auch einen Schoppen Wein; das müsse mehr betragen. Der Wirt antwortete darauf ganz ernsthaft: er pflege seine Rechnung selbst zu machen und die Gäste erlegten gerne, was er forderte. Nun zahlte der junge Mann, entfernte sich bescheiden und verwundert; sogleich aber löste mir der Wirt das Rätsel. Dies ist der erste von diesem vermaledeiten Volke, rief er aus, der schwarz Brot gegessen hat, das mußte ihm zu Gute kommen.

In Duisburg wußt' ich einen einzigen alten Bekannten, den ich aufzusuchen nicht versäumte; Professor Plessing war es, mit dem sich vor vielen Jahren ein sentimental-romanhaftes Verhältnis anknüpfte, wovon ich hier das Nähere mitteilen will, da unsere Abendunterhaltung dadurch aus den unruhigsten Zeiten in die friedlichsten Tage versetzt wurde.

Werther bei seinem Erscheinen in Deutschland hatte keineswegs, wie man ihm vorwarf, eine Krankheit, ein Fieber erregt, sondern nur das Übel aufgedeckt, das in jungen Gemütern verborgen lag. Während eines langen und glücklichen Friedens hatte sich eine literarisch-ästhetische Ausbildung auf deutschem Grund und Boden, innerhalb der Nationalsprache, auf das schönste entwickelt; doch gesellte sich bald, weil der Bezug nur auf's Innere ging, eine gewisse Sentimentalität hinzu, bei deren Ursprung und Fortgang man den Einfluß von Yorik-Sterne nicht verkennen darf. Wenn auch sein Geist nicht über den Deutschen schwebte, so teilte sich sein Gefühl um desto lebhafter mit. Es entstand eine Art zärtlich leidenschaftlicher Asketik, welche, da uns die humoristische Ironie des Briten nicht gegeben war, in eine leidige Selbstquälerei gewöhnlich ausarten mußte. Ich hatte mich persönlich von diesem Übel zu befreien gesucht und trachtete nach meiner Überzeugung andern hülfreich zu sein; das aber war schwerer als man denken konnte, denn eigentlich kam es drauf an, einem jeden gegen sich selbst beizustehen, wo denn von aller Hülfe, wie sie uns die äußere Welt anbietet, es sei Erkenntnis, Belehrung, Beschäftigung, Begünstigung, die Rede gar nicht sein konnte.

Hier müssen wir nun gar manche damals mit einwirkende Tätigkeiten stillschweigend übergehen, aber zu unseren Zwecken macht sich nötig eines andern großen, für sich waltenden Bestrebens umständlicher zu gedenken.

Lavaters Physiognomik hatte dem sittlich geselligen Interesse eine ganz andere Wendung verliehen. Er fühlte sich im Besitz der geistigsten Kraft, jene sämtlichen Eindrücke zu deuten, welche des Menschen Gesicht und Gestalt auf einen jeden ausübt, ohne daß er sich davon Rechenschaft zu geben wüßte; da er aber nicht geschaffen war, irgend eine

Abstraktion methodisch zu suchen, so hielt er sich am einzelnen Falle, und also am Individuum.

Heinrich Lips, ein talentvoller junger Künstler, besonders geeignet zum Porträt, schloß sich fest an ihn, und sowohl zu Hause als auf der unternommenen Rheinreise kam er seinem Gönner nicht von der Seite. Nun ließ Lavater, teils aus Heißhunger nach grenzenloser Erfahrung, teils um so viel bedeutende Menschen als möglich an sein künftiges Werk zu gewöhnen und zu knüpfen, alle Personen abbilden, die nur einigermaßen durch Stand und Talent, durch Charakter und Tat ausgezeichnet ihm begegneten.

Dadurch kam denn freilich gar manches Individuum zur Evidenz, es ward etwas mehr wert, aufgenommen in einen so edlen Kreis, seine Eigenschaften wurden durch den deutsamen Meister hervorgehoben, man glaubte sich einander näher zu kennen; und so ergab sich's auf's sonderbarste, daß mancher Einzelne in seinem persönlichen Wert entschieden hervortrat, der sich bisher im bürgerlichen Lebens- und Staatsgange ohne Bedeutung eingeordnet und eingeflochten gesehen.

Diese Wirkung war stärker und größer, als man sie denken mag; ein jeder fühlte sich berechtigt von sich selbst, als von einem abgeschlossenen abgerundeten Wesen das Beste zu denken, und in seiner Einzelnheit vollständig gekräftigt, hielt er sich auch wohl für befugt, Eigenheiten, Torheiten und Fehler in den Komplex seines werten Daseins mit aufzunehmen. Dergleichen Erfolg konnte sich um so leichter entwickeln, als bei dem ganzen Verfahren die besondere individuelle Natur allein, ohne Rücksicht auf die allgemeine Vernunft, die doch alle Natur beherrschen soll, zur Sprache kam; dagegen war das religiose Element, worin Lavater schwebte, nicht hinreichend, eine sich immer mehr entscheidende Selbstgefälligkeit zu mildern, ja es entstand bei Frommgesinnten daraus eher ein geistlicher Stolz, der es dem natürlichen an Erhebung auch wohl zuvor tat.

Was aber zugleich nach jener Epoche folgerecht auffallend hervorging, war die Achtung der Individuen unter einander. Namhafte ältere Männer wurden, wo nicht persönlich, doch im Bilde verehrt; und es durfte auch wohl ein junger Mann sich nur einigermaßen bedeutend hervortun, so war alsbald der Wunsch nach persönlicher Bekanntschaft rege, in deren Ermangelung man sich mit seinem Porträt begnügte; wobei denn die, mit Sorgfalt und gutem Geschick, auf's genaueste gezogenen Schattenrisse willkommene Dienste leisteten. Jedermann war darin geübt, und kein Fremder zog vorüber, den man nicht Abends an die Wand geschrieben hätte; die Storchschnäbel durften nicht rasten.

Menschenkenntnis und Menschenliebe waren uns bei diesem Verfahren versprochen, wechselseitige Teilnahme hatte sich entwickelt, wechselseitiges Kennen und Erkennen aber wollte sich so schnell nicht entfalten; zu beiden Zwecken jedoch war die Tätigkeit sehr groß, und was in diesem Sinne von einem herrlich begabten jungen Fürsten, von seiner wohlgesinnten, geistreich lebhaften Umgebung für Aufmunterung und Födernis nah und fern gewirkt ward, wäre schön zu erzählen, wenn es nicht löblich schiene, die Anfänge bedeutender Zustände einem ehrwürdigen Dunkel anheim zu geben. Vielleicht sahen die Kotyledonen jener Saat etwas wunderlich aus; der Ernte jedoch, woran das Vaterland und die Außenwelt ihren Anteil freudig dahin nahm, wird in den spätesten Zeiten noch immer ein dankbares Andenken nicht ermangeln.

Wer Vorgesagtes in Gedanken festhält, und sich davon durchdringt, wird nachstehendes Abenteuer, welches beide Teilnehmende unter dem Abendessen vergnüglich in der Erinnerung belebten, weder unwahrscheinlich noch ungereimt finden.

Zu manchem andern, brieflichen und persönlichen Zudrang erhielt ich in der Hälfte des Jahres 1776 von Wernigerode datiert, Plessing unterzeichnet, ein Schreiben, vielmehr ein Heft, fast das Wunderbarste was mir in jener selbstquälerischen Art vor Augen gekommen; man erkannte daran einen jungen, durch Schulen und Universität gebildeten Mann, dem nun aber sein sämtlich Gelerntes zu eigener, innerer, sittlicher Beruhigung nicht gedeihen wollte. Eine geübte Handschrift war gut zu lesen, der Stil gewandt und fließend, und ob man gleich eine Bestimmung zum Kanzelredner darin entdeckte, so war doch alles frisch und brav aus dem Herzen geschrieben, daß man ihm einen gegenseitigen Anteil nicht versagen konnte. Wollte nun aber dieser Anteil lebhaft werden, suchte man sich die Zustände des Leidenden näher zu entwickeln, so glaubte man statt des Duldens Eigensinn, statt des Ertragens Hartnäckigkeit, und statt eines sehnsüchtigen Verlangens abstoßendes Wegweisen zu bemerken. Da ward mir denn nach jenem Zeitsinn der Wunsch lebhaft rege, diesen jungen Mann von Angesicht zu sehen; ihn aber zu mir zu bescheiden, hielt ich nicht für rätlich. Ich hatte mir, unter bekannten Umständen, schon eine Zahl von jungen Männern aufgebürdet, die, anstatt mit mir auf meinem Wege einer reineren höheren Bildung entgegen zu gehen, auf dem ihrigen verharrend, sich nicht besser befanden, und mich in meinen Fortschritten hinderten. Ich ließ die Sache indessen hängen, von der Zeit irgend eine Vermittelung erwartend. Da erhielt ich einen zweiten kürzern, aber auch lebhafteren, heftigern Brief, worin der Schreiber auf Antwort und Erklärung drang, und sie ihm nicht zu versagen mich feierlichst beschwor.

Aber auch dieser wiederholte Sturm brachte mich nicht aus der Fassung; die zweiten Blätter gingen mir so wenig als die ersten zu Herzen, aber die herrische Gewohnheit jungen Männern meines Alters in Herzens- und Geistesnöten beizustehen, ließ mich sein doch nicht ganz vergessen.

Die um einen trefflichen jungen Fürsten versammelte Weimarische Gesellschaft trennte sich nicht leicht, ihre Beschäftigungen und Unternehmungen, Scherze, Freuden und Leiden waren gemeinsam. Da ward nun zu Ende Novembers eine Jagdpartie auf wilde Schweine, notgedrungen auf das häufige Klagen des Landvolks, im Eisenachischen unternommen, der ich, als damaliger Gast, auch beizuwohnen hatte; ich erbat mir jedoch die Erlaubnis nach einem kleinen Umweg mich anschließen zu dürfen.

Nun hatte ich einen wundersamen geheimen Reiseplan. Ich mußte nämlich, nicht nur etwa von Geschäftsleuten sondern auch von vielen am Ganzen teilnehmenden Weimarern, öfter den lebhaften Wunsch hören, es möge doch das Ilmenauer Bergwerk wieder aufgenommen werden. Nun ward von mir, der ich nur die allgemeinsten Begriffe von Bergbau allenfalls besaß, zwar weder Gutachten noch Meinung, doch Anteil verlangt, aber diesen konnt' ich an irgend einem Gegenstand nur durch unmittelbares Anschauen gewinnen. Ich dachte mir unerläßlich vor allen Dingen das Bergwesen in seinem ganzen Komplex, und wär' es auch nur flüchtig, mit Augen zu sehen und mit dem Geiste zu fassen, denn alsdann nur konnt' ich hoffen in das Positive weiter einzudringen und mich mit dem Historischen zu befreunden. Deshalb hatt' ich mir längst eine Reise auf den Harz gedacht, und gerade jetzt, da ohnehin diese Jahreszeit in Jagdlust unter freiem Himmel zugebracht werden sollte, fühlte ich mich dahin getrieben. Alles Winterwesen hatte überdies in jener Zeit für mich große Reize, und was die Bergwerke betraf, so war ja in ihren Tiefen weder Winter noch Sommer merkbar; wobei ich zugleich gern bekenne, daß die Absicht meinen wunderlichen Korrespondenten persönlich zu sehen und zu prüfen wohl die Hälfte des Gewichtes meinem Entschluß hinzufügte.

Indem sich nun die Jagdlustigen nach einer andern Seite hin begaben, ritt ich ganz allein dem Ettersberge zu und begann jene Ode, die unter dem Titel »Harzreise im Winter« so lange als Rätsel unter meinen kleineren Gedichten Platz gefunden. Im düstern und von Norden her sich heranwälzenden Schneegewölk schwebte hoch ein Geier über mir. Die Nacht verblieb ich in Sondershausen, und gelangte des andern Tags so bald nach Nordhausen, daß ich gleich nach Tische weiter zu gehen beschloß, aber mit Boten und Laterne nach mancherlei Gefährlichkeiten erst sehr spät in Ilfeld ankam.

Ein ansehnlicher Gasthof war glänzend erleuchtet, es schien ein besonderes Fest darin gefeiert zu werden. Erst wollte der Wirt mich gar nicht aufnehmen: die Kommissarien der höchsten Höfe, hieß es, seien schon lange hier beschäftigt, wichtige Einrichtungen zu treffen, und verschiedene Interessen zu vereinbaren, und da dies nun glücklich vollendet sei, gäben sie heute Abend einen allgemeinen Schmaus. Auf dringende Vorstellung jedoch und einige Winke des Boten, daß man mit mir nicht übel fahre, erbot sich der Mann mir den Bretterverschlag in der Wirtsstube, seinen eigentlichen Wohnsitz, und zugleich sein weißzuüberziehendes Ehebett einzuräumen. Er führte mich durch das weite hellerleuchtete Wirtszimmer, da ich mir denn im Vorbeigehen die sämtlichen munteren Gäste flüchtig beschaute.

Doch sie sämtlich zu meiner Unterhaltung näher zu betrachten, gab mir in den Brettern des Verschlags eine Astlücke die beste Gelegenheit, die seine Gäste zu belauschen, dem Wirte selbst oft dienen mochte. Ich sah die lange und wohlerleuchtete Tafel von unten hinauf, ich überschaute sie wie man oft die Hochzeit von Kana gemalt sieht; nun musterte ich bequem von oben bis herab also: Vorsitzende, Räte, andere Teilnehmende, und dann immer so weiter, Sekretarien, Schreiber und Gehülfen. Ein glücklich geendigtes beschwerliches Geschäft schien eine Gleichheit aller tätig Teilnehmenden zu bewirken, man schwatzte mit Freiheit, trank Gesundheiten, wechselte Scherz um Scherz, wobei einige Gäste bezeichnet schienen, Witz und Spaß an ihnen zu üben; genug, es war ein fröhliches bedeutendes Mahl, das ich bei dem hellsten Kerzenscheine in seinen Eigentümlichkeiten ruhig beobachten konnte, eben als wenn der hinkende Teufel mir zur Seite stehe und einen ganz fremden Zustand unmittelbar zu beschauen und zu erkennen mich begünstigte. Und wie dies mir nach der düstersten Nachtreise in den Harz hinein ergötzlich gewesen, werden die Freunde solcher Abenteuer beurteilen. Manchmal schien es mir ganz gespensterhaft, als säh' ich in einer Berghöhle wohlgemute Geister sich erlustigen.

Nach einer wohl durchschlafenen Nacht eilte ich frühe, von einem Boten abermals geleitet, der Baumannshöhle zu, ich durchkroch sie, und betrachtete mir das fortwirkende Naturereignis ganz genau. Schwarze Marmormassen aufgelöst, zu weißen krystallinischen Säulen und Flächen wieder hergestellt, deuteten mir auf das fortwebende Leben der Natur. Freilich verschwanden vor dem ruhigen Blick alle die Wunderbilder, die sich eine düster wirkende Einbildungskraft so gern aus formlosen Gestalten erschaffen mag; dafür blieb aber auch das eigne wahre desto reiner zurück, und ich fühlte mich dadurch gar schön bereichert.

Wieder an's Tageslicht gelangt schrieb ich die notwendigsten Bemerkungen, zugleich aber auch mit ganz frischem Sinn die ersten Strophen des Gedichts, das unter dem Titel »Harzreise im Winter«, die Aufmerksamkeit mancher Freunde bis auf die letzten Zeiten erregt hat; davon mögen denn die Strophen, welche sich auf den nun bald zu erblikkenden wunderlichen Mann beziehen, hier Platz finden, weil sie mehr als viele Worte den damaligen liebevollen Zustand meines Innern auszusprechen geeignet sind.

Aber abseits wer ist's?
In's Gebüsch verliert sich sein Pfad,
Hinter ihm schlagen

Die Sträuche zusammen,
Das Gras steht wieder auf,
Die Öde verschlingt ihn.

Ach! wer heilet die Schmerzen
Des, dem Balsam zu Gift ward?
Der sich Menschenhaß
Aus der Fülle der Liebe trank?
Erst verachtet, nun ein Verächter,
Zehrt er heimlich auf
Seinen eigenen Wert
In ungnügender Selbstsucht.

Ist auf deinem Psalter,
Vater der Liebe, ein Ton
Seinem Ohr vernehmlich,
So erquicke sein Herz!
Öffne den umwölkten Blick
Über die tausend Quellen
Neben dem Durstenden
In der Wüste.

Im Gasthof zu Wernigerode angekommen ließ ich mich mit dem Kellner in ein Gespräch ein, ich fand ihn als einen sinnigen Menschen, der seine städtischen Mitgenossen ziemlich zu kennen schien. Ich sagt' ihm darauf, es sei meine Art, wenn ich an einem fremden Ort ohne besondere Empfehlung anlangte, mich nach jüngern Personen zu erkundigen, die sich durch Wissenschaft und Gelehrsamkeit auszeichneten; er möge mir daher jemanden der Art nennen, damit ich einen angenehmen Abend zubrächte. Darauf erwiderte ohne weiteres Bedenken der Kellner: es werde mir gewiß mit der Gesellschaft des Herrn Plessing gedient sein, dem Sohne des Superintendenten; als Knabe sei er schon in Schulen ausgezeichnet worden, und habe noch immer den Ruf eines fleißigen guten Kopfes, nur wolle man seine finstere Laune tadeln, und nicht gut finden, daß er mit unfreundlichem Betragen sich aus der Gesellschaft ausschließe. Gegen Fremde sei er zuvorkommend, wie Beispiele bekannt wären; wollte ich angemeldet sein, so könne es sogleich geschehen.

Der Kellner brachte mir bald eine bejahende Antwort und führte mich hin. Es war schon Abend geworden, als ich in ein großes Zimmer des Erdgeschosses, wie man es in geistlichen Häusern antrifft, hineintrat und den jungen Mann in der Dämmerung noch ziemlich deutlich erblickte. Allein an einigen Symptomen konnt' ich bemerken, daß die Eltern eilig das Zimmer verlassen hatten, um dem unvermuteten Gaste Platz zu machen.

Das hereingebrachte Licht ließ mich den jungen Mann nunmehr ganz deutlich erkennen, er glich seinem Briefe völlig, und so wie jenes Schreiben erregte er Interesse ohne Anziehungskraft auszuüben.

Um ein näheres Gespräch einzuleiten, erklärt' ich mich für einen Zeichenkünstler von Gotha, der wegen Familienangelegenheiten in dieser unfreundlichen Jahrszeit Schwester und Schwager in Braunschweig zu besuchen habe.

Mit Lebhaftigkeit fiel er mir beinahe in's Wort und rief aus: Da Sie so nahe an Weimar wohnen, so werden Sie doch auch diesen Ort, der sich so berühmt macht, öfters besucht haben. Dieses bejaht' ich ganz einfach und fing an von Rat Kraus, von der Zeichenschule, von Legationsrat Bertuch und dessen unermüdeter Tätigkeit zu sprechen; ich vergaß weder Musäus noch Jagemann, Kapellmeister Wolf und einige Frauen, und bezeichnete den Kreis, den diese wackern Personen abschlossen und jeden Fremden willig und freundlich unter sich aufnahmen.

Endlich fuhr er etwas ungeduldig heraus: Warum nennen Sie denn Goethe nicht? Ich erwiderte daß ich diesen auch wohl in gedachtem Kreise als willkommenen Gast gesehen und von ihm selbst persönlich als fremder Künstler wohl aufgenommen und gefördert worden, ohne daß ich weiter viel von ihm zu sagen wisse, da er teils allein, teils in andern Verhältnissen lebe.

Der junge Mann, der mit unruhiger Aufmerksamkeit zugehört hatte, verlangte nunmehr mit einigem Ungestüm, ich solle ihm das seltsame Individuum schildern, das so viel von sich reden mache. Ich trug ihm darauf mit großer Ingenuität eine Schilderung vor, die für mich nicht schwer wurde, da die seltsame Person in der seltsamsten Lage mir gegenwärtig stand, und wäre ihm von der Natur nur etwas mehr Herzenssagazität gegönnt gewesen, so konnte ihm nicht verborgen bleiben, daß der vor ihm stehende Gast sich selbst schildere.

Er war einigemal im Zimmer auf- und abgegangen, indes die Magd hereintrat, eine Flasche Wein und sehr reinlich bereitetes kaltes Abendbrot auf den Tisch setzte; er schenkte beiden ein, stieß an und schluckte das Glas sehr lebhaft hinunter. Und kaum hatte ich mit etwas gemäßigtern Zügen das meinige geleert, ergriff er heftig meinen Arm und rief: O, verzeihen Sie meinem wunderlichen Betragen! Sie haben mir aber so viel Vertrauen eingeflößt, daß ich Ihnen alles entdecken muß. Dieser Mann, wie Sie mir ihn beschreiben, hätte mir doch antworten sollen; ich habe ihm einen ausführlichen herzlichen Brief geschickt, ihm meine Zustände, meine Leiden geschildert, ihn gebeten sich meiner anzunehmen, mir zu raten, mir zu helfen, und nun sind schon Monate verstrichen, ich vernehme nichts von ihm; wenigstens hätte ich ein ablehnendes Wort auf ein so unbegrenztes Vertrauen wohl verdient.

Ich erwiderte darauf, daß ich ein solches Benehmen weder erklären noch entschuldigen könne, so viel wisse ich aber, aus eigener Erfahrung, daß ein gewaltiger, sowohl ideeller als reeller Zudrang diesen sonst wohlgesinnten, wohlwollenden und hülfsfertigen jungen Mann oft außer Stand setze sich zu bewegen, geschweige zu wirken. – Sind wir zufällig so weit gekommen, sprach er darauf mit einiger Fassung, den Brief muß ich Ihnen vorlesen, und Sie sollen urteilen, ob er nicht irgend eine Antwort, irgend eine Erwiderung verdiente.

Ich ging im Zimmer auf und ab die Vorlesung zu erwarten, ihrer Wirkung schon beinahe ganz gewiß, deshalb nicht weiter nachdenkend, um mir selbst in einem so zarten Falle nicht vorzugreifen. Nun saß er gegen mir über und fing an die Blätter zu lesen, die ich in- und auswendig kannte, und vielleicht war ich niemals mehr von der Behauptung der Physiognomisten überzeugt, ein lebendiges Wesen sei in allem seinem Handeln und Betragen vollkommen übereinstimmend mit sich selbst, und jede in die Wirklichkeit hervorgetretene Monas erzeige sich in vollkommener Einheit ihrer Eigentümlichkeiten. Der Lesende paßte völlig zu dem Gelesenen, und wie dieses früher in der Abwesenheit mich nicht ansprach, so war es nun auch mit der Gegenwart; man konnte zwar dem jungen Mann eine Achtung nicht versagen, eine Teilnahme, die mich denn auch auf einen so wunderlichen Weg geführt hatte: denn ein ernstliches Wollen sprach sich aus, ein edler Sinn und Zweck; aber obschon von den zärtlichsten Gefühlen die Rede war, blieb der Vortrag ohne Anmut, und eine ganz eigens beschränkte Selbstigkeit tat sich kräftig hervor. Als er nun geendet hatte, fragte er mit Hast, was ich dazu sage, und ob ein solches Schreiben nicht eine Antwort verdient, ja gefordert hätte?

Indessen war mir der bedauernswürdige Zustand dieses jungen Mannes immer deutlicher geworden; er hatte nämlich von der Außenwelt niemals Kenntnis genommen, dagegen sich durch Lektüre mannichfaltig ausgebildet, alle seine Kraft und Neigung aber nach innen gewendet und sich auf diese Weise, da er in der Tiefe seines Lebens kein produktives Talent fand, so gut als zu Grunde gerichtet; wie ihm denn sogar Unterhaltung und Trost, dergleichen uns aus der

Beschäftigung mit alten Sprachen so herrlich zu gewinnen offen steht, völlig abzugehen schien.

Da ich an mir und andern schon glücklich erprobt hatte, daß in solchem Fall eine rasche, gläubige Wendung gegen die Natur und ihre grenzenlose Mannichfaltigkeit das beste Heilmittel sei, so wagt' ich alsobald den Versuch es auch in diesem Falle anzuwenden und ihm daher nach einigem Bedenken folgendermaßen zu antworten:

Ich glaube zu begreifen, warum der junge Mann, auf den Sie so viel Vertrauen gesetzt, gegen Sie stumm geblieben, denn seine jetzige Denkweise weicht zu sehr von der Ihrigen ab, als daß er hoffen dürfte sich mit Ihnen verständigen zu können. Ich habe selbst einigen Unterhaltungen in jenem Kreise beigewohnt und behaupten hören: man werde sich aus einem schmerzlichen, selbstquälerischen, düstern Seelenzustande nur durch Naturbeschauung und herzliche Teilnahme an der äußern Welt retten und befreien. Schon die allgemeinste Bekanntschaft mit der Natur, gleichviel von welcher Seite, ein tätiges Eingreifen, sei es als Gärtner oder Landbebauer, als Jäger oder Bergmann, ziehe uns von uns selbst ab; die Richtung geistiger Kräfte auf wirkliche wahrhafte Erscheinungen gebe nach und nach das größte Behagen, Klarheit und Belehrung: wie denn der Künstler, der sich treu an der Natur halte und zugleich sein Inneres auszubilden suche, gewiß am besten fahren werde.

Der junge Freund schien darüber sehr unruhig und ungeduldig, wie man über eine fremde oder verworrene Sprache, deren Sinn wir nicht vernehmen, ärgerlich zu werden anfängt. Ich darauf, ohne sonderliche Hoffnung eines glücklichen Erfolgs, eigentlich aber um nicht zu verstummen, fuhr zu reden fort. Mir, als Landschaftsmaler, sagte ich, mußte dies zu allererst einleuchten, da ja meine Kunst unmittelbar auf die Natur gewiesen ist; doch habe ich seit jener Zeit emsiger und eifriger als bisher nicht etwa nur ausgezeichnete und auffallende Naturbilder und Erscheinungen betrachtet, sondern mich zu allem und jedem liebevoll hingewendet. Damit ich mich nun aber nicht in's Allgemeine verlöre, erzählte ich wie mir sogar diese notgedrungene Winterreise, anstatt beschwerlich zu sein, dauernden Genuß gewährt; ich schilderte ihm mit malerischer Poesie, und doch so unmittelbar und natürlich als ich nur konnte, den Vorschritt meiner Reise, jenen morgendlichen Schneehimmel über den Bergen, die mannichfaltigsten Tageserscheinungen, dann bot ich seiner Einbildungskraft die wunderlichen Turm- und Mauerbefestigungen von Nordhausen, gesehen bei hereinbrechender Abenddämmerung, ferner die nächtlich rauschenden, von des Boten Laterne zwischen Bergschluchten flüchtig erleuchtet blinkenden Gewässer, und gelangte sodann zur Baumannshöhle. Hier aber unterbrach er mich lebhaft und versicherte: der kurze Weg den er daran gewendet gereue ihn ganz eigentlich; sie habe keineswegs dem Bilde sich gleich gestellt, das er in seiner Phantasie entworfen. Nach dem Vorhergegangenen konnten mich solche krankhafte Symptome nicht verdrießen: denn wie oft hatte ich erfahren müssen, daß der Mensch den Wert einer klaren Wirklichkeit gegen ein trübes Phantom seiner düstern Einbildungskraft von sich ablehnt. Eben so wenig war ich verwundert, als er auf meine Frage: wie er sich denn die Höhle vorgestellt habe, eine Beschreibung machte wie kaum der kühnste Theatermaler den Vorhof des Plutonischen Reiches darzustellen gewagt hätte.

Ich versuchte hierauf noch einige propädeutische Wendungen als Versuchsmittel einer zu unternehmenden Kur; ich ward aber mit der Versicherung, es könne und solle ihm nichts in dieser Welt genügen, so entschieden abgewiesen, daß mein Innerstes sich zuschloß und ich mein Gewissen, durch den beschwerlichen Weg, im Bewußtsein des besten Willens, völlig befreit und mich gegen ihn von jeder weiteren Pflicht entbunden glaubte.

Es war schon spät geworden, als er mir den zweiten, noch

heftigern, mir gleichfalls nicht unbekannten brieflichen Erlaß vorlesen wollte, doch aber meine Entschuldigung wegen allzugroßer Müdigkeit gelten ließ, indem er zugleich eine Einladung auf morgen zu Tische im Namen der Seinigen dringend hinzufügte; wogegen ich mir die Erklärung auf morgen ganz in der Frühe vorbehielt. Und so schieden wir friedlich und schicklich; seine Persönlichkeit ließ einen ganz individuellen Eindruck zurück. Er war von mittlerer Größe, seine Gesichtszüge hatten nichts Anlockendes aber auch nichts eigentlich Abstoßendes, sein düsteres Wesen erschien nicht unhöflich, er konnte vielmehr für einen wohlerzogenen jungen Mann gelten, der sich in der Stille auf Schulen und Akademien zu Kanzel und Lehrstuhl vorbereitet hatte.

Heraustretend fand ich den völlig aufgehellten Himmel von Sternen blinken, Straßen und Plätze mit Schnee überdeckt, blieb auf einem schmalen Steg ruhig stehen und beschaute mir die winternächtliche Welt. Zugleich überdacht' ich das Abenteuer und fühlte mich fest entschlossen den jungen Mann nicht wieder zu sehen; in Gefolg dessen bestellt' ich mein Pferd auf Tagesanbruch, übergab ein anonymes entschuldigendes Bleistiftblättchen dem Kellner, dem ich zugleich so viel Gutes und Wahres von dem jungen Manne, den er mir bekannt gemacht, zu sagen wußte, welches denn der gewandte Bursche mit eigner Zufriedenheit gewiß wohl benutzt haben mag.

Nun ritt ich an dem Nordosthange des Harzes im grimmigen, mich zur Seite bestürmenden Stöberwetter, nachdem ich vorher den Rammelsberg, Messing-Hütten und die sonstigen Anstalten der Art beschaut und ihre Weise mir eingeprägt hatte, nach Goslar, wovon ich diesmal nicht weiter erzähle, da ich mich künftig mit meinen Lesern darüber umständlich zu unterhalten hoffe.

Ich wüßte nicht wie viel Zeit vorüber gegangen, ohne daß ich etwas weiter von dem jungen Manne gehört hätte, als unerwartet an einem Morgen mir ein Billet in's Gartenhaus bei Weimar zukam, wodurch er sich anmeldete; ich schrieb ihm einige Worte dagegen, er werde mir willkommen sein. Ich erwartete nun einen seltsamen Erkennungs-Auftritt, allein er blieb hereintretend ganz ruhig und sprach: Ich bin nicht überrascht Sie hier zu finden, die Handschrift Ihres Billets rief mir so deutlich jene Züge wieder in's Gedächtnis, die Sie, aus Wernigerode scheidend, mir hinterließen, daß ich keinen Augenblick zweifelte jenen geheimnisvollen Reisenden abermals hier zu finden.

Schon dieser Eingang war erfreulich, und es eröffnete sich ein trauliches Gespräch, worin er mir seine Lage zu entwickeln trachtete und ich ihm dagegen meine Meinung nicht vorenthielt. Inwiefern sich seine inneren Zustände wirklich gebessert hatten, wüßt' ich nicht mehr anzugeben, es mußte aber damit nicht so gar schlimm aussehen, denn wir schieden nach mehreren Gesprächen friedlich und freundlich, nur daß ich sein heftiges Begehren nach leidenschaftlicher Freundschaft und innigster Verbindung nicht erwidern konnte.

Noch eine Zeit lang unterhielten wir ein briefliches Verhältnis; ich kam in den Fall ihm einige reelle Dienste zu leisten, deren er sich denn auch bei gegenwärtiger Zusammenkunft dankbar erinnerte, so wie denn überhaupt das Zurückschauen in jene früheren Tage beiden Teilen einige angenehme Stunden gewährte. Er, nach wie vor immer nur mit sich selbst beschäftigt, hatte viel zu erzählen und mitzuteilen. Ihm war geglückt im Laufe der Jahre sich den Rang eines geachteten Schriftstellers zu erwerben, indem er die Geschichte älterer Philosophie ernstlich behandelte, besonders derjenigen die sich zum Geheimnis neigt, woraus er denn die Anfänge und Urzustände der Menschen abzuleiten trachtete. Seine Bücher, die er mir wie sie herauskamen zusendete, hatte ich freilich nicht gelesen; jene Bemühungen lagen zu weit von demjenigen ab was mich interessierte.

Seine gegenwärtigen Zustände fand ich auch keineswegs behaglich; er hatte Sprach- und Geschichtskenntnisse, die er so lange versäumt und abgelehnt, endlich mit wütender Anstrengung erstürmt und durch dieses geistige Unmaß sein Physisches zerrüttet; zudem schienen seine ökonomischen Umstände nicht die besten, wenigstens erlaubte sein mäßiges Einkommen ihm nicht sich sonderlich zu pflegen und zu schonen; auch hatte sich das düstere jugendliche Treiben nicht ganz ausgleichen können; noch immer schien er einem Unerreichbaren nachzustreben, und als die Erinnerung früherer Verhältnisse endlich erschöpft war, so wollte keine eigentlich frohe Mitteilung statt finden. Meine gegenwärtige Art zu sein konnte fast noch entfernter von der seinigen als jemals angesehen werden. Wir schieden jedoch in dem besten Vernehmen, aber auch ihn verließ ich in Furcht und Sorge wegen der drangvollen Zeit.

Den verdienten Merrem besuchte ich gleichfalls, dessen schöne naturhistorische Kenntnisse alsbald eine frohere Unterhaltung gewährten. Er zeigte mir manches Bedeutende vor, schenkte mir sein Werk über die Schlangen, und so ward ich aufmerksam auf seinen weitern Lebensgang, woraus mir mancher Nutzen erwuchs; denn das ist der höchst erfreuliche Vorteil von Reisen, daß einmal erkannte Persönlichkeiten und Lokalitäten unsern Anteil zeitlebens nicht loslassen.

Münster November 1792.

Der Fürstin angemeldet hoffte ich gleich den behaglichsten Zustand; allein ich sollte noch vorher eine zeitgemäße Prüfung erdulden: denn auf der Fahrt von mancherlei Hindernissen aufgehalten, gelangte ich erst tief in der Nacht zur Stadt. Ich hielt nicht für schicklich, durch einen solchen Überfall gleich beim Eintritt die Gastfreundschaft in diesem Grade zu prüfen; ich fuhr daher an einen Gasthof, wo mir aber Zimmer und Bette durchaus versagt wurde; die Emigrierten hatten sich in Masse auch hierher geworfen und

*Amalia Fürstin von Gallitzin.*
*Zeichnung von Hemsterhuis, gestochen*
*von Heß, 1781*

jeden Winkel gefüllt. Unter diesen Umständen bedachte ich mich nicht lange und brachte die Stunden auf einem Stuhle in der Wirtsstube hin, immer noch bequemer als vor kurzem, da beim dichtesten Regenwetter von Dach und Fach nichts zu finden war.

Auf diese geringe Entbehrung erfuhr ich den andern Morgen das Allerbeste. Die Fürstin ging mir entgegen, ich fand in ihrem Hause zu meiner Aufnahme alles vorbereitet. Das Verhältnis von meiner Seite war rein, ich kannte die Glieder des Zirkels früher genugsam, ich wußte daß ich in einen frommen sittlichen Kreis hereintrat und betrug mich darnach. Von jener Seite benahm man sich gesellig, klug und nicht beschränkend.

Die Fürstin hatte uns vor Jahren in Weimar besucht, mit von Fürstenberg und Hemsterhuis; auch ihre Kinder waren von der Gesellschaft; damals verglich man sich schon über gewisse Punkte und schied, einiges zugebend, anderes duldend, im besten Vernehmen. Sie war eines der Individuen, von denen man sich gar keinen Begriff machen kann, wenn man sie nicht gesehen hat, die man nicht richtig beurteilt, wenn man eben diese Individualität nicht in Verbindung, so wie im Konflikt mit ihrer Zeitumgebung betrachtet. Von Fürstenberg und Hemsterhuis, zwei vorzügliche Männer, begleiteten sie treulich, und in einer solchen Gesellschaft war das Gute so wie das Schöne immerfort wirksam und unterhaltend. Letzterer war indessen gestorben, jener nunmehr um so viel Jahre älter, immer derselbe verständige, edle, ruhige Mann; und welche sonderbare Stellung in der Mitwelt! Geistlicher, Staatsmann, so nahe den Fürstenthron zu besteigen.

Die ersten Unterhaltungen, nachdem das persönliche Andenken früherer Zeit sich ausgesprochen hatte, wandten sich auf Hamann, dessen Grab in der Ecke des entlaubten Gartens mir bald in die Augen schien.

Seine großen unvergleichlichen Eigenschaften gaben zu

*Der Prinzipalmarkt in Münster. Kupferstich, 1777*

*Johann Georg Hamann (1730-1788).*
*Bleistiftzeichnung aus Goethes Besitz*

*Franz Freiherr von Fürstenberg (1728-1810).*
*Gipsbüste von G. M. Klauer, 1785*

*Franz Hemsterhuis (1721-1790).*
*Büste vom G. M. Klauer, 1785*

Diese Sammlung hatte die Fürstin zum größten Teile entstehen sehen, Einsicht, Geschmack und Liebe daran gewonnen, und besaß sie nun als Nachlaß eines abgeschiedenen Freundes, der in diesen Schätzen immer als gegenwärtig erschien.

Hemsterhuis' Philosophie, die Fundamente derselben, seinen Ideengang konnt' ich mir nicht anders zu eigen machen, als wenn ich sie in meine Sprache übersetzte. Das Schöne und das an demselben Erfreuliche sei, so sprach er sich aus, wenn wir die größte Menge von Vorstellungen in Einem Moment bequem erblicken und fassen; ich aber mußte sagen: das Schöne sei, wenn wir das gesetzmäßig Lebendige in seiner größten Tätigkeit und Vollkommenheit schauen, wodurch wir zur Reproduktion gereizt uns gleichfalls lebendig und in höchste Tätigkeit versetzt fühlen. Genau betrachtet ist eins und ebendasselbe gesagt, nur von verschiedenen Menschen ausgesprochen, und ich enthalte mich mehr zu sagen; denn das Schöne ist nicht sowohl leistend als versprechend, dagegen das Häßliche, aus einer Stockung entstehend, selbst stocken macht und nichts hoffen, begehren und erwarten läßt.

Ich glaubte mir auch den Brief über die Skulptur hiernach meinem Sinne gemäß zu deuten; ferner schien mir das Büchlein über das Begehren auf diesem Wege klar: denn wenn das heftig verlangte Schöne in unsern Besitz kommt, so hält es nicht immer im Einzelnen was es im Ganzen versprach, und so ist es offenbar, daß dasjenige, was uns als Ganzes aufregte, im Einzelnen nicht durchaus befriedigen wird.

Diese Betrachtungen waren um so bedeutender, als die Fürstin ihren Freund heftig nach Kunstwerken verlangen aber im Besitz erkalten gesehen, was er so scharfsinnig und liebenswürdig in obgemeldetem Büchlein ausgeführt hatte. Dabei hat man freilich den Unterschied zu bedenken, ob der Gegenstand des für ihn empfundenen Enthusiasmus würdig sei; ist er es, so muß Freude und Bewunderung immer daran wachsen, sich stets erneuen; ist er es nicht ganz, so geht das Thermometer um einige Grade zurück und man gewinnt an Einsicht, was man an Vorurteil verlor. Deshalb es wohl ganz richtig ist, daß man Kunstwerke kaufen müsse, um sie kennen zu lernen, damit das Verlangen aufgehoben und der wahre Wert festgestellt werde. Indessen muß auch hier Sehnsucht und Befriedigung in einem pulsierenden Leben mit einander abwechseln, sich gegenseitig ergreifen und loslassen, damit der einmal Betrogene nicht aufhöre zu begehren.

Wie empfänglich die Sozietät, in der ich mich befand, für solche Gespräche sein mochte, wird derjenige am besten beurteilen der von Hemsterhuis' Werken Kenntnis genommen hat, welche, in diesem Kreise entsprungen, ihm auch Leben und Nahrung verdankten.

Zu den geschnittenen Steinen aber wieder zurückzukehren war mehrmals höchst erfreulich; und man mußte dies gewiß als einen der sonderbarsten Fälle ansehen, daß gerade die Blüte des Heidentums in einem christlichen Hause verwahrt und hochgeschätzt werden sollte. Ich versäumte nicht die allerliebsten Motive hervorzuheben, die aus diesen würdigen kleinen Gebilden dem Auge entgegen sprangen. Auch hier durfte man sich nicht verleugnen, daß Nachahmung großer würdiger älterer Werke, die für uns ewig verloren wären, in diesen engen Räumen juwelenhaft aufgehoben worden, und es fehlte fast an keiner Art. Der tüchtigste Herkules mit Efeu bekränzt durfte seinen kolossalen Ursprung nicht verleugnen; ein ernstes Medusenhaupt, ein Bacchus, der ehemals im Mediceischen Kabinett verwahrt worden, allerliebste Opfer und Bacchanalien, und zu allem diesem die schätzbarsten Porträte von bekannten und unbekannten Personen mußten bei wiederholter Betrachtung bewundert werden.

Aus solchen Gesprächen, die ungeachtet ihrer Höhe und

Tiefe nicht Gefahr liefen sich in's Abstruse zu verlieren, schien eine Vereinigung hervorzugehen, indem jede Verehrung eines würdigen Gegenstandes immer von einem religiosen Gefühl begleitet ist. Doch konnte man sich nicht verbergen, daß die reinste christliche Religion mit der wahren bildenden Kunst immer sich zwiespältig befinde, weil jene sich von der Sinnlichkeit zu entfernen strebt, diese nun aber das sinnliche Element als ihren eigentlichsten Wirkungskreis anerkennt und darin beharren muß. In diesem Geiste schrieb ich nachstehendes Gedicht augenblicklich nieder.

Amor, nicht aber das Kind, der Jüngling, der Psychen verführte,
 Sah im Olympus sich um, frech und der Siege gewohnt;
Eine Göttin erblickt' er, vor allen die herrlichste Schöne,
 Venus Urania war's, und er entbrannte für sie.
Ach, und die Heilige selbst, sie widerstand nicht dem Werben,
 Und der Verwegene hielt fest sie im Arme bestrickt.
Da entstand aus ihnen ein neuer lieblicher Amor,
 Der dem Vater den Sinn, Sitte der Mutter verdankt;
Immer findest du ihn in holder Musen Gesellschaft,
 Und sein reizender Pfeil stiftet die Liebe der Kunst.

Mit diesem allegorischen Glaubensbekenntnis schien man nicht ganz unzufrieden; indessen blieb es auf sich selbst beruhen, und beide Teile machten sich's zur Pflicht von ihren Gefühlen und Überzeugungen nur dasjenige hervorzukehren, was gemeinsam wäre und zu wechselseitiger Belehrung und Ergötzung ohne Widerstreit gereichen könnte.

Immer aber konnten die geschnittenen Steine als ein herrliches Mittelglied eingeschoben werden, wenn die Unter-

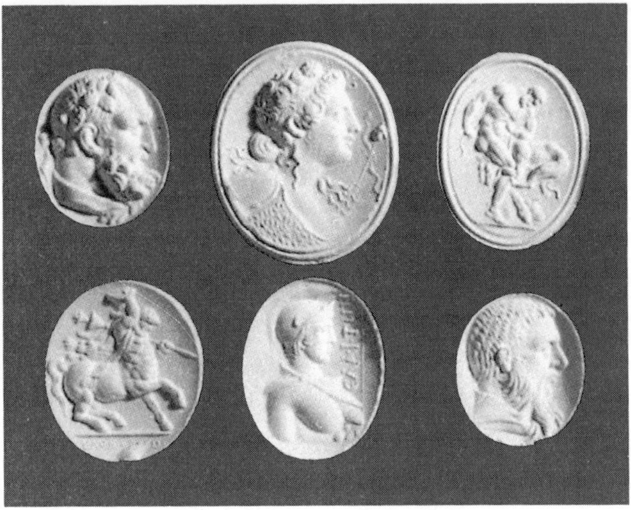

*Abgüsse von Gemmen*
*aus der Hemsterhuis-Gallitzinschen*
*Sammlung*

haltung irgend lückenhaft zu werden drohte. Ich von meiner Seite konnte freilich nur das Poetische schätzen, das Motiv selbst, Komposition, Darstellung überhaupt beurteilen und rühmen, dagegen die Freunde dabei noch ganz andere Betrachtungen anzustellen gewohnt waren. Denn es ist für den Liebhaber, der solche Kleinodien anschaffen, den Besitz zu einer würdigen Sammlung erheben will, nicht genug zur Sicherheit seines Erwerbs, daß er Geist und Sinn der köstlichen Kunstarbeit einsehe und sich daran ergötze, sondern er muß auch äußerliche Kennzeichen zu Hülfe rufen, die für den, der nicht selbst technischer Künstler im gleichen Fache ist, höchst schwierig sein möchten. Hemsterhuis hatte mit seinem Freunde Natter viele Jahre darüber korrespondiert, wovon sich noch bedeutende Briefe vorfanden. Hier kam nun erst die Steinart selbst zur Sprache in welcher gearbeitet worden, indem man sich der einen in frühern, der andern in folgenden Zeiten bedient; sodann war vor allen Dingen eine größere Ausführlichkeit im Auge zu halten, wo man auf bedeutende Zeiten schließen konnte, so wie flüchtige Arbeit bald auf Geist, teils auf Unfähigkeit teils auf Leichtsinn hindeutete, frühere oder spätere Epochen zu erkennen gab. Besonders legte man großen Wert auf die Politur vertiefter Stellen und glaubte darin ein unverwerfliches Zeugnis der besten Zeiten zu sehen. Ob aber ein geschnittener Stein entschieden antik oder neu sei, darüber wagte man keine festen Kriterien anzugeben; Freund Hemsterhuis habe selbst nur mit Beistimmung jenes trefflichen Künstlers sich über diesen Punkt zu beruhigen gewußt.

Ich konnte nicht verbergen daß ich hier in ein ganz frisches Feld gerate, wo ich mich höchst bedeutend angesprochen fühle und nur die Kürze der Zeit bedaure, wodurch ich die Gelegenheit mir abgeschnitten sehe, meine Augen sowohl als den innern Sinn auch auf diese Bedingungen kräftiger zu richten. Bei einem solchen Anlasse äußerte sich die Fürstin heiter und einfach: sie sei geneigt mir die Sammlung mitzugeben, damit ich solche zu Hause mit Freunden und Kennern studieren und mich in diesem bedeutenden Zweige der bildenden Kunst, mit Zuziehung von Schwefel- und Glaspasten, umsehen und bestärken möchte. Dieses Anerbieten, das ich für kein leeres Kompliment halten durfte und für mich höchst reizend war, lehnt' ich jedoch dankbarlichst ab; und ich gestehe daß mir im Innern die Art, wie dieser Schatz aufbewahrt wurde, eigentlich das größte Bedenken gab. Die Ringe waren in einzelnen Kästchen, einer allein, zwei, drei, wie es der Zufall gegeben hatte, neben einander gesteckt; es war unmöglich beim Vorzeigen am Ende zu bemerken ob wohl einer fehle; wie denn die Fürstin selbst gestand, daß einst in der besten Gesellschaft ein Herkules abhanden gekommen, den man erst späterhin vermißt habe. Sodann schien es bedenklich genug in gegenwärtiger Zeit sich mit einem solchen Wert zu beschweren und eine höchst bedeutende ängstliche Verantwortung zu übernehmen. Ich suchte daher mit der freundlichsten Dankbarkeit die schicklichsten ablehnenden Gründe vorzubringen, welche Einrede die Freundin wohlwollend in Betracht zu ziehen schien, indem ich nun um desto eifriger die Aufmerksamkeit auf diese Gegenstände, insofern es sich nur einigermaßen schicken wollte, zu lenken suchte.

Von meinen Naturbetrachtungen aber, die ich, weil auch wenig Glück für sie hier am Orte zu hoffen war, eher verheimlichte, war ich doch genötigt einige Rechenschaft zu geben. Von Fürstenberg brachte zur Sprache, daß er mit Verwunderung, welche beinahe wie Befremden aussah, hie und da gehört habe, wie ich der Physiognomik wegen die allgemeine Knochenlehre studiere, wovon sich doch schwerlich irgend eine Beihülfe zu Beurteilung der Gesichtszüge des Menschen hoffen lasse. Nun mocht' ich wohl bei einigen Freunden, das für einen Dichter ganz unschicklich gehaltene Studium der Osteologie zu entschuldigen und einigermaßen einzuleiten, geäußert haben, ich sei, wie es denn wirklich auch an dem war, durch Lavaters Physiognomik in dieses Fach wieder eingeführt worden, da ich in meinen akademischen Jahren darin die erste Bekanntschaft gesucht hatte. Lavater selbst, der glücklichste Beschauer organisierter Oberflächen, sah sich, in Anerkennung daß Muskel- und Hautgestalt und ihre Wirkung von dem entschiedenen inneren Knochengebilde durchaus abhängen müsse, getrieben, mehrere Tierschädel in sein Werk abbilden zu lassen, und selbige mir zu einem flüchtigen Kommentar darüber zu empfehlen. Was ich aber gegenwärtig hievon wiederholen oder in demselben Sinne zu Gunsten meines Verfahrens aufbringen wollte, konnte mir wenig helfen, indem zu jener Zeit ein solcher wissenschaftlicher Grund allzuweit ablag und man, im augenblicklichen geselligen Leben befangen, nur den beweglichen Gesichtszügen, und vielleicht gar nur in leidenschaftlichen Momenten, eine gewisse Bedeutung zugestand, ohne zu bedenken daß hier nicht etwa bloß ein regelloser Schein wirken könne, sondern daß das Äußere, Bewegliche, Veränderliche als ein wichtiges bedeutendes Resultat eines innern entschiedenen Lebens betrachtet werden müsse.

Glücklicher als in diesen Vorträgen, war ich in Unterhaltung größerer Gesellschaft; geistliche Männer von Sinn und Verstand, heranstrebende Jünglinge, wohlgestaltet und wohlerzogen, an Geist und Gesinnung viel versprechend, waren gegenwärtig. Hier wählte ich unaufgefordert die Römischen Kirchenfeste, Karwoche und Ostern, Fronleichnam und Peter Paul; sodann zur Erheiterung die Pferdeweihe, woran auch andere Haus- und Hoftiere Teil nehmen. Diese Feste waren mir damals nach allen charakteristischen Einzelheiten vollkommen gegenwärtig, denn ich ging darauf aus, ein Römisches Jahr zu schreiben, den Verlauf geistlicher und weltlicher Öffentlichkeiten; daher ich denn auch sogleich, jene Feste nach einem reinen direkten Eindruck darzustellen im Stande, meinen katholischen frommen Zirkel mit meinen vorgeführten Bildern eben so zufrieden sah, als die Weltkinder mit dem Karneval. Ja einer von den Gegenwärtigen, mit den Gesamtverhältnissen nicht genau bekannt, hatte im Stillen gefragt: ob ich denn wirklich katholisch sei? Als die Fürstin mir dieses erzählte, eröffnete sie mir noch ein anderes; man hatte ihr nämlich vor meiner Ankunft geschrieben, sie solle sich vor mir in Acht nehmen, ich wisse mich so fromm zu stellen, daß man mich für religios, ja für katholisch halten könne.

Geben Sie mir zu, verehrte Freundin, rief ich aus, ich stelle mich nicht fromm, ich bin es am rechten Orte, mir fällt nicht schwer mit einem klaren unschuldigen Blick alle Zustände zu beachten, und sie wieder auch eben so rein darzustellen. Jede Art fratzenhafter Verzerrung, wodurch sich dünkelhafte Menschen nach eigener Sinnesweise an dem Gegenstand versündigen, war mir von jeher zuwider. Was mir widersteht, davon wend' ich den Blick weg, aber manches, was ich nicht gerade billige, mag ich gern in seiner Eigentümlichkeit erkennen; da zeigt sich denn meist, daß die andern eben so Recht haben nach ihrer eigentümlichen Art und Weise zu existieren, als ich nach der meinigen. Hiedurch war man denn auch wegen dieses Punkts aufgeklärt, und eine, freilich keineswegs zu lobende, heimliche Einmischung in unsere Verhältnisse hatte gerade im Gegenteil, wie sie Mißtrauen erregen wollte, Vertrauen erregt.

In einer solchen zarten Umgebung wär' es nicht möglich gewesen herb oder unfreundlich zu sein, im Gegenteil fühlt' ich mich milder als seit langer Zeit, und es hätte mir wohl kein größeres Glück begegnen können, als daß ich nach dem schrecklichen Kriegs- und Fluchtwesen endlich wieder fromme menschliche Sitte auf mich einwirken fühlte.

Einer so edlen, guten, sittlich frohen Gesellschaft war ich jedoch in einem Punkte ungefällig, ohne daß ich selbst weiß wie es zugegangen ist. Ich war wegen eines glücklichen, freien, bedeutenden Vorlesens berühmt, man wünschte mich zu hören, und da man wußte, daß ich die »Louise« von Voß, wie sie im Novemberheft des Merkur 1784 erschienen war, leidenschaftlich verehrte und sie gerne vortrug, spielte man darauf an ohne zudringlich zu sein; man legte das Merkurstück unter den Spiegel, und ließ mich gewähren. Und nun wüßt' ich nicht zu sagen, was mich abhielt; mir war wie Sinn und Lippe versiegelt, ich konnte das Heft nicht aufnehmen, mich nicht entschließen, eine Pause des Gesprächs zu meiner und der andern Freude zu nutzen; die Zeit ging hin und ich wundere mich noch über diese unerklärliche Verstocktheit.

Der Tag des Abschieds nahete heran, man mußte doch sich einmal trennen. Nun, sagte die Fürstin, hier gilt keine Widerrede, Sie müssen die geschnittenen Steine mitnehmen, ich verlange es. Als ich aber meine Weigerung auf das höflichste und freundlichste fortbehauptete, sagte sie zuletzt: So muß ich Ihnen denn eröffnen, warum ich es fordere. Man hat mir abgeraten Ihnen diesen Schatz anzuvertrauen, und eben deswegen will ich, muß ich es tun; man hat mir vorgestellt, daß ich Sie doch auf diesen Grad nicht kenne, um auch in einem solchen Falle von Ihnen ganz gewiß zu sein. Darauf habe ich, fuhr sie fort, erwidert: Glaubt ihr denn nicht, daß der Begriff, den ich von ihm habe, mir lieber sei, als diese Steine? Sollt' ich die Meinung von ihm verlieren, so mag dieser Schatz auch hinterdrein gehen. Ich konnte nun weiter nichts erwidern, indem sie durch eine solche Äußerung in eben dem Grad mich zu ehren und zu verpflichten wußte. Jedes übrige Hindernis räumte sie weg; vorhandene Schwefelabgüsse, katalogiert, waren zu Kontrolle, sollte sie nötig befunden werden, in einem sauberen Kästchen mit den Originalen eingepackt, und ein sehr kleiner Raum faßte die leicht transportablen Schätze.

So nahmen wir treulichen Abschied, ohne jedoch sogleich zu scheiden; die Fürstin kündigte mir an, sie wolle mich auf die nächste Station begleiten, setzte sich zu mir im

*Poststelle in Lichtenau, Goethes letzte Reisestation in Westfalen*

Wagen, der ihrige folgte. Die bedeutenden Punkte des Lebens und der Lehre kamen abermals zur Sprache, ich wiederholte mild und ruhig mein gewöhnliches Credo, auch sie verharrte bei dem ihrigen. Jedes zog nun seines Weges nach Hause; sie mit dem nachgelassenen Wunsche: mich wo nicht hier doch dort wieder zu sehen.

Diese Abschiedsformel wohldenkender freundlicher Katholiken war mir nicht fremd, noch zuwider, ich hatte sie oft bei vorübergehenden Bekanntschaften in Bädern, und sonst meist von wohlwollenden mir freundlichst zugetanen Geistlichen vernommen, und ich sehe nicht ein, warum ich irgend jemand verargen sollte, der wünscht mich in seinen Kreis zu ziehen, wo sich nach seiner Überzeugung ganz allein ruhig leben, und, einer ewigen Seligkeit versichert, ruhig sterben läßt.

Durch Vorsorge, auf Anregung der edlen Freundin, ward ich von dem Postmeister nicht allein rasch gefördert, sondern auch durch Laufzettel weiter angemeldet und empfohlen, welches angenehm und höchst notwendig war. Denn ich hatte bei schöner freundschaftlicher friedlicher Unterhaltung vergessen, daß Kriegesflucht mir nachstürme; und leider fand ich unterwegs die Schar der Emigrierten, die sich immer weiter nach Deutschland hineindrängte, und gegen welche die Postillione eben so wenig als am Rhein günstig gesinnt waren. Gar oft kein gebahnter Weg, man fuhr bald hüben, bald drüben, begegnete und kreuzte sich. Heidegebüsch und Gesträuche, Wurzelstumpfen, Sand, Moor und Binsen, eins so unbequem und unerfreulich wie das andere. Auch ohne Leidenschaftlichkeit ging es nicht ab.

Ein Wagen blieb stecken, Paul sprang geschwind herab und zu Hülfe; er glaubte, die schönen Französinnen, die er in Düsseldorf in den traurigsten Umständen wieder angetroffen, seien abermals im Falle seines Beistandes zu bedürfen. Die Dame hatte ihren Gemahl nicht wieder gefunden, und war, in dem Strudel des Unheils mit fortgerissen und geängstigt, endlich über den Rhein geworfen worden.

Hier aber in dieser Wüste erschien sie nicht; einige alte ehrwürdige Damen forderten unsere Teilnahme. Als aber unser Postillion halten und mit seinen Pferden dem dortigen Wagen zu Hülfe kommen sollte, weigerte er sich trotzig und sagte: wir sollten nur zu unserm eignen, mit Silber und Gold genugsam beschwerten Wagen ernstlich sehen, damit wir nicht etwa stecken blieben, oder umgeworfen würden; denn ob er es gleich mit uns redlich meine, so ständ' er doch in dieser Wüstenei für nichts.

Glücklicherweise, unser Gewissen zu beschwichtigen, hatte sich eine Anzahl westphälischer Bauern um jenen Wagen versammelt und gegen ein bedungenes gutes Trinkgeld ihn wieder auf den fahrbaren Weg gebracht.

An unserm Fuhrwerk war freilich das Eisen das schwerste, und der kostbare Schatz den wir mit uns führten so leicht, um in einer leichten Chaise nicht bemerkt zu werden. Wie lebhaft wünscht' ich mir mein böhmisches Wägelchen herbei! Gleichwohl gab mir jenes Vorurteil, welches wichtige Schätze bei uns voraussetzte, doch immer eine Art von Unruhe. Wir hatten bemerkt daß ein Postillion dem andern die Notiz von Überschwere des Wagens und die Vermutung von Geld und Kostbarkeiten jederzeit überlieferte. Nun aber wurden wir wegen vorausgeschickter Postzettel, deren richtige Stunde wir ohnehin des schlechten Wetters wegen nicht einhielten, auf jeder Station eilig vorwärts gedrängt und ganz eigentlich in die Nacht hinausgestoßen, da uns denn wirklich der bängliche Fall begegnete, daß der Postillion in düsterer Nacht schwur, er könne das Ding nicht weiter fortbringen, und an einer einsamen Waldwohnung stille hielt, deren Lage, Bauart und Bewohner schon beim hellsten Sonnenschein hätten Schaudern erregen können. Der Tag, selbst der grauste, war dagegen erquicklich; man rief das Andenken der Freunde hervor, bei denen man vor kurzem so trauliche Stunden zugebracht; man musterte sie mit Achtung und Liebe, belehrte sich an ihren Eigenheiten und erbaute sich an ihren Vorzügen. Wie aber die Nacht wieder hereinbrach, da fühlte man sich schon wieder von allen Sorgen umstrickt in einem kummervollen Zustand. Wie düster aber auch in der letzten und schwärzesten aller Nächte meine Gedanken mochten gewesen sein, so wurden sie auf einmal wieder aufgehellt, als ich in das mit hundert und aber hundert Lampen erleuchtete Kassel hineinfuhr. Bei diesem Anblick entwickelten sich vor meiner Seele alle Vorteile eines bürgerlich städtischen Zusammenseins, die Wohlhäbigkeit eines jeden Einzelnen in seiner von innen erleuchteten Wohnung, und die behaglichen Anstalten zu Aufnahme der Fremden. Diese Heiterkeit jedoch ward mir für einige Zeit gestört, als ich auf dem prächtigen tageshellen Königsplatze an dem wohlbekannten Gasthofe anfuhr; der anmeldende Diener kehrte zurück mit der Erklärung: es sei kein Platz zu finden. Als ich aber nicht weichen wollte, trat ein Kellner sehr höflich an den Schlag und bat in schönen französischen Phrasen um Entschuldigung, da es nicht möglich sei mich aufzunehmen. Ich erwiderte darauf in gutem Deutsch: wie ich mich wundern müsse, daß in einem so großen Gebäude, dessen Raum ich gar wohl kenne, einem Fremden in der Nacht die Aufnahme verweigert werden wolle. Sie sind ein Deutscher, rief er aus, das ist ein anderes! und sogleich ließ er den Postillion in das Hoftor hereinfahren. Als er mir ein schickliches Zimmer angewiesen, versetzte er: er sei fest entschlossen keinen Emigrierten mehr aufzunehmen. Ihr Betragen sei höchst anmaßend, die Bezahlung knauserig; denn mitten in ihrem Elend, da sie nicht wüßten wo sie sich hinwenden sollten, betrügen sie sich noch immer als hätten sie von einem eroberten Lande Besitz genommen. So schied ich nun in gutem Frieden und fand auf dem Wege nach Eisenach weniger Zudrang der so häufig und unversehens herangetriebenen Gäste.

Meine Ankunft in Weimar sollte auch nicht ohne Abenteuer bleiben; sie ereignete sich nach Mitternacht und gab Anlaß zu einer Familienszene, welche wohl in irgend einem Roman die tiefste Finsternis erhellen und erheitern würde.

Nun fand ich das von meinem Fürsten mir bestimmte, erneuerte, wohleingerichtete Haus schon meistens wohnbar, ohne daß mir die Freude ganz versagt gewesen wäre, bei dem Ausbau mit- und einzuwirken. Die Meinigen entgegneten mir munter und gesund, und als es an ein Erzählen ging, kontrastierte freilich der heitere ruhige Zustand, in welchem sie die aus Verdun gesendeten Süßigkeiten genossen, mit demjenigen worin wir, die sie in paradiesischen Zuständen glaubten, mit aller denkbaren Not zu kämpfen hatten. Unser stiller häuslicher Kreis war nun um so reicher und froher abgeschlossen, indem Heinrich Meyer zugleich als Hausgenosse, Künstler, Kunstfreund und Mitarbeiter zu den Unsrigen gehörte, und an allem Belehrenden so wie an allem Wirksamen kräftigen Anteil nahm.

Das Weimarische Theater bestand seit dem Mai 1791; es hatte sowohl den Sommer genannten Jahres als auch den des laufenden in Lauchstädt zugebracht und sich durch Wiederholung damals gangbarer meist bedeutender Stücke schon ziemlich gut zusammengespielt. Ein Rest der Bellomoschen Gesellschaft, also schon an einander gewöhnter Personen, gab den Grund, andere teils schon brauchbare, teils vielversprechende Glieder füllten schicklich und gemächlich die entstandene Lücke.

Man kann sagen daß es damals noch ein Schauspielerhandwerk gab, wodurch befähigt sich Glieder entfernter Theater gar bald in Einklang setzten, besonders wenn man so glücklich war für die Rezitation Niederdeutsche, für den Gesang Oberdeutsche herbeizuziehen; und so konnte das Publikum für den Anfang gar wohl zufrieden sein. Da ich Teil an der Direktion genommen, so war es mir eine unterhaltende Beschäftigung gelind zu versuchen, auf welchem Wege das Unternehmen weiter geführt werden könnte. Ich sah gar bald, daß eine gewisse Technik aus Nachahmung, Gleichstellung mit andern und Routine hervorgehen konnte, allein es fehlte durchaus an dem was ich Grammatik nennen dürfte, die doch erst zum Grunde liegen muß, ehe man zu Rhetorik und Poesie gelangen kann. Da ich auf diesen Gegenstand zurückzukehren gedenke und ihn vorläufig nicht gern zerstückeln möchte, so sage ich nur so viel: daß ich eben jene Technik, welche sich alles aus Überlieferung aneignet, zu studieren und auf ihre Elemente zurückzuführen suchte, und das was mir klar geworden, in einzelnen Fällen, ohne auf ein Allgemeines hinzuweisen, beobachten ließ.

Was mir bei diesem Unternehmen aber besonders zu statten kam, war der damals überhand nehmende Natur- und Konversationston, der zwar höchst lobenswert und erfreulich ist, wenn er als vollendete Kunst, als eine zweite Natur hervortritt, nicht aber wenn ein jeder glaubt nur sein eigenes nacktes Wesen bringen zu dürfen, um etwas Beifallswürdiges darzubieten. Ich aber benutzte diesen Trieb zu meinen Zwecken, indem ich gar wohl zufrieden sein konnte, wenn das angeborne Naturell sich mit Freiheit hervortat, um sich nach und nach durch gewisse Regeln und Anordnungen einer höhern Bildung entgegen führen zu lassen. Doch darf ich hievon nicht weiter sprechen, weil, was getan und geleistet worden, sich erst nach und nach aus sich selbst entwikkelte, und also historisch dargestellt werden müßte.

Umstände jedoch, die für das neue Theater sich höchst günstig hervortaten, muß ich kürzlich anführen. Iffland und Kotzebue blühten in ihrer besten Zeit, ihre Stücke, natürlich und faßlich, die einen gegen ein bürgerlich rechtliches Behagen, die andern gegen eine lockere Sittenfreiheit hingewendet; beide Gesinnungen waren dem Tage gemäß und erhielten freudige Teilnahme; mehrere, noch als Manuskript, ergötzten durch den lebendigen Duft des Augenblicks, den sie mit sich brachten. Schröder, Babo, Ziegler, glücklich energische Talente, lieferten bedeutenden Beitrag; Bretzner und Jünger, ebenfalls gleichzeitig, gaben anspruchslos einer bequemen Fröhlichkeit Raum. Hagemann und Hagemeister, Talente die sich auf die Länge nicht halten konnten, arbeiteten gleichfalls für den Tag und waren, wo nicht bewundert, doch als neu geschaut und willkommen. Diese lebendige, sich im Zirkel herumtreibende Masse suchte man mit Shakespeare, Gozzi und Schiller geistiger zu erheben; man verließ die bisherige Art, nur Neues zum nächsten Verlust einzustudieren, man war sorgfältig in der Wahl und bereitete schon ein Repertorium vor, welches viele Jahre gehalten hat. Aber auch dem Manne der uns diese Anstalt gründen half, müssen wir eine dankbare Erinnerung nicht schuldig bleiben. Es war F. J. Fischer, ein Schauspieler in Jahren, der sein Handwerk verstand, mäßig, ohne Leidenschaft, mit seinem Zustande zufrieden, sich mit einem beschränkten Rollenfache begnügend. Er brachte mehrere Schauspieler von Prag mit, die in seinem Sinne wirkten, und wußte die einheimischen gut zu behandeln, wodurch ein innerer Friede sich über das Ganze verbreitete.

Was die Oper anlangt so kamen uns die Dittersdorfischen Arbeiten auf das beste zu statten. Er hatte mit glücklichem Naturell und Humor für ein fürstliches Privat-Theater gearbeitet, wodurch seinen Produktionen eine gewisse leichte Behaglichkeit zu Teil ward, die auch uns zu Gute kam, weil wir unser neues Theater als eine Liebhaber-Bühne zu betrachten die Klugheit hatten. Auf den Text, im rhythmischen und prosaischen Sinne, wendete man viel Mühe, um ihn dem obersächsischen Geschmack mehr anzueignen; und so gewann diese leichte Ware Beifall und Abgang.

Die aus Italien wiedergekehrten Freunde bemühten sich die leichteren italienischen Opern jener Zeit, von Paisiello, Cimarosa, Guglielmi und andern herüber zu führen, wo denn zuletzt auch Mozarts Geist einzuwirken anfing. Denke man sich daß von diesem allem wenig bekannt, gar nichts abgebraucht war, so wird man gestehen daß die Anfänge des Weimarischen Theaters mit den jugendlichen Zeiten des deutschen Theaters überhaupt oder zugleich eintraten und Vorteile genossen, die offenbar zu einer natürlichen Entwickelung aus sich selbst den reinsten Anlaß geben mußten.

Um nun aber auch Genuß und Studium der anvertrauten Gemmensammlung vorzubereiten und zu sichern, ließ ich gleich zwei zierliche Ringkästchen verfertigen, worin die Steine mit einem Blick übersehbar neben einander standen, so daß irgend eine Lücke sogleich zu bemerken gewesen wäre; worauf alsdann Schwefel- und Gipsabgüsse in Mehrzahl verfertigt und der Prüfung durch stark vergrößernde Linsen unterworfen wurden, auch vorhandene Abdrücke älterer Sammlungen vorgesucht und zu Rate gezogen. Wir bemerkten wohl daß hier für uns das Studium der geschnittenen Steine zu gründen sei; wie groß aber die Vergünstigung der Freundin gewesen, wurde erst nach und nach eingesehen.

Das Resultat mehrjähriger Betrachtung sei deshalb hier eingeschaltet, weil wir wohl schwerlich unsere Aufmerksamkeit so bald wieder auf diesen Punkt wenden dürften.

Aus innern Gründen der Kunst sahen sich die Weimarischen Freunde berechtigt, wo nicht alle, doch bei weitem die größte Anzahl dieser geschnittenen Steine für echt antike Kunstdenkmale zu halten, und zwar fanden sich mehrere darunter welche zu den vorzüglichsten Arbeiten dieser Art gerechnet werden durften. Einige zeichneten sich dadurch aus, daß sie als wirklich identisch mit ältern Schwefelpasten angesehen werden mußten; mehrere bemerkte man, deren Darstellung mit andern antiken Gemmen zusammentraf, die aber deswegen immer noch für echt gelten konnten. In den größten Sammlungen kommen wiederholte Vorstellungen vor, und man würde sehr irren, die einen als Original, die andern als moderne Kopien anzusprechen.

Immer müssen wir dabei die edle Kunsttreue der Alten im Sinne tragen, welche die einmal glücklich gelungene Behandlung eines Gegenstands nicht oft genug wiederholen konnte. Jene Künstler hielten sich für Original genug, wenn sie einen originellen Gedanken aufzufassen und ihn auf ihre Weise wieder darzustellen Fähigkeit und Fertigkeit empfanden. Mehrere Steine zeigten sich auch mit eingeschnittenen Künstler-Namen, worauf man seit Jahren großen Wert gelegt hatte. Eine solche Zutat ist wohl immer merkwürdig genug, doch bleibt sie meist problematisch: denn es ist möglich daß der Stein alt und der Name neu eingeschnitten sei, um dem Vortrefflichen noch einen Beiwert zu verleihen.

Ob wir uns nun gleich hier wie billig alles Katalogierens enthalten, da Beschreibung solcher Kunstwerke ohne Nachbildung wenig Begriff gibt, so unterlassen wir doch nicht von den vorzüglichsten einige allgemeine Andeutungen zu geben.

Kopf des Herkules. Bewunderungswürdig in Betracht des edeln freien Geschmacks der Arbeit und noch mehr zu bewundern in Hinsicht auf die herrlichen Idealformen, welche mit keinem der bekannten Herkulesköpfe ganz genau übereinkommen, und eben dadurch die Merkwürdigkeit dieses köstlichen Denkmals noch vermehren helfen.

Brustbild des Bacchus. Arbeit, wie auf den Stein gehaucht, und in Hinsicht auf die idealen Formen eines der edelsten antiken Werke. Es finden sich in verschiedenen Sammlungen mehrere diesem ähnliche Stücke, und zwar, wenn wir uns recht erinnern, sowohl hoch als tief geschnitten; doch ist uns noch keines bekannt geworden, welches vor dem gegenwärtigen den Vorzug verdiente.

Faun, welcher einer Bacchantin das Gewand rauben will. Vortreffliche und auf alten Monumenten mehrmals vorkommende Komposition, ebenfalls gut gearbeitet.

Eine umgestürzte Leier, deren Hörner zwei Delphine darstellen, der Körper, oder wenn man will der Fuß, Amors

Haupt mit Rosen bekränzt; zu derselben ist Bacchus Panther, in der Vorderpfote den Thyrsusstab haltend, zierlich gruppiert. Die Ausführung dieses Steins befriedigt den Kenner, und wer zarte Bedeutung liebt, wird gleichfalls seine Rechnung finden.

Maske mit großem Bart und weit geöffnetem Mund; eine Efeuranke umschlingt die kahle Stirn. In seiner Art mag dieser Stein einer der allervorzüglichsten sein, und eben so schätzbar ist auch

Eine andere Maske mit langem Bart und zierlich aufgebundenen Haaren; ungewöhnlich tief gearbeitet.

Venus tränket den Amor. Eine der lieblichsten Gruppen die man sehen kann, geistreich behandelt, doch ohne großen Aufwand von Fleiß.

Cybele, auf dem Löwen reitend, tief geschnitten; ein Werk welches als vortrefflich den Liebhabern durch Abdrücke, die fast in allen Pasten-Sammlungen zu finden sind, genugsam bekannt ist.

Gigant, der einen Greif aus seiner Felsenhöhle hervorzieht. Ein Werk von sehr vielem Kunstverdienst und als Darstellung vielleicht ganz einzig. Die vergrößerte Nachbildung desselben finden unsere Leser vor dem Voßschen Programm zu der »Jenaischen Allgemeinen Literaturzeitung« 1804 IV Band.

Behelmter Kopf in Profil, mit großem Bart. Vielleicht ist's eine Maske, indessen hat sie im geringsten nichts Karikaturartiges, sondern ein gedrungenes heldenmäßiges Angesicht und ist vortrefflich gearbeitet.

Homer, als Herme, fast ganz von vorne dargestellt und sehr tief geschnitten. Der Dichter erscheint hier jünger als gewöhnlich, kaum im Anfange des Greisenalters; daher dieses Werk nicht allein von Seiten der Kunst, sondern auch des Gegenstandes wegen schätzbar ist.

In Sammlungen von Abdrücken geschnittener Steine wird oftmals der Kopf eines ehrwürdigen bejahrten Mannes mit langem Bart und Haaren angetroffen, der (jedoch ohne daß Gründe dafür angegeben werden) das Bild des Aristophanes sein soll. Ein ähnlicher, nur durch unbedeutende Abweichungen von jenem sich unterscheidender Kopf ist in unserer Sammlung anzutreffen, und in der Tat eins der besten Stücke.

Das Profil eines Unbekannten ist vermutlich über den Augenbraunen abgebrochen gefunden, und in neuerer Zeit wieder zum Ringstein zugeschliffen worden. Großartiger und lebenvoller haben wir nie menschliche Gestalt auf dem kleinen Raum einer Gemme dargestellt gesehen, selten den Fall, wo der Künstler ein so unbeschränktes Vermögen zeigte. Von ähnlichem Gehalt ist auch

Der ebenfalls unbekannte Porträtkopf mit übergezogener Löwenhaut; derselbe war auch so wie der vorige über dem Auge abgebrochen, allein das Fehlende ist mit Gold ergänzt.

Kopf eines bejahrten Mannes von gedrungenem kräftigem Charakter mit kurzgeschornen Haaren. Außerordentlich geistreich und meisterhaft gearbeitet; besonders ist die kühne Behandlung des Barts zu bewundern und vielleicht einzig in ihrer Art.

Männlicher Kopf oder Brustbild ohne Bart, um das Haar eine Binde gelegt, das reichgefaltete Gewand auf der rechten Schulter geheftet. Es ist ein geistreicher kräftiger Ausdruck in diesem Werk, und Züge, wie man gewohnt ist dem Julius Cäsar zuzuschreiben.

Männlicher Kopf ebenfalls ohne Bart, die Toga, wie bei Opfern gebräuchlich war, über das Haupt gezogen. Außerordentlich viel Wahrheit und Charakter ist in diesem Gesicht, und kein Zweifel daß die Arbeit echt alt und aus den Zeiten der ersten römischen Kaiser sei.

Brustbild einer römischen Dame; um das Haupt doppelte Flechten von Haaren gewunden, das Ganze bewunderungswürdig fleißig ausgeführt, und in Hinsicht des Charakters voll Wahrheit, Behaglichkeit, Naivetät, Leben.

Kleiner behelmter Kopf, mit starkem Bart und kräftigem Charakter, ganz von vorne dargestellt und schätzbare Arbeit.

Eines neuern vortrefflichen Steines gedenken wir zum Schlusse: das Haupt der Meduse in dem herrlichsten Karneol. Es ist solches der bekannten Meduse des Sosikles vollkommen ähnlich und geringe Abweichungen kaum zu bemerken. Allerdings eine der vortrefflichsten Nachahmungen antiker Werke: denn für eine solche möchte er unerachtet seiner großen Verdienste doch zu halten sein, da die Behandlung etwas weniger Freiheit hat, und überdies ein unter dem Abschnitt des Halses angebrachtes N doch wohl auf eine Arbeit von Natter selbst schließen läßt.

An diesem wenigen werden wahre Kunstkenner den hohen Wert der gepriesenen Sammlung zu ahnen vermögen. Wo sie sich gegenwärtig befindet, ist uns unbekannt; vielleicht erhielte man hierüber einige Nachricht, die einen reichen Kunstfreund wohl anreizen könnte diesen Schatz, wenn er verkäuflich ist, sich zuzueignen.

Die Weimarischen Kunstfreunde zogen, so lange diese Sammlung in ihren Händen war, allen möglichen Vorteil daraus. Schon in dem laufenden Winter gab sie der geistreichen Gesellschaft, welche sich um die Herzogin Amalie zu vereinigen pflegte, ausgezeichnete Unterhaltung. Man suchte sich in dem Studium geschnittener Steine zu begründen, wobei uns das Wohlwollen der trefflichen Besitzerin sehr zu statten kam, indem sie uns mehrere Jahre diesen Genuß gönnte. Doch ergötzte sie sich kurz vor ihrem Ende noch an der schönen anschaulichen Ordnung, worin sie die Ringe in zwei Kästchen auf einmal, wie sie solche nie gesehen, vollständig gereiht wieder erblickte und also des geschenkten großen Vertrauens sich edelmütig zu erfreuen hatte. – Auch nach einer andern Seite wendeten sich unsere Kunstbetrachtungen. Ich hatte die Farben genugsam in unterschiedenen Lebensverhältnissen beobachtet und sah die

Hoffnung auch endlich ihre Kunst-Harmonie, welche zu suchen ich eigentlich ausgegangen war, zu finden. Freund Meyer entwarf verschiedene Kompositionen, wo man sie teils in einer Reihe, teils im Gegensatz zu Prüfung und Beurteilung aufgestellt sah.

Am klarsten ward sie bei einfachen landschaftlichen Gegenständen, wo der Lichtseite immer das Gelbe und Gelbrote, der Schattenseite das Blau und Blaurote zugeteilt werden mußte, aber wegen Mannichfaltigkeit der natürlichen Gegenstände gar leicht durch's Braungrüne und Blaugrüne zu vermitteln. Auch hatten hier schon große Meister durch Beispiel gewirkt, mehr als im Historischen, wo der Künstler bei Wahl der Farben zu den Gewändern sich selbst überlassen bleibt und in solcher Verlegenheit nach Herkommen und Überlieferung greift, sich auch wohl durch irgend eine Bedeutung verführen läßt und dadurch von wahrer harmonischer Darstellung öfters abgeleitet wird.

Von solchen Studien bildender Kunst fühle ich mich denn doch gedrungen wieder zum Theater zurückzukehren und über mein eigenes Verhältnis an demselben einige Betrachtungen anzustellen, welches ich erst zu vermeiden wünschte. Man sollte denken, es sei die beste Gelegenheit gewesen, für das neue Theater und zugleich für das deutsche überhaupt, als Schriftsteller auch etwas von meiner Seite zu leisten: denn genau besehen lag zwischen oben genannten Autoren und ihren Produktionen noch mancher Raum, der gar wohl hätte ausgefüllt werden können; es gab zu natürlich einfacher Behandlung noch vielfältigen Stoff, den man nur hätte aufgreifen dürfen.

Um aber ganz deutlich zu werden, gedenk' ich meiner ersten dramatischen Arbeiten, welche, der Weltgeschichte angehörig, zu sehr in's Breite gingen um bühnenhaft zu sein; meine letzten, dem tiefsten innern Sinn gewidmet, fanden bei ihrer Erscheinung wegen allzugroßer Gebundenheit wenig Eingang. Indessen hatte ich mir eine gewisse mittlere

Technik eingeübt, die etwas mäßig Erfreuliches dem Theater hätte verschaffen können; allein ich vergriff mich im Stoff, oder vielmehr ein Stoff überwältigte meine innere sittliche Natur, der allerwiderspenstigste um dramatisch behandelt zu werden.

Schon im Jahre 1785 erschreckte mich die Halsbandsgeschichte wie das Haupt der Gorgone. Durch dieses unerhört frevelhafte Beginnen sah ich die Würde der Majestät untergraben, schon im voraus vernichtet, und alle Folgeschritte von dieser Zeit an bestätigten leider allzusehr die furchtbaren Ahnungen. Ich trug sie mit mir nach Italien und brachte sie noch geschärfter wieder zurück. Glücklicherweise ward mein »Tasso« noch abgeschlossen, aber alsdann nahm die weltgeschichtliche Gegenwart meinen Geist völlig ein.

Mit Verdruß hatte ich viele Jahre die Betrügereien kühner Phantasten und absichtlicher Schwärmer zu verwünschen Gelegenheit gehabt und mich über die unbegreifliche Verblendung vorzüglicher Menschen bei solchen frechen Zudringlichkeiten mit Widerwillen verwundert. Nun lagen die direkten und indirekten Folgen solcher Narrheiten als Verbrechen und Halbverbrechen gegen die Majestät vor mir, alle zusammen wirksam genug, um den schönsten Thron der Welt zu erschüttern.

Mir aber einigen Trost und Unterhaltung zu verschaffen, suchte ich diesem Ungeheuern eine heitere Seite abzugewinnen, und die Form der komischen Oper, die sich mir schon seit längerer Zeit als eine der vorzüglichsten dramatischen Darstellungsweisen empfohlen hatte, schien auch ernstern Gegenständen nicht fremd, wie an »König Theodor« zu sehen gewesen. Und so wurde denn jener Gegenstand rhythmisch bearbeitet, die Komposition mit Reichardt verabredet, wovon denn die Anlagen einiger tüchtigen Baß-Arien bekannt geworden; andere Musikstücke, die außer dem Kontext keine Bedeutung hatten, blieben zurück, und die Stelle, von der man sich die meiste Wirkung versprach, kam auch nicht zu Stande. Das Geistersehen in der Krystallkugel vor dem schlafend weissagenden Cophta sollte als blendendes Final vor allen glänzen.

Aber da waltete kein froher Geist über dem Ganzen, es geriet in Stocken, und um nicht alle Mühe zu verlieren, schrieb ich ein prosaisches Stück, zu dessen Hauptfiguren sich wirklich analoge Gestalten in der neuen Schauspieler-Gesellschaft vorfanden, die denn auch in der sorgfältigsten Aufführung das Ihrige leisteten.

Aber eben deswegen weil das Stück ganz trefflich gespielt wurde, machte es einen um desto widerwärtigern Effekt. Ein furchtbarer und zugleich abgeschmackter Stoff, kühn und schonungslos behandelt, schreckte jedermann, kein Herz klang an; die fast gleichzeitige Nähe des Vorbildes ließ den Eindruck noch greller empfinden; und weil geheime Verbindungen sich ungünstig behandelt glaubten, so fühlte sich ein großer respektabler Teil des Publikums entfremdet, so wie das weibliche Zartgefühl sich vor einem verwegenen Liebesabenteuer entsetzte.

Ich war immer gegen die unmittelbare Wirkung meiner Arbeiten gleichgültig gewesen und sah auch diesmal ganz ruhig zu, daß diese letzte, an die ich so viel Jahre gewendet, keine Teilnahme fand; ja ich ergötzte mich an einer heimlichen Schadenfreude, wenn gewisse Menschen, die ich dem Betrug oft genug ausgesetzt gesehen, kühnlich versicherten, so grob könne man nicht betrogen werden.

Aus diesem Ereignis zog ich mir jedoch keine Lehre; das was mich innerlich beschäftigte, erschien mir immerfort in dramatischer Gestalt, und wie die Halsbandsgeschichte als düstre Vorbedeutung, so ergriff mich nunmehr die Revolution selbst als die gräßlichste Erfüllung; den Thron sah ich gestürzt und zersplittert, eine große Nation aus ihren Fugen gerückt und nach unserm unglücklichen Feldzug offenbar auch die Welt schon aus ihren Fugen.

Indem mich nun dies alles in Gedanken bedrängte, beängstigte, hatte ich leider zu bemerken, daß man im Vaterlande sich spielend mit Gesinnungen unterhielt, welche eben auch uns ähnliche Schicksale vorbereiteten. Ich kannte genug edle Gemüter, die sich gewissen Aussichten und Hoffnungen, ohne weder sich noch die Sache zu begreifen, phantastisch hingaben; indessen ganz schlechte Subjekte bittern Unmut zu erregen, zu mehren und zu benutzen strebten.

Als ein Zeugnis meines ärgerlich guten Humors ließ ich den »Bürgergeneral« auftreten, wozu mich ein Schauspieler verführte, Namens Beck, welcher den Schnaps in den »Beiden Billets« nach Florian mit ganz individueller Vortrefflichkeit spielte, indem selbst seine Fehler ihm dabei zu Statten kamen. Da ihm nun diese Maske so gar wohl anstand, brachte man des gedachten kleinen, durchaus beliebten Nachspiels erste Fortsetzung, den »Stammbaum« von Anton Wall hervor, und als ich nun auf Proben, Ausstattung und Vorstellung dieser Kleinigkeit ebenfalls die größte Aufmerksamkeit wendete, so konnte nicht fehlen, daß ich mich von diesem närrischen Schnaps so durchdrungen fand, daß mich die Lust anwandelte ihn nochmals zu produzieren. Dies geschah auch mit Neigung und Ausführlichkeit; wie denn das gehaltreiche Mantelsäckchen ein wirklich französisches war, das Paul auf jener Flucht eilig aufgerafft hatte. In der Hauptszene erwies sich Malkolmi als alter wohlhabender, wohlwollender Bauersmann, der sich eine gesteigerte Unverschämtheit als Spaß auch einmal gefallen läßt, unübertrefflich, und wetteiferte mit Beck in wahrer natürlicher Zweckmäßigkeit. Aber vergebens, das Stück brachte die widerwärtigste Wirkung hervor, selbst bei Freunden und Gönnern, die um sich und mich zu retten hartnäckig behaupteten: ich sei der Verfasser nicht, habe nur aus Grille meinen Namen und einige Federstriche einer sehr subalternen Produktion zugewendet.

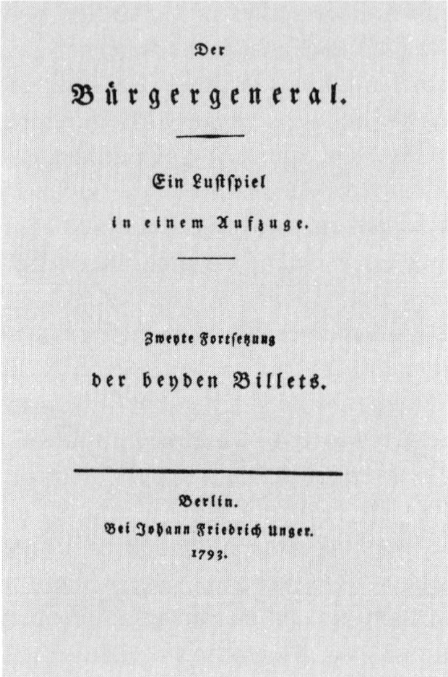

Der

Bürgergeneral.

Ein Lustspiel

in einem Aufzuge.

Zweyte Fortsetzung

der beyden Billets.

Berlin.

Bei Johann Friedrich Unger.

1793.

*Titelseite der Erstausgabe von Goethes ›Der Bürgergeneral‹. Zweite (deutsche) Fortsetzung des französischen Stückes ›Les deux billets‹ von Jean Pierre Claris de Florian, 1793*

Wie mich aber niemals irgend ein Äußeres mir selbst entfremden konnte, mich vielmehr nur strenger in's Innere zurückwies, so blieben jene Nachbildungen des Zeitsinnes für mich eine Art von gemütlich tröstlichem Geschäft. Die »Unterhaltungen der Ausgewanderten«, fragmentarischer Versuch, das unvollendete Stück, »Die Aufgeregten«, sind eben so viel Bekenntnisse dessen was damals in meinem Busen vorging; wie auch späterhin »Hermann und Dorothea« noch aus derselbigen Quelle flossen, welche denn freilich zuletzt erstarrte. Der Dichter konnte der rollenden Weltgeschichte nicht nacheilen und mußte den Abschluß sich und andern schuldig bleiben, da er das Rätsel auf eine so entschiedene als unerwartete Weise gelöst sah.

Unter solchen Konstellationen war nicht leicht jemand, in so weiter Entfernung vom eigentlichen Schauplatze des Unheils, gedrückter als ich; die Welt erschien mir blutiger und blutdürstiger als jemals, und wenn das Leben eines Königs in der Schlacht für tausende zu rechnen ist, so wird es noch viel bedeutender im gesetzlichen Kampfe. Ein König wird auf Tod und Leben angeklagt, da kommen Gedanken in Umlauf, Verhältnisse zur Sprache, welche für ewig zu beschwichtigen sich das Königtum vor Jahrhunderten kräftig eingesetzt hatte.

Aber auch aus diesem gräßlichen Unheil suchte ich mich zu retten, indem ich die ganze Welt für nichtswürdig erklärte, wobei mir denn durch eine besondere Fügung »Reinecke Fuchs« in die Hände kam. Hatte ich mich bisher an Straßen-, Markt- und Pöbel-Auftritten bis zum Abscheu übersättigen müssen, so war es nun wirklich erheiternd in den Hof- und Regentenspiegel zu blicken: denn wenn auch hier das Menschengeschlecht sich in seiner ungeheuchelten Tierheit ganz natürlich vorträgt, so geht doch alles, wo nicht musterhaft, doch heiter zu, und nirgends fühlt sich der gute Humor gestört.

Um nun das köstliche Werk recht innig zu genießen, begann ich alsobald eine treue Nachbildung; solche jedoch in Hexametern zu unternehmen, war ich folgenderweise veranlaßt.

Schon seit vielen Jahren schrieb man in Deutschland nach Klopstocks Einleitung sehr läßliche Hexameter; Voß, indem er sich wohl auch dergleichen bediente, ließ doch hie und da merken, daß man sie besser machen könne, ja er schonte sogar seine eigenen vom Publikum gut aufgenommenen Arbeiten und Übersetzungen nicht. Ich hätte das gar gern auch gelernt, allein es wollte mir nicht glücken. Herder und Wieland waren in diesem Punkte Latitudinarier und man durfte der Voßschen Bemühungen, wie sie nach und nach strenger und für den Augenblick ungelenk erschienen, kaum Erwähnung tun. Das Publikum selbst schätzte längere Zeit die Voßschen früheren Arbeiten, als geläufiger, über die späteren; ich aber hatte zu Voß, dessen Ernst man nicht verkennen konnte, immer ein stilles Vertrauen und wäre, in jüngeren Tagen oder anderen Verhältnissen, wohl einmal nach Eutin gereist, um das Geheimnis zu erfahren; denn er, aus einer zu ehrenden Pietät für Klopstock, wollte, so lange der würdige, allgefeierte Dichter lebte, ihm nicht geradezu in's Gesicht sagen: daß man in der deutschen Rhythmik eine striktere Observanz einführen müsse, wenn sie irgend gegründet werden solle. Was er inzwischen äußerte, waren für mich sibyllinische Blätter. Wie ich mich an der Vorrede zu den Georgiken abgequält habe, erinnere ich mich noch immer gerne, der redlichen Absicht wegen, aber nicht des daraus gewonnenen Vorteils.

Da mir recht gut bewußt war, daß alle meine Bildung nur praktisch sein könne, so ergriff ich die Gelegenheit ein paar tausend Hexameter hinzuschreiben, die bei dem köstlichsten Gehalt selbst einer mangelhaften Technik gute Aufnahme und nicht vergänglichen Wert verleihen durften. Was an ihnen zu tadeln sei, werde sich, dacht' ich, am Ende schon finden; und so wendete ich jede Stunde, die mir sonst übrig blieb, an eine solche schon innerhalb der Arbeit vorläufig dankbare Arbeit, baute inzwischen und möblierte fort, ohne zu denken was weiter mit mir sich ereignen würde, ob ich es gleich gar wohl voraussehen konnte.

So weit wir auch ostwärts von der großen Weltbegebenheit gelegen waren, erschienen doch schon diesen Winter flüchtige Vorläufer unserer ausgetriebenen westlichen Nachbarn; es war als wenn sie sich umsähen nach irgend einer gesitteten Stätte, wo sie Schutz und Aufnahme fänden. Obgleich nur vorübergehend, wußten sie durch anständiges Betragen, duldsam zufriedenes Wesen, durch Bereitwilligkeit, sich ihrem Schicksal zu fügen und durch irgend eine Tätigkeit ihr Leben zu fristen, dergestalt für sich einzunehmen, daß durch diese Einzelnen die Mängel der ganzen Masse ausgelöscht und jeder Widerwille in entschiedene Gunst verwandelt wurde. Dies kam denn freilich ihren Nachfahrern zu Gute, die sich späterhin in Thüringen festsetzten, unter denen ich nur Mounier und Camille Jordan zu nennen brauche, um ein Vorurteil zu rechtfertigen, welches man für die ganze Kolonie gefaßt hatte, die sich, wo nicht den Genannten gleich, doch derselben keineswegs unwürdig erzeigte.

Übrigens läßt sich hiebei bemerken, daß in allen wichtigen politischen Fällen immer diejenigen Zuschauer am besten dran sind, welche Partei nehmen; was ihnen wahrhaft günstig ist, ergreifen sie mit Freuden, das Ungünstige ignorieren sie, lehnen's ab, oder legen's wohl gar zu ihrem Vorteil aus. Der Dichter aber, der seiner Natur nach unparteiisch sein und bleiben muß, sucht sich von den Zuständen beider kämpfender Teile zu durchdringen, wo er denn, wenn Vermittlung unmöglich wird, sich entschließen muß tragisch zu endigen. Und mit welchem Zyklus von Tragödien sahen wir uns von der tosenden Weltbewegung bedroht!

Wer hatte seit seiner Jugend sich nicht vor der Geschichte des Jahrs 1649 entsetzt, wer nicht vor der Hinrichtung

Karl I. geschaudert, und zu einigem Troste gehofft, daß dergleichen Szenen der Parteiwut sich nicht abermals ereignen könnten. Nun aber wiederholte sich das alles, greulicher und grimmiger, bei dem gebildetsten Nachbarvolke, wie vor unsern Augen; Tag für Tag, Schritt vor Schritt. Man denke sich, welchen Dezember und Januar diejenigen verlebten, die den König zu retten ausgezogen waren, und nun in seinen Prozeß nicht eingreifen, die Vollstreckung des Todesurteils nicht hindern konnten.

Frankfurt war wieder in deutschen Händen, die möglichsten Vorbereitungen Mainz wieder zu erobern wurden eifrigst besorgt. Man hatte sich Mainz genähert und Hochheim besetzt: Königstein mußte sich ergeben. Nun aber war vor allen Dingen nötig, durch einen vorläufigen Feldzug auf dem linken Rheinufer sich den Rücken frei zu machen. Man zog daher am Taunusgebirge hin auf Idstein über das Benediktiner-Kloster Schönau nach Caub, sodann über eine wohlerrichtete Schiffbrücke nach Bacharach; von da an gab es fast ununterbrochene Vorposten-Gefechte, welche den Feind zum Rückzug nötigten. Man ließ den eigentlichen Hundsrück rechts, zog nach Stromberg, wo General Neuwinger gefangen wurde. Man gewann Kreuznach und reinigte den Winkel zwischen der Nahe und dem Rhein: und so bewegte man sich mit Sicherheit gegen diesen Fluß. Die Kaiserlichen waren bei Speier über den Rhein gegangen und man konnte die Umzingelung von Mainz den 14. April abschließen, wenigstens vorerst die Einwohner mit Mangel, als dem Vorläufer größerer Not, in Angst setzen.

Diese Nachricht vernahm ich zugleich mit der Aufforderung mich an Ort und Stelle zu zeigen, um, wie früher an einem beweglichen Übel, so nun an einem stationären Teil zu nehmen. Die Umzingelung war vollbracht, die Belagerung konnte nicht ausbleiben; wie ungern ich mich dem Kriegstheater abermals näherte, überzeuge sich wer etwa die zweite nach meinen Skizzen radierte Tafel in die Hand

*Die Hinrichtung König Ludwigs XVI. am 21. Januar 1793*

*Hausgarten.*
*Nach einer Zeichnung Goethes aus dem Jahre 1793*
*radiert von C. Lieber, 1821*

nimmt. Sie ist einem sehr genauen Federumriß nachgebildet, den ich wenige Tage vor meiner Abreise sorgfältig auf Papier gebracht hatte. Mit welchem Gefühl, sagen die wenigen dazu gedichteten Reimzeilen:

Hier sind wir denn vorerst ganz still zu Haus,
Von Tür' zu Türe sieht es lieblich aus;
Der Künstler froh die stillen Blicke hegt,
Wo Leben sich zum Leben freundlich regt.
Und wie wir auch durch ferne Lande ziehn,
Da kommt es her, da kehrt es wieder hin;
Wir wenden uns, wie auch die Welt entzücke,
Der Enge zu, die uns allein beglücke.

deutscher General zu den Franzosen übergegangen, worüber sogar das Feldgeschrei verändert worden und einige Bataillons in's Gewehr getreten.

Ferner unterhielt man sich über das Detail der Lage überhaupt, über Blockade und künftige Belagerung. Viel ward gesprochen über Persönlichkeiten und deren Verhältnisse, die gar mancherlei wirken, ohne daß sie zur Sprache kommen. Man zeigte daraus, wie unzuverlässig die Geschichte sei, weil kein Mensch eigentlich wisse, warum oder woher dieses und jenes geschehe.

Mittwoch den 28. Mai bei Obrist von Stein auf dem Forsthause, das äußerst schön liegt; ein höchst angenehmer Aufenthalt. Man fühlte, welch eine behagliche Stelle es gewesen, Landjägermeister eines Kurfürsten von Mainz zu sein. Von da übersieht man den großen landschaftlichen Kessel, der sich bis Hochheim hinüber erstreckt, wo in der Urzeit Rhein und Main sich wirbelnd drehten und restagnierend die besten Äcker vorbereiteten, ehe sie bei Biberich westwärts zu fließen völlige Freiheit fanden.

Ich speiste im Hauptquartier; der Rückzug aus der Champagne ward besprochen; Graf Kalckreuth ließ seiner Laune gegen die Theoristen freien Lauf. – Nach der Tafel ward ein Geistlicher hereingebracht, als revolutionärer Gesinnungen verdächtig. Eigentlich war er toll, oder wollte so scheinen; er glaubte Turenne und Condé gewesen, und nie von einem Weibe geboren zu sein. Durch das Wort werde alles gemacht! Er war guter Dinge und zeigte in seiner Tollheit viel Konsequenz und Gegenwart des Geistes.

Ich suchte mir die Erlaubnis Lieutenant von Itzenplitz zu besuchen, welcher am 9. Mai in einer Affaire vor Mainz mit Schuß und Hieb verwundet und endlich gefangen genommen worden. Feindlicherseits betrug man sich auf das schonendste gegen ihn und gab ihn bald wieder heraus. Reden durft' er noch nicht, doch erfreute ihn die Gegenwart eines alten Kriegskameraden, der manches zu erzählen wußte.

Gegen Abend fanden sich die Offiziere des Regiments beim Marketender, wo es etwas mutiger herging als vorm Jahr in der Champagne: denn wir tranken den dortigen schäumenden Wein und zwar im Trocknen beim schönsten Wetter. Meiner vormaligen Weissagung ward auch gedacht; sie wiederholten meine Worte: »Von hier und heute geht eine neue Epoche der Weltgeschichte aus, und ihr könnt sagen ihr seid dabei gewesen.« Wunderbar genug sah man diese Prophezeiung nicht etwa nur dem allgemeinen Sinn, sondern dem besonderen Buchstaben nach genau erfüllt, indem die Franzosen ihren Kalender von diesen Tagen an datieren.

Wie aber der Mensch überhaupt ist, besonders aber im Kriege, daß er sich das Unvermeidliche gefallen läßt, und die Intervalle zwischen Gefahr, Not und Verdruß mit Vergnügen und Lustbarkeit auszufüllen sucht: so ging es auch hier; die Hautboisten von Thadden spielten *Ça ira* und den Marseiller Marsch, wobei eine Flasche Champagner nach der andern geleert wurde.

Abends 8 Uhr kanonierte man stark von den Batterien des rechten Flügels.

Donnerstag den 29. Mai früh 9 Uhr: Victoria wegen des Siegs der Östreicher bei Famars. Dieses allgemeine Abfeuern nützte mir die Lage der Batterien und die Stellung der Truppen kennen zu lernen; zugleich war ein ernstlicher Handel bei Bretzenheim, denn freilich hatten die Franzosen alle Ursache uns aus diesem so nahe gelegenen Dorfe zu vertreiben.

Inzwischen erfuhr man, woher das Märchen der gestrigen Desertion entstanden: durch seltsam zufällige Kombinationen, so abgeschmackt als möglich, aber doch einige Zeit umherlaufend.

Ich begleitete meinen gnädigsten Herrn nach dem linken Flügel, wartete dem Herrn Landgrafen von Darmstadt auf, dessen Lager besonders zierlich mit kiefernen Lauben ausgeputzt war, dessen Zelt jedoch alles was ich je in dieser Art gesehen, übertraf, wohl ausgedacht, vortrefflich gearbeitet, bequem und prächtig.

Gegen Abend war uns, mir aber besonders, ein liebenswürdiges Schauspiel bereitet: die Prinzessinnen von Mecklenburg hatten im Hauptquartier zu Bodenheim bei Ihro Majestät dem Könige gespeist und besuchten nach Tafel das Lager. Ich heftelte mich in mein Zelt ein und durfte so die hohen Herrschaften, welche unmittelbar davor ganz vertraulich auf und nieder gingen, auf das genaueste beobachten. Und wirklich konnte man in diesem Kriegsgetümmel die beiden jungen Damen für himmlische Erscheinungen halten, deren Eindruck auch mir niemals verlöschen wird.

Freitag den 30. Mai. Früh hörte man hinter dem Lager Kleingewehrfeuer, welches einige Apprehension gab; dies klärte sich dahin auf, daß die Bauern den Fronleichnam gefeiert. Ferner ward Victoria geschossen aus Kanonen und kleinem Gewehr, jenes glücklichen Ereignisses in den Niederlanden wegen; dazwischen scharf aus der Stadt und hinein. Nachmittag ein Donnerwetter.

Holländische Artillerie-Flotille ist angekommen, liegt bei Erbenheim.

In der Nacht vom 30. zum 31. Mai schlief ich, wie gewöhnlich ganz angezogen, ruhig im Zelte, als ich vom Platzen eines kleinen Gewehrfeuers aufgeweckt wurde, das nicht allzu entfernt schien. Ich sprang auf und heraus, und fand schon alles in Bewegung; es war offenbar daß Marienborn überfallen sei. Bald darauf feuerten unsere Kanonen von der Batterie vor dem Chausseehaus, dies mußte also einem herandringenden Feinde gelten. Das Regiment des Herzogs, von dem eine Schwadron hinter dem Chausseehaus gelagert war, ruckte aus; der Moment war kaum erklärbar. Das kleine Gewehrfeuer in Marienborn, im Rücken unserer Batterien, dauerte fort und unsere Batterien schos-

sen auch. Ich setzte mich zu Pferde und ritt weiter vor, wo
ich, nach früher genommener Kenntnis, ob es gleich Nacht
war, die Gegend beurteilen konnte. Ich erwartete jeden Au-
genblick Marienborn in Flammen zu sehen und ritt zu
unseren Zelten zurück, wo ich die Leute des Herzogs be-
schäftigt fand, ein- und aufzupacken auf alle Fälle. Ich
empfahl ihnen meinen Koffer und Portefeuille und besprach
unsern Rückzug. Sie wollten auf Oppenheim zu; dorthin
konnte ich leicht folgen, da mir der Fußpfad durch das
Fruchtfeld bekannt war, doch wollt' ich den Erfolg erst ab-
warten und mich nicht eher entfernen, bis das Dorf brennte
und der Streit sich hinter demselben weiter heraufzöge.

In solcher Ungewißheit sah ich der Sache zu, aber bald
legte sich das kleine Gewehrfeuer, die Kanonen schwie-
gen, der Tag fing an zu grauen, und das Dorf lag ganz ruhig
vor mir. Ich ritt hinunter. Die Sonne ging auf mit trübem
Schein, und die Opfer der Nacht lagen neben einander. Un-
sere riesenhaften wohlgekleideten Kürassiere machten ei-
nen wunderlichen Kontrast mit den zwergenhaften, schnei-
derischen, zerlumpten Ohnehosen; der Tod hatte sie ohne
Unterschied hingemäht. Unser guter Rittmeister La Vière
war unter den ersten geblieben, Rittmeister von Voß, Adju-
tant des Grafen Kalckreuth durch die Brust geschossen,
man erwartete seinen Tod. Ich war veranlaßt, eine kurze
Relation dieses wunderbaren und unangenehmen Vorfalls
aufzusetzen, welche ich hier einschalte und sodann noch
einige Partikularitäten hinzufüge.

Von dem Ausfall der Franzosen in der Nacht auf Marien-
born vermelde ich Folgendes:

Das Hauptquartier Marienborn liegt in der Mitte des
Halbkreises von Lagern und Batterien, die am linken Ufer
des Rheins oberhalb Mainz anfangen, die Stadt nicht gar in
der Entfernung einer halben Stunde umgeben, und unter-
halb derselben sich wieder an den Fluß anschließen. Die

Kapelle zum heiligen Kreuz, die Dörfer Weißenau, Hechtsheim, Marienborn, Drais, Gunzenheim, Mombach werden von diesem Kreise entweder berührt oder liegen nicht weit außerhalb desselben. Die beiden Flügel bei Weißenau und Mombach wurden vom Anfang der Blockade an von den Franzosen öfters angegriffen und ersteres Dorf abgebrannt, die Mitte hingegen blieb ohne Anfechtung. Niemand konnte vermuten, daß sie dahin einen Ausfall richten würden, weil sie in Gefahr kamen von allen Seiten in's Gedränge zu geraten, abgeschnitten zu werden, ohne irgend etwas von Bedeutung auszurichten. Indessen waren die Vorposten um Bretzenheim und Dahlheim, Orte die vor Marienborn in einem Grunde liegen, der sich nach der Stadt zieht, immer an einander und man behauptete Bretzenheim diesseits um so eifriger, als die Franzosen bei Zahlbach, einem Kloster nahe bei Dahlheim, eine Batterie errichtet hatten und damit das Feld und die Chaussee bestrichen.

Eine Absicht, die man dem Feinde nicht zutraute, bewog ihn endlich zu einem Ausfall gegen das Hauptquartier. Die Franzosen wollten, so ist man durch die Gefangenen überzeugt, den General Kalckreuth, der in Marienborn, den Prinzen Ludwig, Ferdinands Sohn, der auf dem Chausseehause einige hundert Schritte vom Dorfe in Quartier lag, entweder gefangen fortführen, oder tot zurücklassen. Sie wählten die Nacht vom 30sten zum 31sten, zogen sich, vielleicht 3000 Mann, aus dem Zahlbacher Grunde schlängelnd über die Chaussee und durch einige Gründe bis wieder an die Chaussee, passierten sie wieder und eilten auf Marienborn los. Sie waren gut geführt und nahmen ihren Weg zwischen den östreichischen und preußischen Patrouillen durch, die leider, wegen geringen Wechsels von Höhen und Tiefen, nicht an einander stießen. Auch kam ihnen noch ein Umstand zu Hülfe.

Tags vorher hatte man Bauern beordert, das Getreide, das gegen die Stadt zu steht, in dieser Nacht abzumähen; als diese nach vollendeter Arbeit zurückgingen, folgten ihnen die Franzosen, und einige Patrouillen wurden dadurch irre gemacht. Sie kamen unentdeckt ziemlich weit vorwärts, und als man sie bemerkte und auf sie schoß, drangen sie in der größten Eile nach Marienborn vor, und erreichten das Dorf gegen 1 Uhr, wo man sorglos entweder schlief oder wachte. Sie schossen sogleich in die Häuser, wo sie Licht sahen, drängten sich durch die Straße und umringten den Ort und das Kloster, in welchem der General lag. Die Verwirrung war groß, die Batterien schossen, das Infanterie-Regiment Wegner rückte gleich vor, eine Schwadron des Herzogs von Weimar, die hinter dem Orte lag, war bei der Hand, die sächsischen Husaren desgleichen. Es entstand ein verwirrtes Gefecht.

Indessen hörte man im ganzen Umkreis des blockierenden Lagers das Feuern von falschen Attacken, jeder wurde auf sich aufmerksam gemacht und niemand wagte dem andern zu Hülfe zu eilen.

Der abnehmende Mond stand am Himmel und gab ein mäßiges Licht. Der Herzog von Weimar nahm den übrigen Teil seines Regiments, das eine Viertelstunde hinter Marienborn auf der Höhe lag, und eilte hinzu, Prinz Ludwig führte die Regimenter Wegner und Thadden; und nach einem anderthalbstündigen Gefechte trieb man die Franzosen gegen die Stadt. An Toten und Blessierten ließen sie 30 Mann zurück, was sie mit sich geschleppt, ist unbekannt.

Der Verlust der Preußen an Toten und Blessierten mag 90 Mann sein. Major La Vière von Weimar ist tot; Rittmeister und Adjutant von Voß tödlich verwundet. Ein unglücklicher Zufall vermehrte den diesseitigen Verlust: denn als sich die Feldwachen von Bretzenheim auf Marienborn zurückziehen wollten, kamen sie unter die Franzosen und wurden zugleich mit ihnen von unsern Batterien beschossen.

Als es Tag ward, fand man Pechkränze und mit Pech über-

*Goethe 1793 vor Mainz.*
*Ausschnitt aus einem Kupferstich von*
*Georg Melchior Kraus*

zogene Birkenwellen an allen Enden des Dorfes; sie hatten die Absicht, wenn der Coup gelänge, zuletzt das Dorf anzuzünden.

Man erfuhr daß sie zu gleicher Zeit versucht hatten, eine Brücke von einer Rheininsel an der Mainspitze, in die sie sich seit einiger Zeit genistet, auf die nächste Insel zu schlagen, wahrscheinlich in der Absicht gegen die Schiffbrücken bei Ginsheim etwas vorzunehmen. Das zweite Treffen der Kette ward näher an das erste herangezogen und des Herzogs Regiment steht nah bei Marienborn.

Man weiß daß beim Ausfall Nationaltruppen vorangingen, dann Linien-, dann wieder Nationaltruppen folgten; es mag daher das Gerücht entstanden sein, die Franzosen seien in drei Kolonnen ausgezogen.

Den 1. Juni rückte das Regiment näher nach Marienborn; der Tag ging hin mit Veränderung des Lagers; auch die Infanterie veränderte ihre Stellung und man traf verschiedene Verteidigungsanstalten.

Ich besuchte Rittmeister von Voß, den ich ohne Hoffnung fand; er saß aufrecht im Bette und schien seine Freunde zu kennen, zu sprechen vermocht' er nicht. Auf einen Wink des Chirurgen begaben wir uns weg; und ein Freund machte mich unterwegs aufmerksam, daß vor einigen Tagen in demselben Zimmer ein heftiger Streit entstanden, indem einer gegen viele hartnäckig behauptet: Marienborn, als Hauptquartier, liege viel zu nahe an der blockierten und zu belagernden Stadt, man habe sich gar wohl eines Überfalls zu versehen.

Weil aber überhaupt eine heftige Widerrede gegen alles, was von oben herein befohlen und veranstaltet war, zur Tagesordnung gehörte, so ging man drüber hinaus und ließ diese Warnung, so wie manche andere, verhallen.

Den 2. Juni ward ein Bauer aus Oberolm gehenkt, der beim Überfall die Franzosen angeführt hatte: denn ohne die genauste Kenntnis des Terrains wäre das schlängelnde Heranziehen nicht denkbar gewesen; zum Unglück für ihn wußte er nicht eben so gut mit den Rückkehrenden die Stadt zu erreichen und wurde von den ausgesandten Patrouillen, die alles auf das sorgfältigste durchsuchten, eingefangen.

Ward Major La Vière mit allen militärischen Ehren vor den Standarten begraben. Starb Rittmeister von Voß. Waren Prinz Ludwig, General Kalckreuth und mehrere bei dem Herzog zur Tafel. Abends Feuern an der Rheinspitze.

Den 3. Juni große Mittagstafel bei Herrn von Stein auf dem Jägerhause; herrliches Wetter, unschätzbare Aussicht, ländlicher Genuß, durch Szenen des Todes und Verderbens getrübt. Abends wurde Rittmeister von Voß neben La Vière niedergesenkt.

Den 5. Juni. Man fährt fort an der Verschanzung des Lagers ernstlich zu arbeiten.

Große Attacke und Kanonade an der Mainspitze.

Den 6. Juni war die preußische und östreichische Generalität bei Serenissimo zu Tafel, in einem großen von Zimmerwerk zu solchen Festen auferbauten Saale. Ein Obristlieutenant vom Regiment Wegner, schief gegen mir über sitzend, betrachtete mich gewissermaßen mehr als billig.

Den 7. Juni schrieb ich früh viele Briefe. Bei Tafel im Hauptquartier schwadronierte ein Major viel über künftige Belagerung und redete sehr frei über das Benehmen bisher.

Gegen Abend führte mich ein Freund zu jenem beobachtenden Obristlieutenant, der vor einigen Tagen meine Bekanntschaft zu machen gewünscht hatte. Wir fanden keine sonderliche Aufnahme; es war Nacht geworden, es erschien keine Kerze. Selters-Wasser und Wein, das man jedem Besuchenden anbot, blieb aus, die Unterhaltung war Null. Mein Freund, welcher diese Verstimmung dem Umstande zuschrieb daß wir zu spät gekommen, blieb nach dem Abschiede einige Schritte zurück um uns zu entschuldigen, jener aber versetzte zutraulich, es habe gar nichts zu sagen: denn gestern bei Tafel habe er schon an meinen Gesichtszügen gelesen, daß ich gar der Mann nicht sei, wie er sich ihn vorgestellt habe. Wir scherzten über diesen verunglückten Versuch neuer Bekanntschaft.

Den 8. Juni setzte ich meine Arbeit an »Reinecke Fuchs« fleißig fort; ritt mit durchlauchtigstem Herzog nach dem Darmstädtischen Lager, wo ich den Herrn Landgrafen als meinen vieljährigen unabänderlich gnädigsten Herrn mit Freuden verehrte.

Abends kam Prinz Maximilian von Zweibrücken mit Obrist von Stein zu Serenissimo; da ward manches durchgesprochen; zuletzt kam das offenbare Geheimnis der nächstkünftigen Belagerung an die Reihe.

Den 9. Juni glückte den Franzosen ein Ausfall auf Heilig-Kreuz; es gelang ihnen Kirche und Dorf unmittelbar vor den östreichischen Batterien anzuzünden, einige Gefangene zu machen und sich, nicht ohne Verlust, hierauf zurückzuziehen.

Den 10. Juni wagten die Franzosen einen Tages-Überfall auf Gunzenheim, der zwar abgeschlagen ward, aber uns doch wegen des linken Flügels, und besonders wegen des Darmstädter Lagers, einige Zeit in Verlegenheit und Sorge setzte.

Den 11. Juni. Das Lager Ihro Majestät des Königs war nun etwa 1000 Schritte über Marienborn bestimmt und angelegt, gerade an dem Abhange, wo der große Kessel in welchem Mainz liegt sich endigt, in aufsteigenden Lehmwänden und Hügeln; dieses gab zu den anmutigsten Einrichtungen Gelegenheit. Das leicht zu behandelnde Erdreich bot sich den Händen geschickter Gärtner dar, welche die gefälligste Parkanlage mit wenig Bemühung bildeten: die abhängige Seite ward geböscht und mit Rasen belegt, Lauben gebaut, auf- und absteigende Kommunikationsgänge gegraben, Flächen planiert, wo das Militär in seiner ganzen Pracht und Zierlichkeit sich zeigen konnte, anstoßende Wäldchen und Büsche mit in den Plan gezogen, so daß man bei der köstlichsten Aussicht nichts mehr wünschen konnte, als diese sämtlichen Räume eben so bearbeitet zu sehen, um des herrlichsten Parks von der Welt zu genießen. Unser Krause zeichnete sorgfältig die Aussicht mit allen ihren gegenwärtigen Eigentümlichkeiten.

Den 14. Juni. Eine kleine Schanze, welche die Franzosen unterhalb Weißenau errichtet hatten und besetzt hielten, stand der Eröffnung der Parallele im Weg; sie sollte Nachts eingenommen werden und mehrere davon unterrichtete Personen begaben sich auf die diesseitigen Schanzen unseres rechten Flügels, von wo man die ganze Lage übersehen konnte. In der sehr finstern Nacht erwartete man nunmehr, da man die Stelle recht gut kannte, wohin unsere Truppen gesendet waren, Angriff und Widerstand sollten durch ein lebhaftes Feuer ein bedeutendes Schauspiel geben. Man harrte lang, man harrte vergebens; statt dessen gewahrte man aber eine weit lebhaftere Erscheinung. Alle Posten unserer Stellung mußten angegriffen sein, denn in dem ganzen Kreis derselben erblickte man ein lebhaftes Feuern, ohne daß man dessen Veranlassung irgend begreifen konnte; auf der Stelle aber von der eigentlich die Rede sein sollte, blieb alles tot und stumm. Verdrießlich gingen wir nach Hause, besonders Herr Gore, als auf solche Feuer- und Nachtgefechte der Begierigste. Der folgende Tag gab uns die Auflösung dieses Rätsels. Die Franzosen hatten sich vorgenommen in dieser Nacht alle unsere Posten anzugreifen und deshalb ihre Truppen aus den Schanzen weg und zum Angriff zusammengezogen. Unsere Abgesendeten daher, die mit der größten Vorsicht an die Schanze herangingen, fanden weder Waffen noch Widerstand; sie erstiegen die Schanze und fanden sie leer, einen einzigen Kanonier ausgenommen, der sich über diesen Besuch höchlich verwunderte. Während des allgemeinen Feuerns, das nur sie nicht betraf, hatten sie gute Zeit die Wälle zu zerstören und sich zurückzuziehen. Jener allgemeine Angriff hatte auch keine weitern Folgen; die allarmierten Linien beruhigten sich wieder mit dem Einbruch des Tags.

Den 16. Juni. Die immer besprochene, und dem Feind verheimlichte Belagerung von Mainz nahte sich denn doch endlich; man sagte sich in's Ohr: heute Nacht soll die Tranchee eröffnet werden. Es war sehr finster und man ritt den bekannten Weg nach der Weißenauer Schanze; man sah nichts, man hörte nichts, aber unsere Pferde stutzten auf einmal und wir wurden unmittelbar vor uns einen kaum zu unterscheidenden Zug gewahr. Östreichische, grau gekleidete Soldaten mit grauen Faschinen auf den Rücken, zogen stillschweigend dahin, kaum daß von Zeit zu Zeit der Klang an einander schlagender Schaufeln und Hacken irgend eine nahe Bewegung andeutete. Wunderbarer und gespensterhafter läßt sich kaum eine Erscheinung denken, die sich halb gesehen immer wiederholte, ohne deutlicher gesehen zu werden. Wir blieben auf dem Flecke halten bis daß sie vorüber waren, denn von da aus konnten wir wenigstens nach der Stelle hinsehen, wo sie im Finstern wirken und arbeiten sollten. Da dergleichen Unternehmungen immer in Gefahr sind dem Feind verraten zu werden, so konnte man erwarten daß von den Wällen aus auf diese Gegend, und wenn auch nur auf gut Glück, gefeuert werden würde. Allein in dieser Erwartung blieb man nicht lange, denn gerade an der Stelle, wo die Tranchee angefangen werden sollte, ging auf einmal klein Gewehrfeuer los, allen unbegreiflich. Sollten die Franzosen sich herausgeschlichen, bis an oder gar über unsere Vorposten herangewagt haben? Wir begriffen es nicht. Das Feuern hörte auf und alles versank in die allertiefste Stille. Erst den andern Morgen wurden wir aufgeklärt, daß unsere Vorposten selbst auf die still heranziehende Kolonne wie auf eine feindliche gefeuert hatten; diese stutzte, verwirrte sich, jeder warf seine Faschine weg, Schaufeln und

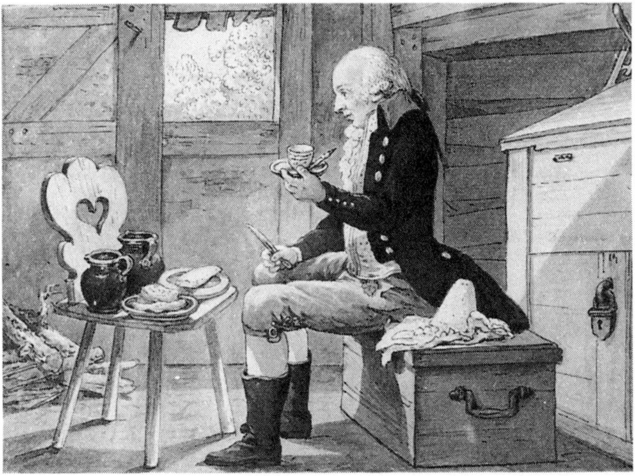

*Charles Gore (1726-1807) beim Frühstück im Feldlager von Mainz. Federzeichnung mit Aquarellfarben von Georg Melchior Kraus, 17. Juni 1793*

Hacken wurden allenfalls gerettet; die Franzosen auf den Wällen aufmerksam gemacht, waren auf ihrer Hut, man kam unverrichteter Sache zurück, die sämtliche Belagerungsarmee war in Bestürzung.

Den 17. Juni. Die Franzosen errichten eine Batterie an der Chaussee. Nachts entsetzlicher Regen und Sturm.

Den 18. Juni. Als man die neulich mißglückte Eröffnung der Tranchee unter den Sachverständigen besprach, wollte sich finden, daß man viel zu weit von der Festung mit der Anlage geblieben sei; man beschloß daher sogleich die dritte Parallele näher zu rücken und dadurch aus jenem Unfall entschiedenen Vorteil zu ziehen. Man unternahm es und es ging glücklich von Statten.

Den 24. Juni. Franzosen und Clubbisten, wie man wohl bemerken konnte, daß es Ernst werde, veranstalteten, dem zunehmenden Mangel an Lebensmitteln Einhalt zu tun, eine unbarmherzige Exportation gegen Kastel, von Greisen und Kranken, Frauen und Kindern, die eben so grausam wieder zurückgewiesen wurden. Die Not wehr- und hülfloser zwischen innere und äußere Feinde gequetschter Menschen ging über alle Begriffe.

Man versäumte nicht den östreichischen Zapfenstreich zu hören, welcher alle andere der ganzen alliierten Armee übertraf.

Den 25. Juni Nachmittag entstand ein heftiges allen unbegreifliches Kanonieren am Ende unsers linken Flügels: zuletzt klärte sich's auf, das Feuern sei auf dem Rhein, wo die holländische Flotte vor Ihro Majestät dem Könige manövriere; Höchstdieselben waren deshalb nach Ellfeld gegangen.

Den 27. Juni. Anfang des Bombardements, wodurch die Dechanei sogleich angezündet war. – Nachts glückte den Unsern der Sturm auf Weißenau und die Schanze oberhalb der Kartause, freilich unerläßliche Punkte den rechten Flügel der zweiten Parallele zu sichern.

Den 28. Juni Nachts. Fortgesetztes Bombardement gegen den Dom; Turm und Dach brennen ab und viele Häuser umher. Nach Mitternacht die Jesuitenkirche.

Wir sahen auf der Schanze vor Marienborn diesem schrecklichen Schauspiele zu; es war die sternenhellste Nacht, die Bomben schienen mit den Himmelslichtern zu wetteifern, und es waren wirklich Augenblicke wo man beide nicht unterscheiden konnte. Neu war uns das Steigen und Fallen der Feuerkugeln; denn wenn sie erst mit einem flachen Zirkelbogen das Firmament zu erreichen drohten, so knickten sie in einer gewissen Höhe parabolisch zusammen und die aufsteigende Lohe verkündigte bald daß sie ihr Ziel zu erreichen gewußt.

Herr Gore und Rat Krause behandelten den Vorfall künstlerisch und machten so viele Brandstudien, daß ihnen später gelang ein durchscheinendes Nachtstück zu verfertigen, welches noch vorhanden ist und, wohlerleuchtet, mehr als irgend eine Wortbeschreibung die Vorstellung einer unselig glühenden Hauptstadt des Vaterlandes zu überliefern im Stande sein möchte.

Und wie deutete nicht ein solcher Anblick auf die traurigste Lage, indem wir uns zu retten, uns einigermaßen wieder herzustellen, zu solchen Mitteln greifen mußten!

Den 29. Juni. Schon längst war von einer schwimmenden Batterie die Rede gewesen, welche bei Ginsheim gebaut auf den Mainkopf und die zunächst liegenden Inseln und Auen wirken und sie besetzen sollte. Man sprach so viel davon, daß sie endlich vergessen ward. Auf meinem gewöhnlichen Nachmittagsritte nach unserer Schanze über Weißenau war ich kaum dorthin gelangt, als ich auf dem Fluß eine große Bewegung bemerkte; französische Kähne ruderten emsig nach den Inseln, und die östreichische Batterie, angelegt um den Fluß bis dorthin zu bestreichen, feuerte unausgesetzt in Prellschüssen auf dem Wasser; für mich ein ganz neues Schauspiel. Wie die Kugel zum erstenmal auf das bewegliche Element aufschlug, entsprang eine starke, sich viele Fuß in die Höhe bäumende Springwelle; diese war noch nicht zusammengestürzt, als schon eine zweite in die Höhe getrieben wurde, kräftig wie die erste, nur nicht von gleicher Höhe, und so folgte die dritte, vierte, immer ferner abnehmend, bis sie zuletzt gegen die Kähne gelangte, flächer fortwirkte und den Fahrzeugen zufällig gefährlich ward.

An diesem Schauspiel konnt' ich mich nicht satt sehen, denn es folgte Schuß auf Schuß, immer wieder neue mächtige Fontänen, indessen die alten noch nicht ganz verrauscht hatten.

Auf einmal löste sich drüben auf dem rechten Ufer, zwischen Büschen und Bäumen, eine seltsame Maschine los; ein viereckte, großes, von Balken gezimmertes Lokal schwamm daher, zu meiner großen Verwunderung, zu meiner Freude zugleich, daß ich bei dieser wichtigen, soviel besprochenen Expedition Augenzeuge sein sollte. Meine Segenswünsche schienen jedoch nicht zu wirken, meine Hoffnung dauerte nicht lange: denn gar bald drehte die Masse sich auf sich selbst, man sah daß sie keinem Steuerruder gehorchte, der Strom zog sie immer im Drehen mit sich fort. Auf der Rheinschanze oberhalb Kastel und vor derselben war alles in Bewegung, Hunderte von Franzosen rannten am Ufer aufwärts und verführten ein gewaltiges Jubelgeschrei, als dieses trojanische Meerpferd, fern von dem beabsichtigten Ziel der Landspitze, durch den einströmenden Main ergriffen und nun zwischen Rhein und Main gelassen und unaufhaltsam dahinfuhr. Endlich zog die Strömung diese unbehülfliche Maschine gegen Kastel, dort strandete sie unfern der Schiffbrücke auf einem flachen, noch vom Fluß überströmten Boden. Hier versammelte sich nun das sämtliche französische Kriegsvolk, und wie ich bisher mit meinem trefflichen Fernrohr das ganze Ereignis auf's genauste beobachtet, so sah ich nun auch, leider, die

Falltüre, die diesen Raum verschloß, niedersinken und die darin Versperrten heraus und in die Gefangenschaft wandern. Es war ein ärgerlicher Anblick; die Fallbrücke reichte nicht bis an's trockene Land, die kleine Garnison mußte daher erst durch's Wasser waten, bis sie den Kreis ihrer Gegner erreichten. Es waren vier und sechzig Mann, zwei Offiziere und zwei Kanonen, sie wurden gut empfangen, sodann nach Mainz und zuletzt in's preußische Lager zur Auswechselung gebracht.

Nach meiner Rückkehr verfehlte ich nicht, von diesem unerwarteten Ereignis Nachricht zu geben; niemand wollt' es glauben, wie ich ja selbst meinen Augen nicht getraut hatte. Zufällig befanden sich Ihro Königliche Hoheit der Kronprinz in des Herzogs von Weimar Gezelt, ich ward gerufen und mußte den Vorfall erzählen; ich tat es genau aber ungern, wohl wissend daß man dem Boten der Hiobspost immer etwas von der Schuld des Unglücks, das er erzählt, anzurechnen pflegt.

Unter den Täuschungen mancher Art, die uns bei unerwarteten Vorfällen in einem ungewohnten Zustande betreffen mögen, gibt es gar viele, gegen die man sich erst im Augenblick waffnen kann. Ich war gegen Abend ohne den mindesten Anstoß den gewöhnlichen Fußpfad nach der Weißenauer Schanze geritten; der Weg ging durch eine kleine Vertiefung, wo weder Wasser noch Sumpf noch Graben noch irgend ein Hindernis sich bemerken ließ; bei meiner Rückkehr war die Nacht eingebrochen, und als ich eben in jene Vertiefung hereinreiten wollte, sah ich gegenüber eine schwarze Linie gezogen, die sich von dem verdüsterten braunen Erdreich scharf abschnitt. Ich mußt' es für einen Graben halten, wie aber ein Graben in der kurzen Zeit über meinen Weg her sollte gezogen sein, war nicht begreiflich. Mir blieb daher nichts übrig als drauf los zu reiten.

Als ich näher kam blieb zwar der schwarze Streif unverrückt, aber es schien mir vor demselbigen sich einiges hin und wieder zu bewegen, bald auch ward ich angerufen und befand mich sogleich mitten unter wohlbekannten Kavallerie-Offizieren. Es war des Herzogs von Weimar Regiment, welches, ich weiß nicht zu welchem Zwecke ausgerückt, sich in dieser Vertiefung aufgestellt hatte, da denn die lange Linie schwarzer Pferde mir als Vertiefung erschien die meinen Fußpfad zerschnitt. Nach wechselseitigem Begrüßen eilte ich sodann ungehindert zu den Zelten.

Und so war nach und nach das innere grenzenlose Unglück einer Stadt, außen und in der Umgegend, Anlaß zu einer Lustpartie geworden. Die Schanze über Weißenau, welche die herrlichste Übersicht gewährte, täglich von Einzelnen besucht, die sich von der Lage einen Begriff machen und was in dem weiten übersehbaren Kreis vorginge bemerken wollten, war Sonn- und Feiertags der Sammelplatz einer unzählbaren Menge Landleute, die sich aus der Nachbarschaft herbei zogen. Dieser Schanze konnten die Franzosen wenig anhaben, Hochschüsse waren sehr ungewiß und gingen meist drüber weg. Wenn die Schildwache, auf der Brustwehr hin und wieder gehend, bemerkte daß die Franzosen das hieher gerichtete Geschütz abfeuerten, so rief sie: Buck! und sodann ward von allen innerhalb der Batterie befindlichen Personen erwartet, daß sie sich auf die Knie wie auf's Angesicht niederwürfen, um durch die Brustwehr gegen eine niedrig ankommende Kugel geschützt zu sein.

Nun war es Sonntags und Feiertags lustig anzusehen, wenn die große Menge geputzter Bauersleute, oft noch mit Gebetbuch und Rosenkranz aus der Kirche kommend, die Schanze füllten, sich umsahen, schwatzten und schäkerten, auf einmal aber die Schildwache Buck! rief und sie sämtlich flugs vor dieser gefährlich-hochwürdigen Erscheinung niederfielen und ein vorüberfliegendes göttlich sausendes Wesen anzubeten schienen; bald aber nach geschwundener Gefahr sich wieder aufrafften, sich wechselsweise verspotteten und bald darauf, wenn es den Belagerten gerade beliebte, abermals niederstürzten. Man konnte sich dieses Schauspiel sehr bequem verschaffen, wenn man sich auf der nächsten Höhe etwas seitwärts außer der Richtung der Kugel stellte, unter sich dieses wunderliche Gewimmel sah und die Kugel an sich vorbeisausen hörte.

Aber eine solche über die Schanze weggehende Kugel verfehlte nicht Zweck noch Absicht. Auf dem Rücken dieser Höhen zog sich der Weg von Frankfurt her, so daß man die Prozession von Kutschen und Chaisen, Reitern und Fußgängern aus Mainz sehr gut beobachten und also zugleich die Schanze und die Wallfahrtenden in Schrecken setzen konnte. Auch wurde bei einiger Aufmerksamkeit des Militärs der Eintritt einer solchen Menge gar bald verboten, und die Frankfurter nahmen einigen Umweg, auf welchem sie unbemerkt und unerreicht in das Hauptquartier gelangten.

Ende Juni. – In einer unruhigen Nacht unterhielt ich mich aufzuhorchen auf die mannichfaltigen fern und nah erregten Töne, und konnte folgende genau unterscheiden.

Werda! der Schildwache vor'm Zelt.
Werda! der Infanterie-Posten.
Werda! wenn die Runde kam.
Hin- und Wiedergehen der Schildwache.
Geklapper des Säbels auf dem Sporn.
Bellen der Hunde fern.
Knurren der Hunde nahe.
Krähen der Hähne.
Scharren der Pferde.
Schnauben der Pferde.
Häckerlingschneiden.
Singen, Diskurieren und Zanken der Leute.
Kanonendonner.
Brüllen des Rindviehs.
Schreien der Maulesel.

Daß eine solche hier einfällt, möchte wohl kein Wunder sein. Jede Stunde war unglücksträchtig; man sorgte jeden Augenblick für seinen verehrten Fürsten, für die liebsten Freunde, man vergaß an eigene Sicherheit zu denken. Von der wilden wüsten Gefahr angezogen, wie von dem Blick einer Klapperschlange, stürzte man sich unberufen in die tödlichen Räume, ging, ritt durch die Tranchee, ließ die Haubitzgranaten über dem Kopfe dröhnend zerspringen, die Trümmer neben sich niederstürzen; manchem Schwerblessierten wünschte man baldige Erlösung von grimmigen Leiden, und die Toten hätte man nicht in's Leben zurückgerufen.

Wie Verteidiger und Angreifende nunmehr aber gegen einander standen, davon wäre im Allgemeinen hier so viel zu sagen. Die Franzosen hatten bei androhender Gefahr sich zeitig vorgesehen und vor die Hauptwerke hinaus kleinere Schanzen kunstgemäß angelegt, um die Blockierenden in gewisser Ferne zu halten, die Belagerung aber zu erschweren. Alle diese Hindernisse mußten nun weggeräumt werden, wenn die dritte Parallele eröffnet, fortgesetzt und geschlossen werden sollte, wie im Nachfolgenden einzeln aufgezeichnet ist. Wir aber indessen, mit einigen Freunden, obgleich ohne Ordre und Beruf, begaben uns an die gefährlichsten Posten. Weißenau war in deutschen Händen, auch die flußabwärts liegende Schanze schon erobert; man besuchte den zerstörten Ort, hielt in dem Gebeinhause Nachlese von krankhaften Knochen, wovon das Beste schon in die Hände der Wundärzte mochte gelangt sein. Indem nun aber die Kugeln der Karlsschanze immer in die Überreste der Dächer und Gemäuer schlugen, ließen wir uns durch einen Mann des dortigen Wachtpostens, gegen ein Trinkgeld, an eine bekannte bedeutende Stelle führen, wo mit einiger Vorsicht gar vieles zu übersehen war. Man ging mit

Behutsamkeit durch Trümmer und Trümmer und ward endlich eine stehen gebliebene steinerne Wendeltreppe hinauf, an das Balkonfenster eines freistehenden Giebels geführt, das freilich in Friedenszeiten dem Besitzer die herrlichste Aussicht gewährt haben mußte. Hier sah man den Zusammenfluß des Main- und Rhein-Stroms, und also die Main- und Rheinspitze, die Blei-Au, das befestigte Kastel, die Schiffbrücke und am linken Ufer sodann die herrliche Stadt; zusammengebrochene Turmspitzen, lückenhafte Dächer, rauchende Stellen untröstlichen Anblicks.

Unser Führer hieß bedächtig sein, nur einzeln um die Fensterpfosten herum schauen, weil von der Karlsschanze her gleich eine Kugel würde geflogen kommen, und er Verdruß hätte solche veranlaßt zu haben.

Nicht zufrieden hiermit schlich man weiter gegen das Nonnenkloster, wo es freilich auch wild genug aussah, wo unten in den Gewölben für billiges Geld Wein geschenkt wurde, indes die Kugeln von Zeit zu Zeit rasselnde Dächer durchlöcherten.

Aber noch weiter trieb der Vorwitz; man kroch in die letzte Schanze des rechten Flügels, die man unmittelbar über den Ruinen der Favorite und der Kartause tief in's Glacis der Festung eingegraben hatte, und nun hinter einem Bollwerk von Schanzkörben auf ein paar hundert Schritte Kanonenkugeln wechselte; wobei es denn freilich darauf ankam, wer dem andern zuerst Schweigen aufzulegen das Glück hatte.

Hier fand ich es nun, aufrichtig gestanden, heiß genug und man nahm sich's nicht übel, wenn irgend eine Anwandlung jenes Kanonenfiebers sich wieder hervortun wollte; man drückte sich nun zurück wie man gekommen war, und kehrte doch, wenn es Gelegenheit und Anlaß gab, wieder in gleiche Gefahr.

Bedenkt man nun, daß ein solcher Zustand wo man sich die Angst zu übertäuben jeder Vernichtung aussetzte, bei

*Die Liebfrauenkirche in Mainz nach der Kanonade 1793. Federzeichnung von Georg Melchior Kraus*

drei Wochen dauerte, so wird man uns verzeihen, wenn wir über diese schrecklichen Tage wie über einen glühenden Boden hinüber zu eilen trachten.

Den 1. Juli war die dritte Parallele in Tätigkeit und sogleich die Bocksbatterie bombardiert.

Den 2. Juli. Bombardement der Zitadelle und Karlsschanze.

Den 3. Juli. Neuer Brand in der St. Sebastianskapelle; benachbarte Häuser und Paläste gehen in Flammen auf.

Den 6. Juli. Die sogenannte Clubbisten-Schanze, welche den rechten Flügel der dritten Parallele nicht zu Stande kommen ließ, mußte weggenommen werden; allein man verfehlte sie und griff vorliegende Schanzen des Hauptwalles an, da man denn freilich zurückgeschlagen wurde.

Den 7. Juli. Endliche Behauptung dieses Terrains; Kostheim wird angegriffen, die Franzosen geben es auf.

Den 13. Juli Nachts. Das Rathaus und mehrere öffentliche Gebäude brennen ab.

Den 14. Juli. Stillstand auf beiden Seiten, Freuden- und Feiertag; der Franzosen wegen der in Paris geschlossenen National-Konföderation, der Deutschen wegen Eroberung von Condé; bei den letzten Kanonen- und klein Gewehrfeuer, bei jenen ein theatralisches Freiheitsfest, wovon man viel zu hören hatte.

Nachts vom 14. zum 15. Juli. Die Franzosen werden aus einer Batterie vor der Karlsschanze getrieben; fürchterliches Bombardement. Von der Mainspitze über den Main brachte man das Benediktinerkloster auf der Zitadelle in Flammen. Auf der andern Seite entzündet sich das Laboratorium und fliegt in die Luft. Fenster, Läden und Schornsteine dieser Stadtseite brechen ein und stürzen zusammen.

Am 15. Juli besuchten wir Herrn Gore in Klein-Wintersheim und fanden Rat Krause beschäftigt ein Bildnis des werten Freundes zu malen, welches ihm gar wohl gelang. Herr Gore hatte sich stattlich angezogen, um bei fürstlicher Tafel zu erscheinen, wenn er vorher sich in der Gegend abermals würde umgeschaut haben. Nun saß er, umgeben von allerlei Haus- und Feldgerät, in der Bauernkammer eines deutschen Dörfchens, auf einer Kiste, den angeschlagenen Zuckerhut auf einem Papiere neben sich; er hielt die Kaffee-Tasse in der einen, die silberne Reißfeder, statt des Löffelchens, in der andern Hand; und so war der Engländer ganz anständig und behaglich auch in einem schlechten Kantonierungsquartier vorgestellt, wie er uns noch täglich zu angenehmer Erinnerung vor Augen steht.

Wenn wir nun dieses Freundes allhier gedenken, so verfehlen wir nicht etwas mehreres über ihn zu sagen. Er zeichnete sehr glücklich in der Camera obscura und hatte, Land und See bereisend, sich auf diese Weise die schönsten Erinnerungen gesammelt. Nun konnte er, in Weimar wohnhaft, angewohnter Beweglichkeit nicht entsagen, blieb immer geneigt kleine Reisen vorzunehmen, wobei ihn denn gewöhnlich Rat Krause zu begleiten pflegte, der mit leichter glücklicher Fassungsgabe die vorstehenden Landschaften zu Papier brachte, schattierte, färbte, und so arbeiteten beide um die Wette.

Die Belagerung von Mainz, als ein seltener wichtiger Fall, wo das Unglück selbst malerisch zu werden versprach, lockte die beiden Freunde gleichfalls nach dem Rhein, wo sie sich keinen Augenblick müßig verhielten.

Und so begleiteten sie uns denn auch auf einem Gefahrzug nach Weißenau, wo sich Herr Gore ganz besonders gefiel. Wir besuchten abermals den Kirchhof in Jagd auf pathologische Knochen; ein Teil der nach Mainz gewendeten Mauer war eingeschossen, man sah über freies Feld nach der Stadt. Kaum aber merkten die auf den Wällen etwas Lebendiges in diesem Raume, so schossen sie mit Prellschüssen nach der Lücke; nun sah man die Kugel mehrmals aufspringen und Staub erregend herankommen, da man sich denn zuletzt hinter die stehen gebliebene Mauer, oder in das Gebeingewölbe zu retten wußte und der den Kirchhof durchrollenden Kugel heiter nachschaute.

Die Wiederholung eines solchen Vergnügens schien dem Kammerdiener bedenklich, der um Leben und Glieder seines alten Herrn besorgt uns allen in's Gewissen sprach und die kühne Gesellschaft zum Rückzug nötigte.

Der 16. Juli war mir ein bänglicher Tag, und zwar bedrängte mich die Aussicht auf die nächste, meinen Freunden gefährliche Nacht; damit verhielt es sich aber folgendermaßen. Eine der vorgeschobenen kleinen feindlichen Schanzen, vor der sogenannten Welschen Schanze, leistete völlig ihre Pflicht; sie war das größte Hindernis unserer vordern Parallele und mußte, was es auch kosten möchte, weggenommen werden. Dagegen war nun nichts zu sagen, allein es zeigte sich ein bedenklicher Umstand. Auf Nachricht, oder Vermutung: die Franzosen ließen hinter dieser Schanze und unter dem Schutz der Festung Kavallerie campieren, wollte man zu diesem Aus- und Überfalle auch Kavallerie mitnehmen. Was das heiße: aus der Tranchee heraus, unmittelbar vor den Kanonen der Schanze und der Festung, Kavallerie zu entwickeln und sich in düsterer Nacht damit auf dem feindlich besetzten Glacis herumzutummeln, wird jedermann begreiflich finden; mir aber war es höchst bänglich Herrn von Oppen, als den Freund der mir vom Regiment zunächst anlag, dazu kommandiert zu wissen. Gegen Einbruch der Nacht mußte jedoch geschieden sein, und ich eilte zur Schanze Nr. 4, wo man jene Gegend ziemlich im Auge hatte. Daß es losbrach und hitzig zuging, ließ sich wohl aus der Ferne bemerken, und daß mancher wackere Mann nicht zurückkehren würde, war vorauszusehen.

Indessen verkündigte der Morgen die Sache sei gelungen, man habe die Schanze erobert, geschleift und sich ihr gegenüber gleich so fest gesetzt, da ihre Wiederherstellung dem Feinde wohl unmöglich bleiben sollte. Freund Oppen kehrte glücklich zurück; die Vermißten gingen mich so nahe nicht an; nur bedauerten wir den Prinzen Ludwig, der als kühner Anführer eine wo nicht gefährliche, doch beschwerliche Wunde davon trug, und in einem solchen Augenblick den Kriegsschauplatz sehr ungern verließ.

Den 17. Juli ward nun derselbe zu Schiffe nach Mannheim gebracht; der Herzog von Weimar bezog dessen Quartier im Chausseehause; es war kein anmutigerer Aufenthalt zu denken.

Nach herkömmlicher Ordnungs- und Reinlichkeitsliebe ließ ich den schönen Platz davor kehren und reinigen, der bei dem schnellen Quartierwechsel mit Stroh und Spänen und allerlei Abwürflingen eines eilig verlassenen Kantonnements übersäet war.

Den 18. Juli Nachmittags auf große, fast unerträgliche Hitze Donnerwetter, Sturm und Regenguß, dem Allgemeinen erquicklich, den Eingegrabenen als solchen freilich sehr lästig.

Der Kommandant tut Vergleichsvorschläge, welche zurückgewiesen werden.

Den 19. Juli. Das Bombardement geht fort, die Rheinmühlen werden beschädigt und unbrauchbar gemacht.

Den 20. Juli. Der Kommandant General d'Oyré überschickt eine Punktation, worüber verhandelt wird.

Nachts vom 21sten auf den 22sten Juli. Heftiges Bombardement, die Dominikanerkirche geht in Flammen auf, dagegen fliegt ein preußisches Laboratorium in die Luft.

Den 22. Juli. Als man vernahm der Stillstand sei wirklich geschlossen, eilte man nach dem Hauptquartier, um die Ankunft des französischen Kommandanten d'Oyré zu erwarten. Er kam; ein großer wohlgebauter, schlanker Mann von mittlern Jahren, sehr natürlich in seiner Haltung und Betragen. Indessen die Unterhandlung im Innern vorging, waren wir alle aufmerksam und hoffnungsvoll; da es aber ausgesprochen ward, daß man einig geworden und die Stadt den folgenden Tag übergeben werden sollte, da entstand in mehreren das wunderbare Gefühl einer schnellen Entledigung von bisherigen Lasten, von Druck und Bangigkeit, daß einige Freunde sich nicht erwehren konnten aufzusitzen und gegen Mainz zu reiten. Unterwegs holten wir Sömmering ein, der gleichfalls mit einem Gesellen nach Mainz eilte, freilich auf stärkere Veranlassung als wir, aber doch auch die Gefahr einer solchen Unternehmung nicht achtend. Wir sahen den Schlagbaum des äußersten Tores von fern, und hinter demselben eine große Masse Menschen die sich dort auflehnten und andrängten. Nun sahen wir Wolfsgruben vor uns, allein unsere Pferde, dergleichen schon gewohnt, brachten uns glücklich zwischen durch. Wir ritten unmittelbar bis vor den Schlagbaum; man rief uns zu: was wir brächten? Unter der Menge fanden sich wenig Soldaten, alles Bürger, Männer und Frauen; unsere Antwort, daß wir Stillstand und wahrscheinlich morgen Freiheit und Öffnung versprächen, wurde mit lautem Beifall aufgenommen. Wir gaben einander wechselsweise so viel Aufklärung als einem jeden beliebte, und als wir eben von Segenswünschen begleitet wieder umkehren wollten, traf Sömmering ein, der sein Gespräch an das unsrige knüpfte, bekannte Gesichter fand, sich vertraulicher unterhielt und zuletzt verschwand ehe wir's uns versahen; wir aber hielten für Zeit umzukehren.

Gleiche Begierde, gleiches Bestreben fühlten eine Anzahl Ausgewanderter, welche mit Viktualien versehen erst in die Außenwerke, dann in die Festung selbst einzudringen verstanden, um die Zurückgelassenen wieder zu umarmen und zu erquicken. Wir begegneten mehreren solcher leidenschaftlichen Wanderer, und es mochte dieser Zustand so heftig werden, daß endlich, nach verdoppelten Posten, das strengste Verbot ausging, den Wällen sich zu nähern; die Kommunikation war auf einmal unterbrochen.

Am 23. Juli. Dieser Tag ging hin unter Besetzung der Außenwerke sowohl von Mainz als von Kastel. In einer leichten Chaise machte ich eine Spazierfahrt in einem so engen Kreis um die Stadt als es die ausgesetzten Wachen erlauben wollten. Man besuchte die Trancheen und besah sich die nach erreichtem Zweck verlassene unnütze Erdarbeit.

Als ich zurückfuhr, rief mich ein Mann mittleren Alters an und bat mich seinen Knaben von ungefähr acht Jahren, den er an der Hand mit fortschleppte, zu mir zu nehmen. Er war ein ausgewanderter Mainzer, welcher mit großer Hast und Lust seinen bisherigen Aufenthalt verlassend herbeilief den Auszug der Feinde triumphierend anzusehen, sodann aber den zurückgelassenen Clubbisten Tod und Verderben zu bringen schwor. Ich redete ihm begütigende Worte zu und stellte ihm vor, daß die Rückkehr in einen friedlichen und häuslichen Zustand nicht mit neuem bürgerlichen Krieg, Haß und Rache müsse verunreinigt werden, weil sich das Unglück ja sonst verewige. Die Bestrafung solcher schuldigen Menschen müsse man den hohen Alliierten und dem wahren Landesherrn nach seiner Rückkehr überlassen, und was ich sonst noch Besänftigendes und Ernstliches anführte; wozu ich ein Recht hatte, indem ich das Kind in den Wagen nahm und beide mit einem Trunk guten Weins und Brezeln erquickte. An einem abgeredeten Ort setzt' ich den Knaben nieder, da sich denn der Vater schon von weitem zeigte und mit dem Hut mir tausend Dank und Segen zuwinkte.

Den 24. Juli. Der Morgen ging ziemlich ruhig hin, der Ausmarsch verzögerte sich, es sollten Geldangelegenheiten sein, die man so bald nicht abtun könne. Endlich zu Mittag, als alles bei Tisch und Topf beschäftigt und eine große Stille im Lager so wie auf der Chaussee war, fuhren mehrere dreispännige Wagen in einiger Ferne von einander sehr schnell vorbei, ohne daß man sich's versah und darüber nachsann; doch bald verbreitete sich das Gerücht: auf diese kühne und kluge Weise hätten mehrere Clubbisten sich gerettet. Leidenschaftliche Personen behaupteten, man müsse nachsetzen, andere ließen es beim Verdruß bewenden, wieder andere wollten sich verwundern, daß auf dem ganzen Wege keine Spur von Wache, noch Pikett, noch Aussicht erscheine; woraus erhelle, sagten sie, daß man von oben herein durch die Finger zu sehen und alles, was sich ereignen könnte, dem Zufall zu überlassen geneigt sei.

Diese Betrachtungen wurden jedoch durch den wirklichen Auszug unterbrochen und umgestimmt. Auch hier kamen mir und Freunden die Fenster des Chausseehauses zu statten. Den Zug sahen wir in aller seiner Feierlichkeit herankommen. Angeführt durch preußische Reiterei folgte zuerst die französische Garnison. Seltsamer war nichts als wie sich dieser Zug ankündigte; eine Kolonne Marseiller, klein, schwarz, buntscheckig, lumpig gekleidet, trappelten heran als habe der König Edwin seinen Berg aufgetan und das muntere Zwergenheer ausgesendet. Hierauf folgten regelmäßigere Truppen, ernst und verdrießlich, nicht aber etwa niedergeschlagen oder beschämt. Als die merkwürdigste Erscheinung dagegen mußte jedermann auffallen, wenn die Jäger zu Pferde heraufritten; sie waren ganz still bis gegen uns herangezogen, als ihre Musik den Marseiller Marsch anstimmte. Dieses revolutionäre Te Deum hat ohnehin etwas Trauriges, Ahnungsvolles, wenn es auch noch so mutig vorgetragen wird; diesmal aber nahmen sie das Tempo ganz langsam, dem schleichenden Schritt gemäß den sie ritten. Es war ergreifend und furchtbar, und ein ernster Anblick, als die Reitenden, lange hagere Männer, von gewissen Jahren, die Miene gleichfalls jenen Tönen gemäß, heranrückten; einzeln hätte man sie dem Don Quixote vergleichen können, in Masse erschienen sie höchst ehrwürdig.

Bemerkenswert war nun ein einzelner Trupp, die französischen Kommissarien. Merlin von Thionville in Husarentracht, durch wilden Bart und Blick sich auszeichnend, hatte eine andere Figur in gleichem Costume links neben sich; das Volk rief mit Wut den Namen eines Clubbisten und bewegte sich zum Anfall. Merlin hielt an, berief sich auf seine Würde eines französischen Repräsentanten, auf die Rache die jeder Beleidigung folgen sollte: er wolle raten sich zu mäßigen, denn es sei das letztemal nicht, daß man ihn hier sehe. Die Menge stand betroffen, kein Einzelner wagte sich vor. Er hatte einige unserer dastehenden Offiziere angesprochen und sich auf das Wort des Königs berufen, und so wollte niemand weder Angriff noch Verteidigung wagen; der Zug ging unangetastet vorbei.

Den 25. Juli. Am Morgen dieses Tags bemerkt' ich, daß leider abermals keine Anstalten auf der Chaussee und in deren Nähe gemacht waren, um Unordnungen zu verhüten. Sie schienen heute um so nötiger, als die armen ausgewanderten, grenzenlos unglücklichen Mainzer, von entfernteren Orten her nunmehr angekommen, scharenweis die Chaussee umlagerten, mit Fluch- und Racheworten das gequälte und geängstigte Herz erleichternd. Die gestrige Kriegslist der Entwischenden gelang daher nicht wieder. Einzelne Reisewagen rannten abermals eilig die Straße hin, überall aber hatten sich die Mainzer Bürger in die Chausseegraben gelagert, und wie die Flüchtigen einem Hinterhalt entgingen, fielen sie in die Hände des andern.

Der Wagen ward angehalten, fand man Franzosen oder Französinnen, so ließ man sie entkommen, wohlbekannte Clubbisten keineswegs. Ein sehr schöner dreispänniger Reisewagen rollt daher, eine freundliche junge Dame versäumt nicht sich am Schlage sehen zu lassen und hüben und drüben zu grüßen; aber dem Postillion fällt man in die Zügel, der Schlag wird eröffnet, ein Erz-Clubbist an ihrer Seite sogleich erkannt. Zu verkennen war er freilich nicht, kurz gebaut, dicklich, breiten Angesichts, blatternarbig. Schon ist er bei den Füßen herausgerissen; man schließt den Schlag und wünscht der Schönheit glückliche Reise. Ihn aber schleppt man auf den nächsten Acker, zerstößt und zerprügelt ihn fürchterlich; alle Glieder seines Leibes sind zerschlagen, sein Gesicht unkenntlich. Eine Wache nimmt sich endlich seiner an, man bringt ihn in ein Bauernhaus, wo er auf Stroh liegend zwar vor Tätlichkeiten seiner Stadtfeinde, aber nicht vor Schimpf, Schadenfreude und Schmähungen geschützt war. Doch auch damit ging es am Ende so weit, daß der Offizier niemand mehr hineinließ; auch mich, dem er es als einem Bekannten nicht abgeschlagen hätte, dringend bat, ich möchte diesem traurigsten und ekelhaftesten aller Schauspiele entsagen.

Zum 25. Juli. Auf dem Chausseehause beschäftigte uns nun der fernere regelmäßige Auszug der Franzosen. Ich stand mit Herrn Gore daselbst am Fenster, unten versammelte sich eine große Menge; doch auf dem geräumigen Platze konnte dem Beobachtenden nichts entgehen.

Infanterie, muntere wohlgebildete Linientruppen kamen nun heran; Mainzer Mädchen zogen mit ihnen aus, teils nebenher, teils innerhalb der Glieder. Ihre eigenen Bekannten begrüßten sie nun mit Kopfschütteln und Spottreden: »Ei Jungfer Lieschen, will Sie sich auch in der Welt umsehen?« und dann: »Die Sohlen sind noch neu, sie werden bald durchgelaufen sein!« Ferner: »Hat Sie auch in der Zeit Französisch gelernt? – Glück auf die Reise!« Und so ging es immerfort durch diese Zungenruten; die Mädchen aber schienen alle heiter und getrost, einige wünschten ihren Nachbarinnen wohl zu leben, die meisten waren still und sahen ihre Liebhaber an.

Indessen war das Volk sehr bewegt, Schimpfreden wurden ausgestoßen, von Drohungen heftig begleitet. Die Weiber tadelten an den Männern, daß man diese Nichtswürdigen so vorbeilasse, die in ihrem Bündelchen gewiß manches von Hab und Gut eines echten Mainzer Bürgers mit sich schleppten, und nur der ernste Schritt des Militärs, die

Ordnung durch nebenhergehende Offiziere erhalten, hinderte einen Ausbruch; die leidenschaftliche Bewegung war furchtbar.

Gerade in diesem gefährlichsten Momente erschien ein Zug, der sich gewiß schon weit hinweggewünscht hatte. Ohne sonderliche Bedeckung, zeigte sich ein wohlgebildeter Mann zu Pferde, dessen Uniform nicht gerade einen Militär ankündigte, an seiner Seite ritt in Mannskleidern ein wohlgebautes und sehr schönes Frauenzimmer, hinter ihnen folgten einige vierspännige Wagen mit Kisten und Kasten bepackt; die Stille war ahnungsvoll. Auf einmal rauscht' es im Volke und rief: »Haltet ihn an! schlagt ihn tot! das ist der Spitzbube von Architekten, der erst die Dom-Dechanei geplündert und nachher selbst angezündet hat!« Es kam auf einen einzigen entschlossenen Menschen an und es war geschehen.

Ohne weiteres zu überlegen, als daß der Burgfriede vor des Herzogs Quartier nicht verletzt werden dürfe, mit dem blitzschnellen Gedanken, was der Fürst und General bei seiner Nachhausekunft sagen würde, wenn er über die Trümmer einer solchen Selbsthülfe kaum seine Tür erreichen könnte, sprang ich hinunter, hinaus und rief mit gebietender Stimme: Halt!

Schon hatte sich das Volk näher herangezogen; zwar den Schlagbaum unterfing sich niemand herabzulassen, der Weg aber selbst war von der Menge versperrt. Ich wiederholte mein Halt! und die vollkommenste Stille trat ein. Ich fuhr darauf stark und heftig sprechend fort: hier sei das Quartier des Herzogs von Weimar, der Platz davor sei heilig; wenn sie Unfug treiben und Rache üben wollten, so fänden sie noch Raum genug. Der König habe freien Auszug gestattet, wenn er diesen hätte bedingen und gewisse Personen ausnehmen wollen, so würde er Aufseher angestellt, die Schuldigen zurückgewiesen oder gefangen genommen haben; davon sei aber nichts bekannt, keine

Patrouille zu sehen. Und sie, wer und wie sie hier auch seien, hätten, mitten in der deutschen Armee, keine andere Rolle zu spielen, als ruhige Zuschauer zu bleiben; ihr Unglück und ihr Haß gebe ihnen hier kein Recht, und ich litte ein für allemal an dieser Stelle keine Gewalttätigkeit.

Nun staunte das Volk, war stumm, dann wogt' es wieder, brummte, schalt; einzelne wurden heftig, ein paar Männer drangen vor, den Reitenden in die Zügel zu fallen. Sonderbarer Weise war einer davon jener Perückenmacher, den ich gestern schon gewarnt, indem ich ihm Gutes erzeigte. – Wie! rief ich ihm entgegen, habt ihr schon vergessen, was wir gestern zusammen gesprochen? Habt ihr nicht darüber nachgedacht, daß man durch Selbstrache sich schuldig macht, daß man Gott und seinen Oberen die Strafe der Verbrecher überlassen soll, wie man ihnen das Ende dieses Elends zu bewirken auch überlassen mußte, und was ich sonst noch kurz und bündig aber laut und heftig sprach. Der Mann, der mich gleich erkannte, trat zurück, das Kind schmiegte sich an den Vater und sah freundlich zu mir herüber; schon war das Volk zurückgetreten und hatte den Platz freier gelassen, auch der Weg durch den Schlagbaum war wieder offen. Die beiden Figuren zu Pferde wußten sich kaum zu benehmen. Ich war ziemlich weit in den Platz hereingetreten; der Mann ritt an mich heran und sagte: er wünsche meinen Namen zu wissen, zu wissen wem er einen so großen Dienst schuldig sei, er werde es zeitlebens nicht vergessen und gern erwidern. Auch das schöne Kind näherte sich mir und sagte das Verbindlichste. Ich antwortete, daß ich nichts als meine Schuldigkeit getan und die Sicherheit und Heiligkeit dieses Platzes behauptet hätte; ich gab einen Wink und sie zogen fort. Die Menge war nun einmal in ihrem Rachesinn irre gemacht, sie blieb stehen; dreißig Schritte davon hätte sie niemand gehindert. So ist's aber in der Welt: wer nur erst über einen Anstoß hinaus ist, kommt über tausend. *Chi scampa d'un punto, scampa di mille.*

Als ich nach meiner Expedition zu Freund Gore hinaufkam, rief er mir in seinem Englisch-Französisch entgegen: Welche Fliege sticht euch, ihr habt euch in einen Handel eingelassen, der übel ablaufen konnte.

Dafür war mir nicht bange, versetzte ich; und findet ihr nicht selbst hübscher, daß ich euch den Platz vor dem Hause so rein gehalten habe? wie säh' es aus, wenn das nun alles voll Trümmer läge, die jedermann ärgerten, leidenschaftlich aufregten und niemand zu Gute kämen; mag auch jener den Besitz nicht verdienen den er wohlbehaglich fortgeschleppt hat.

Indessen aber ging der Auszug der Franzosen gelassen unter unserm Fenster vorbei; die Menge die kein Interesse weiter daran fand verlief sich; wer es möglich machen konnte, suchte sich einen Weg, um in die Stadt zu schleichen, die Seinigen, und was von ihrer Habe allenfalls gerettet sein konnte, wiederzufinden und sich dessen zu erfreuen. Mehr aber trieb sie die höchst verzeihliche Wut ihre verhaßten Feinde die Clubbisten und Comitisten zu strafen, zu vernichten, wie sie mitunter bedrohlich genug ausriefen.

Indessen konnte sich mein guter Gore nicht zufrieden geben, daß ich, mit eigener Gefahr, für einen unbekannten, vielleicht verbrecherischen Menschen so viel gewagt habe. Ich wies ihn immer scherzhaft auf den reinen Platz vor dem Hause und sagte zuletzt ungeduldig: es liegt nun einmal in meiner Natur, ich will lieber eine Ungerechtigkeit begehen als Unordnung ertragen.

Den 26. und 27. Juli. Den 26sten gelang es uns schon mit einigen Freunden zu Pferd in die Stadt einzudringen; dort fanden wir den bejammernswertesten Zustand. In Schutt und Trümmern war zusammengestürzt, was Jahrhunderten aufzubauen gelang, wo in der schönsten Lage der Welt Reichtümer von Provinzen zusammenflossen, und Religion das was ihre Diener besaßen zu befestigen und zu vermehren trachtete. Die Verwirrung, die den Geist ergriff, war höchst schmerzlich, viel trauriger, als wäre man in eine durch Zufall eingeäscherte Stadt geraten.

Bei aufgelöster polizeilicher Ordnung hatte sich zum traurigen Schutt noch aller Unrat auf den Straßen gesammelt; Spuren der Plünderung ließen sich bemerken in Gefolg innerer Feindschaft. Hohe Mauern drohten den Einsturz, Türme standen unsicher, und was bedarf es einzelner Beschreibungen, da man die Hauptgebäude nach einander genannt wie sie in Flammen aufgingen. Aus alter Vorliebe eilte ich zur Dechanei, die mir noch immer als ein kleines architektonisches Paradies vorschwebte; zwar stand die Säulenvorhalle mit ihrem Giebel noch aufrecht, aber ich trat nur zu bald über den Schutt der eingestürzten schöngewölbten Decken; die Drahtgitter lagen mir im Wege, die sonst netzweise von oben erleuchtende Fenster schützten; hie und da war noch ein Rest alter Pracht und Zierlichkeit zu sehen, und so lag denn auch diese Musterwohnung für immer zerstört. Alle Gebäude des Platzes umher hatten dasselbige Schicksal; es war die Nacht vom 27sten Juni, wo der Untergang dieser Herrlichkeiten die Gegend erleuchtete.

Hierauf gelangt' ich in die Gegend des Schlosses, dem sich niemand zu nähern wagte. Außen angebrachte bretterne Angebäude deuteten auf die Verunreinigung jener fürstlichen Wohnung; auf dem Platze davor standen gedrängt ineinandergeschoben unbrauchbare Kanonen, teils durch den Feind, teils durch eigene hitzige Anstrengung zerstört.

Wie nun von außen her durch feindliche Gewalt so manches herrliche Gebäude mit seinem Inhalt vernichtet worden, so war auch innerlich vieles durch Rohheit, Frevel und Mutwillen zu Grunde gerichtet. Der Palast Ostheim stand noch in seiner Integrität, allein zur Schneiderherberge, zu Einquartierungs- und Wachstuben verwandelt, eine Umkehrung verwünscht anzusehen. Säle von Lappen und Fetzen, dann wieder die gips-marmornen Wände mit Haken und großen Nägeln zersprengt, Gewehre dort aufgehangen und umher gestellt.

Das Akademiegebäude nahm sich von außen noch ganz freundlich aus, nur eine Kugel hatte im zweiten Stock ein Fenstergewände von Sömmerings Quartier zersprengt. Ich fand diesen Freund wieder daselbst, ich darf nicht sagen eingezogen, denn die schönen Zimmer waren durch die wilden Gäste auf's schlimmste behandelt. Sie hatten sich nicht begnügt die blauen reinlichen Papiertapeten so weit sie reichen konnten zu verderben; Leitern, oder über einander gestellte Tische und Stühle mußten sie gebraucht haben, um die Zimmer bis an die Decke mit Speck oder sonstigen Fettigkeiten zu besudeln. Es waren dieselbigen Zimmer, wo wir vorm Jahr so heiter und traulich zu wechselseitigem Scherz und Belehrung freundschaftlich beisammen gesessen. Indes war bei diesem Unheil doch auch noch etwas Tröstliches zu zeigen; Sömmering hatte seinen Keller uneröffnet und seine dahin geflüchteten Präparate durchaus unbeschädigt gefunden. Wir machten ihnen einen Besuch, wogegen sie uns zu belehrendem Gespräch Anlaß gaben.

Eine Proklamation des neuen Gouverneurs hatte man ausgegeben, ich fand sie in eben dem Sinne, ja fast mit den gleichen Worten meiner Anmahnung an jenen ausgewanderten Perückenmacher; alle Selbsthülfe war verboten; dem zurückkehrenden Landesherrn allein sollte das Recht zustehen zwischen guten und schlechten Bürgern den Unterschied zu bezeichnen. Sehr notwendig war ein solcher Erlaß, denn bei der augenblicklichen Auflösung, die der Stillstand vor einigen Tagen verursachte, drangen die kühnsten Ausgewanderten in die Stadt und veranlaßten selbst die Plünderung der Clubbistenhäuser, indem sie die hereinziehenden Belagerungssoldaten anführten und aufregten. Jene Verordnung war mit den mildesten Ausdrücken gefaßt, um, wie billig, den gerechten Zorn der grenzenlos beleidigten Menschen zu schonen.

Wie schwer ist es eine bewegte Menge wieder zur Ruhe zu bringen! Auch noch in unserer Gegenwart geschahen solche Unregelmäßigkeiten. Der Soldat ging in einen Laden, verlangte Tabak, und indem man ihn abwog bemächtigte er sich des Ganzen. Auf das Zetergeschrei der Bürger legten sich unsere Offiziere in's Mittel und so kam man über eine Stunde, über einen Tag der Unordnung und Verwirrung hinweg.

Auf unseren Wanderungen fanden wir eine alte Frau an der Türe eines niedrigen, fast in die Erde gegrabenen Häuschens. Wir verwunderten uns, daß sie schon wieder zurückgekehrt, worauf wir vernahmen, daß sie gar nicht ausgewandert, ob man ihr gleich zugemutet die Stadt zu verlassen. Auch zu mir, sagte sie, sind die Hanswürste gekommen mit ihren bunten Schärpen, haben mir befohlen und gedroht; ich habe ihnen aber tüchtig die Wahrheit gesagt: Gott wird mich arme Frau in dieser meiner Hütte lebendig und in Ehren erhalten, wenn ich euch schon längst in Schimpf und Schande sehen werde. Ich hieß sie mit ihren Narreteien weiter gehen. Sie fürchteten, mein Geschrei möchte die Nachbarn aufregen und ließen mich in Ruhe. Und so hab' ich die ganze Zeit, teils im Keller, teils im Freien zugebracht, mich von wenigem genährt und lebe noch Gott zu Ehren, jenen aber wird es schlecht ergehen.

Nun deutete sie uns auf ein Eckhaus gegenüber, um zu zeigen wie nahe die Gefahr gewesen. Wir konnten in das untere Eckzimmer eines ansehnlichen Gebäudes hineinschauen, das war ein wunderlicher Anblick! Hier hatte seit langen Jahren eine alte Sammlung von Kuriositäten gestanden, Figuren von Porzellain und Bildstein, chinesische Tassen, Teller, Schüsseln und Gefäße; an Elfenbein und Bernstein mocht' es auch nicht gefehlt haben, so wie an anderem Schnitz- und Drechselwerk, aus Moos, Stroh und sonst zusammengesetzten Gemälden und was man sich in einer solchen Sammlung denken mag. Das alles war nur aus den Trümmern zu schließen: denn eine Bombe, durch alle Stockwerke durchschlagend, war in diesem Raume geplatzt; die gewaltsame Luftausdehnung, indem sie inwendig alles von der Stelle warf, schlug die Fenster herauswärts, mit ihnen die Drahtgitter, die sonst das Innere schirmten und nun zwischen den eisernen Stangengittern bauchartig herausgebogen erschienen. Die gute Frau versicherte, daß sie bei dieser Explosion selbst mit unterzugehen geglaubt habe.

Wir fanden unser Mittagsmahl an einer großen Wirtstafel; bei vielen Hin- und Wiederreden schien uns das Beste zu schweigen. Wundersam genug fiel es aber auf, daß man von den gegenwärtigen Musikanten den Marseiller Marsch und das *Ça ira* verlangte; alle Gäste schienen einzustimmen und erheitert.

Bei unserm folgenden Hin- und Herwandern wußten wir den Platz, wo die Favorite gestanden, kaum zu unterscheiden. Im August vorigen Jahrs erhub sich hier noch ein prächtiger Gartensaal. Terrassen, Orangerie, Springwerke machten diesen unmittelbar am Rhein liegenden Lustort höchst vergnüglich. Hier grünten die Alleen, in welchen, wie der Gärtner mir erzählte, sein gnädigster Kurfürst die höchsten Häupter mit allem Gefolge an unübersehbaren Tafeln bewirtet; und was der gute Mann nicht alles von damastnen Gedecken, Silberzeug und Geschirr zu erzählen hatte. Geknüpft an jene Erinnerung machte die Gegenwart nur noch einen unerträglichern Eindruck.

Die benachbarte Kartause war ebenfalls wie verschwunden, denn man hatte die Steine dieser Gebäude sogleich zur bedeutenden Weißenauer Schanze vermauert. Das Nonnenklösterchen stand noch in frischen kaum wieder herzustellenden Ruinen.

Die Freunde Gore und Krause begleitete ich auf die Zitadelle. Da stand nun Drusus' Denkmal, ungefähr noch eben so wie ich es als Knabe gezeichnet hatte, auch diesmal unerschüttert, so viel Feuerkugeln daran mochten vorbei geflogen sein, ja darauf geschlagen haben.

Herr Gore stellte seine tragbare dunkle Kammer auf dem Walle sogleich zurechte, in Absicht eine Zeichnung der ganzen durch die Belagerung entstellten Stadt zu unternehmen, die auch von der Mitte, vom Dom aus, gewissenhaft und genau zu Stande kam, gegen die Seiten weniger vollendet, wie sie uns in seinen hinterlassenen, schön geordneten Blättern noch vor Augen liegt.

Endlich wendeten sich auch unsere Wege nach Kastel; auf der Rheinbrücke holte man noch frischen Atem wie vor Alters, und betrog sich einen Augenblick als wenn jene Zeit wieder kommen könnte. An der Befestigung von Kastel hatte man während der Belagerung immerfort gemauert; wir fanden einen Trog frischen Kalks, Backsteine daneben und eine unfertige Stelle; man hatte, nach ausgesprochenem Stillstand und Übergabe, alles stehn und liegen lassen.

So merkwürdig aber als traurig anzusehen war der Verhau rings um die Kasteler Schanzen; man hatte dazu die Fülle der Obstbäume der dortigen Gegend verbraucht. Bei der Wurzel abgesägt, die äußersten zarten Zweige weggestutzt, schob man die stärkeren, regelmäßig gewachsenen Kronen in einander und errichtete dadurch ein undurchdringliches letztes Bollwerk, es schienen zu gleicher Zeit gepflanzte Bäume, unter gleich günstigen Umständen erwachsen, nunmehr zu feindseligen Zwecken benutzt dem Untergang überlassen.

Lange aber konnte man sich einem solchen Bedauern nicht hingeben, denn Wirt und Wirtin und jeder Einwohner den man ansprach, schienen ihren eigenen Jammer zu vergessen, um sich in weitläufigere Erzählungen des grenzenlosen Elends heraus zu lassen, in welchem die zur Auswanderung genötigten Mainzer Bürger zwischen zwei Feinde, den innern und äußern, sich geklemmt sahen. Denn nicht der Krieg allein, sondern der durch Unsinn aufgelöste bürgerliche Zustand hatte ein solches Unglück bereitet und herbei geführt.

Einigermaßen erholte sich unser Geist von alle dem Trübsal und Jammer, bei Erzählung mancher heroischen Tat der tüchtigen Stadtbürger. Erst sah man mit Schrecken das Bombardement als ein unvermeidliches Elend an, die zerstörende Gewalt der Feuerkugeln war zu groß, das anrükkende Unglück so entschieden, daß niemand glaubte entgegenwirken zu können; endlich aber bekannter mit der Gefahr, entschloß man sich ihr zu begegnen. Eine Bombe, die in ein Haus fiel, mit bereitem Wasser zu löschen, gab Gelegenheit zu kühnem Scherz; man erzählte Wunder von weiblichen Heldinnen dieser Art, welche sich und andere glücklich gerettet. Aber auch der Untergang von tüchtigen wackern Menschen war zu bedauern. Ein Apotheker und sein Sohn gingen über dieser Operation zu Grunde.

Wenn man nun, das Unglück bedauernd, sich und andern Glück wünschte das Ende der Leiden zu sehen, so verwunderte man sich zugleich, daß die Festung nicht länger gehalten worden. In dem Schiffe des Doms, dessen Gewölbe sich erhalten hatten, lag eine große Masse unangetasteter Mehlsäcke, man sprach von andern Vorräten und von unerschöpflichem Weine. Man hegte daher die Vermutung, daß die letzte Revolution in Paris, wodurch die Partei, wozu die Mainzer Kommissarien gehörten, sich zum Regiment aufgeschwungen, eigentlich die frühere Übergabe der Festung veranlaßt. Merlin von Thionville, Reubel und andere wünschten gegenwärtig zu sein, wo nach überwundnen Gegnern nichts mehr zu scheuen und unendlich zu gewinnen war. Erst mußte man sich inwendig festsetzen, an dieser Veränderung Teil nehmen, sich zu bedeutenden Stellen erheben, großes Vermögen ergreifen, alsdann aber bei fortgesetzter äußerer Fehde auch da wieder mitwirken und, bei wahrscheinlich ferner zu hoffendem Kriegsglück, abermals ausziehen, die regen Volksgesinnungen über andere

Länder auszubreiten, den Besitz von Mainz, ja von weit mehr, wieder zu erringen trachten.

Für niemand war nun Bleibens mehr in dieser verwüsteten öden Umgebung. Der König mit den Garden zog zuerst, die Regimenter folgten. Weitern Anteil an den Unbilden des Krieges zu nehmen ward nicht mehr verlangt; ich erhielt Urlaub nach Hause zurückzukehren, doch wollt' ich vorher noch Mannheim wieder besuchen.

Mein erster Gang war Ihro königlichen Hoheit dem Prinzen Louis Ferdinand aufzuwarten, den ich ganz wohlgemut auf seinem Sopha ausgestreckt fand, nicht völlig bequem, weil ihn die Wunde am Liegen eigentlich hinderte; wobei er auch die Begierde nicht verbergen konnte, baldmöglichst auf dem Kriegsschauplatz persönlich wieder aufzutreten.

Darauf begegnete mir im Gasthofe ein artiges Abenteuer. An der langen sehr besetzten Wirtstafel saß ich an einem Ende, der Kämmerier des Königs, von Rietz, an dem andern, ein großer, wohlgebauter, starker, breitschultriger Mann; eine Gestalt wie sie dem Leibdiener Friedrich Wilhelms gar wohl geziemte. Er mit seiner nächsten Umgebung waren sehr laut gewesen und standen frohen Mutes von Tafel auf; ich sah Herrn Rietz auf mich zukommen; er begrüßte mich zutraulich, freute sich meiner lang gewünschten, endlich gemachten Bekanntschaft, fügte einiges Schmeichelhafte hinzu und sagte sodann: ich müsse ihm verzeihen, er habe aber noch ein persönliches Interesse mich hier zu finden und zu sehen. Man habe ihm bisher immer behauptet: schöne Geister und Leute von Genie müßten klein und hager, kränklich und vermüfft aussehen, wie man ihm denn dergleichen Beispiele genug angeführt. Das habe ihn immer verdrossen, denn er glaube doch auch nicht auf den Kopf gefallen zu sein, dabei aber gesund und stark und von tüchtigen Gliedmaßen; aber nun freue er sich an mir einen Mann zu finden, der doch auch nach etwas aussehe und den man deshalb nicht weniger für ein Genie gelten lasse. Er freue sich dessen und wünsche uns beiden lange Dauer eines solchen Behagens.

Ich erwiderte gleichfalls verbindliche Worte; er schüttelte mir die Hand, und ich konnte mich trösten, daß wenn jener wohlgesinnte Obristlieutenant meine Gegenwart ablehnte, welcher wahrscheinlich auch eine vermüffte Person erwartet hatte, ich nunmehr, freilich in einer ganz entgegengesetzten Kategorie, zu Ehren kam.

In Heidelberg, bei der alten treuen Freundin Delph, begegnete ich meinem Schwager und Jugendfreund Schlosser. Wir besprachen gar manches, auch er mußte einen Vortrag meiner Farbenlehre aushalten. Ernst und freundlich nahm er sie auf, ob er gleich von der Denkweise, die er sich festgesetzt hatte, nicht loskommen konnte und vor allen Dingen darauf bestand zu wissen: in wie fern sich meine Bearbeitung mit der Eulerischen Theorie vereinigen lasse, der er zugetan sei. Ich mußte leider bekennen, daß auf meinem Wege hiernach gar nicht gefragt werde, sondern nur daß darum zu tun sei, unzählige Erfahrungen in's Enge zu bringen, sie zu ordnen, ihre Verwandtschaft, Stellung gegen einander und neben einander aufzufinden, sich selbst und andern faßlich zu machen. Diese Art mochte ihm jedoch, da ich nur wenig Experimente vorzeigen konnte, nicht ganz deutlich werden.

Da nun hiebei die Schwierigkeit des Unternehmens sich hervortat, zeigt' ich ihm einen Aufsatz den ich während der Belagerung geschrieben hatte, worin ich ausführte: wie eine Gesellschaft verschiedenartiger Männer zusammen arbeiten und jeder von seiner Seite mit eingreifen könnte, um ein so schwieriges und weitläufiges Unternehmen fördern zu helfen. Ich hatte den Philosophen, den Physiker, Mathematiker, Maler, Mechaniker, Färber und Gott weiß wen alles in Anspruch genommen: dies hörte er im Allgemeinen ganz geduldig an, als ich ihm aber die Abhandlung im Einzelnen vorlesen wollte, verbat er sich's und lachte mich aus: ich sei, meinte er, in meinen alten Tagen noch immer ein Kind und Neuling, daß ich mir einbilde, es werde jemand an demjenigen Teil nehmen, wofür ich Interesse zeige, es werde jemand ein fremdes Verfahren billigen und es zu dem seinigen machen, es könne in Deutschland irgend eine gemeinsame Wirkung und Mitwirkung statt finden!

Eben so wie über diesen Gegenstand äußerte er sich über andere; freilich hatte er als Mensch, Geschäftsmann, Schriftsteller gar vieles erlebt und erlitten, daher denn sein ernster Charakter sich in sich selbst verschloß und jeder heitern, glücklichen, oft hülfreichen Täuschung mißmutig entsagte. Mir aber machte es denn unangenehmsten Eindruck, daß ich, aus dem schrecklichsten Kriegszustand wieder in's ruhige Privatleben zurückkehrend, nicht einmal hoffen sollte auf eine friedliche Teilnahme an einem Unternehmen, das mich so sehr beschäftigte, und das ich der ganzen Welt nützlich und interessant wähnte.

Dadurch regte sich abermals der alte Adam; leichtsinnige Behauptungen, paradoxe Sätze, ironisches Begegnen und was dergleichen mehr war, erzeugte bald Apprehension und Mißbehagen unter den Freunden: Schlosser verbat sich dergleichen sehr heftig, die Wirtin wußte nicht, was sie aus uns beiden machen sollte, und ihre Vermittlung bewirkte wenigstens, daß der Abschied zwar schneller als vorgesetzt doch nicht übereilt erschien.

Von meinem Aufenthalt in Frankfurt wüßte ich wenig zu sagen, eben so wenig von meiner übrigen Rückreise; der Schluß des Jahrs, der Anfang des folgenden ließ nur Greueltaten einer verwilderten und zugleich siegberauschten Nation vernehmen. Aber auch mir stand ein ganz eigener Wechsel der gewohnten Lebensweise bevor. Der Herzog von Weimar trat nach geendigter Campagne aus preußischen Diensten; das Wehklagen des Regiments war groß durch alle Stufen, sie verloren Anführer, Fürsten, Ratgeber, Wohltäter und Vater zugleich. Auch ich sollte von engverbundenen trefflichen Männern auf einmal scheiden; es geschah nicht ohne Tränen der besten. Die Verehrung des einzigen Mannes und Führers hatte uns zusammengebracht und gehalten, und wir schienen uns selbst zu verlieren, als wir seiner Leitung und einem heitern verständigen Umgang unter einander entsagen sollten. Die Gegend um Aschersleben, der nahe Harz, von dort aus so leicht zu bereisen, erschien für mich verloren, auch bin ich niemals wieder tief hineingedrungen.

Und so wollen wir schließen, um nicht in Betrachtung der Weltschicksale zu geraten, die uns noch zwölf Jahre bedrohten, bis wir von eben denselben Fluten uns überschwemmt, wo nicht verschlungen gesehen.

# Erläuterungen

*Campagne in Frankreich 1792:* Die *Campagne* erschien im Mai 1822 zusammen mit der *Belagerung von Maynz* (wie die Schreibung in der Erstausgabe lautete) unter der gemeinsamen Überschrift *Aus meinem Leben. Zweiter Abteilung fünfter Theil* und war damit als Fortsetzung der bis zu diesem Zeitpunkt erschienenen Teile von *Dichtung und Wahrheit* und der *Italienischen Reise* ausgewiesen.

Zunächst hatte Goethe als Einleitung in die *Campagne* einen allgemeineren politisch-historischen Abriß vorgesehen, den er aber dann zugunsten eines ganz unmittelbaren Einstiegs in die Geschehnisse fallen ließ; möglicherweise bemerkte er auch, daß ihm in dieser verworfenen Einleitung ziemlich scharfe Kritik an der Handlungsweise der preußischen und der russischen Monarchen insbesondere bei den polnischen Teilungen unterlaufen war. Der ausgeschiedene Text lautete folgendermaßen:

»Man darf sich nicht verbergen daß seit dem Hubertusburger-Frieden, wo die Partheyung welche Deutschland zwischen Preußen und Östreich teilte, aufgelöst ward, die Deutschen etwas anderes suchten und ein gewisser unbestimmter Sinn, wo nicht zu etwas Besserem doch zu etwas Anderem sich nach und nach in ihnen entwickelte. Der dritte Stand bildete sich fortschreitend aus, der Adel wollte nicht zurückbleiben und trat mit ihm in Verbindung. Nach dem Antheil den man an Corsika, sodann aber an Nord-Amerika genommen, rückte das Interesse näher; die Franzosen machten einen Versuch, ihren Regierungsformen andere Gestalt zu geben; diese Neuheit unterhielt jedermann, und gewiß der größte Theil von Deutschland war geneigt sie gewähren zu lassen und allenfalls zu sehen, was aus diesem Experiment herauskommen möchte.

Diese Gesinnungen verbreiteten sich umso eher als man in dem Betragen der nordischen Monarchen eben keine entschiedene Sittlichkeit gewahr werden konnte. Polen ward getheilt und wieder getheilt, bis endlich nichts mehr davon übrig blieb. Hier sah man Menschen die einen ihres Gleichen in Pension zu setzen gedachten, dort rührte sich ein Volk um ähnlicherweise mit seinem König zu verfahren.

Man hätte wie bisher auch der inneren Gährung zugesehen, welche durch mancherley Umwandlung den Zustand von Frankreich nach und nach völlig aufzulösen schien, aber sie hatten in Betracht mancher gegen sie vorgenommenen Verbindungen und Rüstungen Östreich den Krieg erklärt. Aber gleich zu Anfang des Feldzugs, da jedermann aufmerksam war wie kräftig sie sich benehmen würden, verloren sie durch schmähliches Beginnen allen Kredit; ihre angreifenden Heere lassen sich durch panische Schrecken zurücktreiben, zerstreuen, nirgends erblickt man Übereinstimmung; Volksrepräsentanten und König, Minister und Generale, nirgends bemerkt man gleichthätigen Sinn nicht einmal gegen den Feind.

Man fängt an sie gering zu schätzen, die Emigrirten gewinnen erst recht entschiedenen Glauben; der Krieg war diesseits beschlossen.«

(Diplomatisch getreue Textwiedergabe nach der Weimarer Ausgabe, I. Abteilung, Band 33, S. 377/78.)

9 *Auch ich in der Champagne!:* Ironisch parallele Formulierung zum Motto der *Italienischen Reise:* »Auch ich in Arkadien«; während Goethe der Darstellung seiner Reise nach Italien einen Seufzer des erinnerten Glücks voranstellt, apostrophiert er im Motto zur *Campagne in Frankreich 1792* grimmig die Tatsache, daß er ohne seinen Willen, aber dem Wunsch seines Fürsten gehorchend auch bei dem unsäglichen Unglück des gescheiterten Feldzugs nach Frankreich dabei war und dabei so litt, wie er in Italien glücklich war.

*Den 23. August 1792:* Erinnerungstäuschung Goethes; er kam am 21. August in Mainz an und verließ die Stadt am 23. August.

*Herrn von Stein:* Johann Friedrich Reichsfreiherr vom und zum Stein (1749-1799), außerordentlicher Gesandter (»Resident«) Preußens am kurmainzischen Hof.

*der verbündeten Heere:* Hierzu gehörten eine preußische Armee mit ca. 40000 Mann, zwei österreichische und ein hessisches Korps und ein Korps französischer Emigranten, zusammen etwa 80000 Mann. Die preußische Armee hatte am 19. August die französische Grenze überschritten und war auf Longwy marschiert.

*des topographischen Atlas von Deutschland: Grand Atlas d' Allemagne en LXXXI feuilles...par J. G. A. Jaeger, Frankfort sur le Mayn, 1789.*

*Herzogs von Orléans:* Louis Philippe Joseph (1747-1793), Vater des späteren Bürgerkönigs Louis Philippe (ab 1830). Er hatte 1792 den Namen Philippe Egalité angenommen und war Konventsmitglied geworden; er wurde dennoch 1793 hingerichtet.

*Augenbraunen:* Altertümlich für: Augenbrauen.

*Fürstin Monaco:* Marie Cathérine, geb. de Brognole, heiratete 1757 den Fürsten von Monaco, 1770 geschieden. Heiratete 1798 den Prinzen von Condé; starb 1813.

*Prinzen von Condé:* Louis Joseph de Bourbon (1736-1818), seit 1790 Anführer des französischen Adels, Chef des Emigrantenkorps, das 1792 am Oberrhein operierte.

*Chantilly:* Schloß und Stammsitz der Condés, nördlich von Paris, Schauplatz glänzender Feste des Ancien Régime.

*Philinen:* Gestalt aus Goethes *Wilhelm Meisters Lehrjahre*; der Roman erschien allerdings erst 1795; außerdem war die Monaco 1792 ca. 50 Jahre alt, also nicht so jung wie sie geschildert wird bzw. nicht so jung wie Philine.

10 *Assignaten:* Von der Revolutionsregierung ausgegebene Anweisungen auf die Nationalgüter (die eingezogenen Besitztümer der Geistlichen, Adeligen und des Königs), wie Papiergeld benutzt und ständig im Wert sinkend.

*republikanisch-französische Truppen:* Frankreich wurde erst durch Beschluß des Konvents vom 21. September 1792 Republik.

*Sömmerings:* Samuel Thomas Sömmering (1755-1830), Naturforscher, 1784ff. Professor in Mainz, Briefpartner Goethes in Fragen der Anatomie.

*Huber:* Ludwig Ferdinand Huber (1764-1804), Schriftsteller, damals kursächsischer Gesandter in Mainz; nach dem Tode Forsters der zweite Mann von Therese Forster, geb. Heyne (1764-1829).

*Forsters:* Johann Georg Forster (1754-1794), Naturforscher und Schriftsteller, 1772-1775 mit seinem Vater Teilnehmer an Cooks Weltumsegelung, begegnete Goethe 1779 und 1783 in Kassel, wurde 1788 Bibliothekar in Mainz. Trat im Oktober 1792 nach der französischen Eroberung von Mainz dem Revolutionären Club bei und wurde im März 1793 als Deputierter des Rheinisch-deutschen Nationalkonvents nach Paris geschickt; starb im Januar 1794 vereinsamt in Paris. Vgl. Georg Forster: *Parisische Umrisse* und *Briefe*. In: *Die Französische Revolution. Berichte und Deutungen deutscher Schriftsteller und Historiker.* Hg. von Horst Günther. Frankfurt/Main: Deutscher Klassiker Verlag 1985, S. 597-649 und S. 651-773.

*andern Freunden:* Unter ihnen war auch Caroline Schelling, geb. Michaelis (1763-1809); 1792 war sie eine verwitwete Böhmer, ab 1796 mit A. W. Schlegel, 1803 mit Schelling verheiratet. Stand den Mainzer republikanischen Kreisen nahe, daher 1793 nach dem Fall von Mainz auf der Festung Königstein inhaftiert.

15 *Schwäger:* Postillione; wahrscheinlich aus der Studentensprache des 18. Jahrhunderts.

*oberschlächtigen Mühle:* Mühle, deren Rad durch von oben fallendes Wasser getrieben wird.

16 *Lieutenant von Fritsch:* Ludwig Heinrich Gottlieb Freiherr von Fritsch (1772-1808), Sohn des Weimarer Ministers Jacob Friedrich von Fritsch, der seit 1792 Vorsitzender des »Geheimen Conseils«, der Regierung von Weimar war.

*des Herzogs Regiment:* Herzog Carl August von Weimar war von 1787 an Chef des 6. preußischen Kürassierregiments im Range eines Generalmajors; in dieser Eigenschaft, nicht als Reichsfürst, nahm er an der Campagne in Frankreich teil.

*compendiöse Equipage:* bequem gedrängte Ausrüstung.

*Mein Diener:* Johann Georg Paul Goetze (1761-1835), Goethes Diener von 1777 bis 1794. Seine Erinnerungen benutzte Goethe bei der Niederschrift der *Campagne*, in der Goetze oft kurz Paul genannt wird.

18 *Monument in der Nähe von Ygel:* Antikes Monument, sog. Pfeilergrabmal um 250 n. Chr. errichtet in der Nähe von Trier. Die Säule wird innerhalb der Kriegsereignisse für Goethe zum Inbild für das Glück des Friedens, blühender Gewerbetätigkeit und harmonischen Familienlebens. Zur Zeit der Niederschrift der *Campagne* konnte sich Goethe auf die Beschreibung der Säule stützen in Carl Friedrich Quednow: *Beschreibung der Alterthümer in Trier und dessen Umgebung*... Trier 1820, Teil 2, S. 99-143.

19 *Kriegs-Kommissarien:* Nicht korrekt; die Errichtenden waren Tuchhändler.

*Ludwigsrittern:* Ritter des 1693 von Ludwig XIV. gestifteten »Ordre royal et militaire de St. Louis«. Das »Corps Emigrierter« war eines von drei von Emigranten aufgestellten Korps; es bildete die Nachhut der preußischen Armee.

20 *supplieren:* Ergänzen, vervollständigen.

*feurige Anhänger der Prinzen:* Die Brüder Ludwigs XVI., der

Graf von Provence (später Ludwig XVIII., 1814-1824) und der Graf von Artois (später Karl X., 1824-1830); sie verlangten die uneingeschränkte Wiederherstellung des Ancien Régime. – Das hochmütige Auftreten der Gefolgschaft des Prinzen und der französischen adeligen Emigranten überhaupt, die Plünderungen der französischen Bauern durch die alliierten Truppen, den Einmarsch in Frankreich bis Verdun und den elenden Rückzug schildert sehr anschaulich eine Folge seitdem leider nicht wiedergedruckter Berichte aus dem Feldzug von August Julius Lafontaine (1758-1831), Feldprediger in der preußischen Armee und später Autor von Erfolgsromanen, in: *Museum für das weibliche Geschlecht*, Jg. 1792, S. 206-263 u. S. 289-300.

21 *jener General des dreißigjährigen Kriegs:* Goethe denkt wahrscheinlich an Mansfeld; dessen Feldkaplan Zacharias Theobald (1584-1627) publizierte das Buch *Hussitten Krieg*, das 1609 erschien und das Goethe im September 1821 in Eger las.

*Kämmerier Wagner:* Johann Konrad Wagner (1737-1802), Kammerdiener von Herzog Carl August. Vgl. Christa Rudnik, *Das Tagebuch des Cämmeriers J. C. Wagner*, in: Ulrich Lehnart/Gunther Franz (Hrsg.), *Goethe in Trier und Luxemburg. 200 Jahre Campagne in Frankreich 1792*. Trier und Luxemburg 1992, S. 232-240.

22 *Graben Wasser:* Die Schilderung der Folgen des verstopften Abzugsgrabens entnahm Goethe der Autobiographie Laukhards (vgl. die Literaturhinweise) und den Erinnerungen des Kammerdieners Wagner.

*ängstlichen Schlafstellen:* im Sinne von: beängstigend, beklemmend.

*Tournure:* Gewandtheit im Auftreten.

23 *gesprungen:* im Sinne von geplatzt, explodiert.

*Patriotismus:* Gesinnung der Parteinahme für die revolutionären Ideen. Die Widersacher der »Patrioten« waren die »Aristokraten«. Laukhard berichtet, das Wort sei häufig synonym mit »Jakobiner« gebraucht worden.

*Aschersleben:* In Aschersleben war das Regiment Herzog Carl August stationiert; Goethe hatte sich dort 1789 und 1790 kurz aufgehalten.

*Marquis von Bouillé:* François-Claude de Bouillé (1739-1800), französischer General. Seine Memoiren las Goethe im April 1820.

25 *des Prinzen Bernhards Wohl:* Zweiter Sohn Carl Augusts, geboren am 30. Mai 1792.

*Obristwachtmeister von Weyhrach:* Christian Friedrich von Weyhrach (bisweilen auch: Weyrach), geb. 1741, Major im Regiment Carl Augusts.

27 *die Manifeste des Herzogs von Braunschweig:* Karl Wilhelm Ferdinand Herzog zu Braunschweig und Lüneburg (1735-1806), Onkel von Carl August von Sachsen-Weimar, preußischer General, hatte am 25. und 27. Juli als Oberbefehlshaber der alliierten Armee zwei von französischen Emigranten verfaßte Erklärungen an die französische Bevölkerung publiziert, die in politisch und taktisch höchst ungeschickter Weise Drohungen gegen die französische Bevölkerung insbesondere von Paris enthielten. Die Erklärungen wurden am 1. August in Paris bekannt und sind in ursächlichen Zusammenhang zu bringen mit dem Sturm auf die Tuilerien vom 10. August 1792. Vgl. hierzu das Kapitel *The Duke of Brunswick and his Manifestos* in: Thomas P. Saine: *Black Bread – White Bread. German Intellectuals and the French Revolution.* Columbia, S.C. 1988, S. 105-125.

*von Wolfrat:* Erich Magnus von Wolfrat (1755-1800), Chef eines preußischen Husarenregiments.

28 *der König:* Friedrich Wilhelm II. (1744-1797), seit 1786 König von Preußen.

30 *der Krieg war ihnen zum Teil erklärt:* Frankreichs Kriegserklärung vom 20. April 1792 richtete sich nur gegen Franz, König von Ungarn und Böhmen; erst im Juli 1792 wurde er zum Kaiser des Heiligen Römischen Reiches deutscher Nation gewählt und in Frankfurt gekrönt. Preußen erklärte am 27. Juli den Krieg gegen Frankreich, da es für den Kriegsfall mit Österreich verbündet war.

32 *Terzerol:* Kleine Pistole.

34 *Sansculotten:* Wörtlich »Ohnehosen«; bezeichnete spöttisch diejenigen, die keine »Kniehosen« (culottes) wie die Adeligen, sondern lange Hosen (pantalons) wie die Leute der Unterschichten trugen; von den Revolutionären dann als Ehrenname gebraucht.

35 *Mit dem Jägerischen Atlas:* Vgl. Anm. zu S. 9.

*Boßler:* Hier jemand, der kleine handwerkliche Arbeiten verrichtet.

*ein wunderliches Schauspiel:* Vgl. zu diesen Farberscheinungen Goethes Aufsatz *Im Wasser Flamme* von 1822, außerdem die *Nachträge* zur *Farbenlehre* von 1810.

36 *Leidenschaftlich...mit diesen Gegenständen beschäftigt:* Vgl. hierzu den Abschnitt *Konfession des Verfassers* in Goethes *Materialien zur Geschichte der Farbenlehre.*

*Agricola:* Georg Agricola (1490-1555), Humanist und Naturforscher, erwähnt ähnliche Farberscheinungen in seinem Buch *De natura eorum quae effluunt ex terra* (1545).

37 *Fürsten Reuß den XI.:* Gemeint ist wahrscheinlich Heinrich XVI. von Reuß-Greiz (1749-1799), seit 1785 österreichischer Gesandter in Berlin.

37/38 *Refraktionserscheinung:* Refraktion = Lichtbrechung.

38 *Sinnlichkeit:* Hier: scharfe Sinne, genaue Wahrnehmungsfähigkeit.

*Bivouak:* Behelfsmäßiges Nachtlager im Freien.

39 *Pikett:* Feldwache, kleine Truppenabteilung.

40 *Anregung:* Bei Goethe häufig für: Aufregung.

41 *ricochetieren:* abprallen von Kugeln.

*republikanischer Charakterzug:* Im Sinne von: patriotischer Charakterzug, nach Art der Charakterstärke römischer Republikaner.

43 *Beaurepaire:* Nicolas-Joseph de Beaurepaire (1740-1792). Der Oberstleutnant hatte sich am 1. September erschossen, um nicht der von der Bürgerschaft beschlossenen Kapitulation zustimmen zu müssen.

*Baume humain:* Wörtlich: Menschenbalsam.

*Deuten:* Tüten.

44 *Schöpsenkeulen:* Hammelkeulen.

45 *vierzehn...Frauenzimmer:* Die jungen Frauen aus Verdun wurden zwei Jahre später vor ein Revolutionsgericht gestellt und hingerichtet.

48 *Postmeister von Sainte Menehould:* Bei dem Gefangenen handelte es sich in Wahrheit um den Bürgermeister von Varennes, der Ludwig XVI. bei dessen Flucht wirklich hatte festhalten lassen.

*Lafayette:* Jean-Paul-Gilbert Motier, Marquis de Lafayette

(1757-1834), Teilnehmer des amerikanischen Unabhängigkeitskrieges, später Kommandant der Nationalgarde, war gegen den Sturz des Königtums, lief am 19. August 1792 über und wurde bis 1797 von den Österreichern interniert.

49 *Dumouriez:* Charles-François Dumouriez (1739-1823), französischer General. Goethe las im Januar 1820 Dumouriez' *Memoires* und seinen Briefwechsel.

50 *Regret:* Bedauern, Reue.

*Fahrleise:* Fahrgeleise im Sinne der Wegrinnen für die Räder.

*Herr von Alvensleben:* Philipp Karl Graf von Alvensleben (1745-1802), preußischer Staatsminister.

53 *Wellen:* Holz- oder Reisigbündel.

54 *Vogel:* Christian Georg Carl Vogel (1760-1819), Kanzlist in Weimar.

*General Clerfait:* François-Sébastien-Charles-Joseph de Croix, Comte de Clerfait (1733-1798), österreichischer Feldmarschall.

55 *Prinz Louis Ferdinand:* Friedrich Ludwig Christian von Preußen, genannt Louis Ferdinand (1772-1806), Neffe Friedrichs II.

56 *Prinz von Ligne:* Karl Joseph Emanuel Prinz von Ligne (1759-1792), österreichischer Oberst.

57 *Les Prussiens ...pas:* »Die Preußen können nach Paris gelangen, aber sie werden dort nicht mehr herauskommen.«

58 *van der Meulen:* Anton Frans van der Meulen (1632-1690), niederländischer Schlachten- und Landschaftsmaler.

*genugsame:* zahlenmäßig ausreichende.

61 *General Heymann:* Französischer Offizier aus dem Elsaß, in preußischen Diensten (gest. 1802).

64 *zweieimrige Fässer:* Eimer hier als Hohlmaß zu verstehen.

*Marquis von Bombelles:* Marc-Marie Marquis de Bombelles (1744-1822), französischer Diplomat, den Goethe bereits im Frühjahr 1790 in Venedig getroffen hatte.

67 *Kellermann:* Franz Christoph Kellermann, Herzog von Valmy (1735-1822), französischer General und Befehlshaber des Mittelabschnitts der französischen Ostfront seit Ende August 1792.

*Schirrmeister:* Chef des Fuhrwesens.

68 *eines schönen Knaben:* Fahnenjunker Carl Emil von Bechtolsheim (1779-1811), später preußischer Rittmeister.

*widerwärtig:* Gegen seinen Willen.

*von Lottum:* preußisches Dragonerregiment, unterstand der Brigade Carl Augusts.

70 *zweihundert Mann:* Die Preußen verloren 184 Mann, die Franzosen knapp 300.

*Peletonfeuer:* Rottenfeuer eines Infanteriebattaillons.

*Niemand wußte was daraus werden sollte:* Offenbar herrschte bei der Truppe wie bei der Führung für etwa eine Woche, bis zum Ende des Waffenstillstandes, der Verhandlungen mit Dumouriez und dem Entschluß zum Rückzug der Koalitionsarmee auf deutschen Boden, eine ziemliche Ratlosigkeit, wie das Aushalten der Franzosen und die merkwürdige Bewegungslosigkeit beider Seiten zu verstehen sei. Laukhard beurteilte die Kanonade so: »Warum wir bei dieser Kanonade keinen Vortheil erhielten, ist handgreiflich. Der Feind hatte mehr Volk, mehr und besseres Geschütz und eine weit bessere Stellung als wir: besonders machte eine Batterie an einer Windmühle, wenn diese gleich von unserm Geschütz und auffliegenden Pulverkarren zusammengeschmissen wurde, es völlig unmöglich, den Feind mit Infanterie anzugreifen.« (C. F. Laukhard: *Leben und Schicksale...* Teil 3, Leipzig 1796, S. 153/54.) – Vgl. auch Roger Dufraisse, *Goethe und Valmy – zwischen Legende und Geschichte.* In: Ulrich Lehnart / Gunther Franz (Hrsg.), *Goethe in Trier und Luxemburg. 200 Jahre Campagne in Frankreich 1792*, Trier und Luxemburg 1992, S. 197-206. – Zur geschichtlichen Bedeutung der Kanonade vgl. Arno Borst: *Valmy 1792 – ein historisches Ereignis?* In: *Der Deutschunterricht*, Jg. 26/1974, S. 88-104.

72 *Butteln:* blubbern, gurgeln.

73 *»Von hier und heute ... gewesen«:* Die Diskussion darum, ob dieser Ausspruch authentisch sei oder Fiktion und in welchem Maß Goethe ein Bewußtsein vom weittragenden Charakter des Scheiterns der alliierten Armee bei Valmy hatte, ist bis heute nicht zu Ende. Zwar schreibt Goethe eine Woche nach der Kanonade, am 27. September 1792, an Knebel, es sei ihm »lieb, daß ich das alles mit Augen gesehen habe und daß ich, wenn von dieser wichtigen Epoche [im Sinne von: Zeitenwende] die Rede ist, sagen kann et quorum pars minima fui [und ich war ein ganz geringer Teil davon]«. Aber das bezieht sich wohl generell auf seine historische Augenzeugenschaft; jedenfalls kann ihm das Entscheidende des

lähmend unentschiedenen Ausgangs der Kanonade erst klar geworden sein, als die Koalitionsarmee sich nach Deutschland zurückzuziehen begann. Was immer Goethe zu den Offizieren wirklich gesagt hat – im Rückblick wurde wohl das Bedeutsame jener Tage auch dadurch aufgewertet, daß am 21. September der Französische Konvent die Abschaffung des Königtums beschließt und der 22. September den Beginn des Jahres 1 der Französischen Revolution markiert, was Goethe vielleicht veranlaßte, seinen Ausspruch rückblickend etwas bedeutsamer zu stilisieren... Ein Deutscher allerdings, der jedoch politisch auf der andern Seite stand, Konrad Engelbert Oelsner (1764-1828; seit Juni 1790 in Paris, Mitglied des Jakobinerclubs, 1792 unter den französischen Truppen als eine Art Kriegsberichterstatter anwesend bei der Kanonade von Valmy), erkannte die Bedeutung der Kanonade und des Abbruchs des preußischen Vormarsches sogleich: »Die Kanonade von Valmy [...] entscheidet die Independence Frankreichs; sie ist für uns wie die Schlacht von Culloden für England; sie ist mehr.« Vgl. Konrad Engelbert Oelsner, *Luzifer oder Gereinigte Beiträge zur Französischen Revolution*. Auswahl, hrsg. von Werner Greiling, Leipzig 1987 (ursprünglich Zürich 1797 und 1799), S. 203-231 (Briefe vom 6. Oktober-21. Oktober 1792, insbesondere Brief vom 11. Oktober 1792. Vgl. zu diesem ganzen Komplex den Abschnitt *Campagne in Frankreich 1792 and the Campaign of 1792* in Thomas P. Saine, *Black Bread – White Bread. German Intellectuals and the French Revolution.* Columbia, S.C. 1988, S. 196-207.

74 *Ulyß:* Lateinische Namensform von Odysseus, der *Odyssee* V, 457ff. vom Schweinehirten Eumaios einen Mantel als Decke für die Nacht erwirbt.

*des Obersten:* Oberst Raphael von Gotsch (1726-1803).

75 *die eingerissene Krankheit:* Die Ruhr.

76 *General Kalckreuth:* Friedrich Adolf Graf von Kalckreuth (1737-1818), preußischer General, später Befehlshaber der Belagerungsarmee vor Mainz.

77 *Manstein:* Johann Wilhelm von Manstein (1729-1800), Generaladjutant des preußischen Königs.

79 *du bon pain ... bière:* Gutes Brot, gute Suppe, gutes Fleisch, gutes Bier.

*Schibboleth:* Hier in der Bedeutung: Erkennungszeichen, Losungswort.

80 *Gelegenheit:* Lage, Beschaffenheit.

82 *Stallmeister von Seebach:* Friedrich Johann Heinrich von Seebach (1767-1847) aus dem Gefolge von Carl August.

83 *Laubthaler:* Deutscher Name des französischen »Ecu des six livres«, dessen Rückseite ein von Lorbeer umgebenes Lilienschild zeigt.

*Unheil, das in Paris vorgegangen:* Erstürmung der Tuilerien; Festsetzung der königlichen Familie und die sog. Septembermorde.

84 *Geschichte Ludwigs des Heiligen:* Ludwig IX. regierte 1226 bis 1270; die Episode ereignete sich auf dem 6. Kreuzzug, 1248-1254.

*Griechischen Feuers:* Eine Masse, die bei Berührung mit dem Wasser in Brand gerät; das Geheimnis der Herstellung wurde jahrhundertelang von Ostrom gehütet.

85 *Teufelsfeld:* Auf den Katalaunischen Feldern wurde 451 n. Chr. das Heer der Hunnen unter Attila von einem weströmisch-germanischen Heer unter Aetius geschlagen.

86 *sein früheres Manifest:* Es handelte sich aber um ein neues Manifest, das der Marquis Lucchesini entworfen hatte. Vgl. Anm. zu S. 27.

90 *Endymion:* Liebling der griechischen Mondgöttin Selene, der in ewigem Schlummer ewige Jugend behält.

92 *Schweinehirten für göttlich ... zu halten:* Witzige Anspielung auf das Epitheton »göttlich« für den Schweinehirten Eumaios in der *Odyssee.*

95 *Fischers physikalisches Lexikon:* Das *Physikalische Wörterbuch in fünf Bänden* von Johann Carl Fischer erschien allerdings erst 1798-1804.

96 *Falge:* Brachland nach dem Eggen.

98 *pot au feu:* Feuertopf.

99 *Arrièregarde:* Nachhut.

*Prinz von Braunschweig:* Friedrich Wilhelm von Braunschweig (1771-1815), jüngster Sohn des Herzogs von Braunschweig, damals preußischer Major.

102 *Rasch:* Locker gewebter Wollstoff.

108 *Husaren, ... Namens Liseur:* Nikolaus Liser, aus Luxemburg gebürtiger Husar im Gefolge Carl Augusts.

109 *Weyland:* Philipp Christian Weyland (1765-1843), später Kriegsrat und Präsident des Landschaftskollegiums in Weimar.

*Hauptmann Vent:* Johann Christoph Gottlieb Vent (1751-1822), Ingenieur-Offizier in Weimar.

*Aisne:* Wahrscheinlich ist die Maas gemeint.

110 *es ist auch eine von denen:* Vgl. Anm. zu S. 45.

111 *Herrn von Courbière:* General Guillaume René de l'Homme de Courbière (1733-1811), preußischer Feldmarschall; er war es übrigens, der 1787 Johann Gottfried Seume in der Garnison Emden bei einem Kriegsgerichtsverfahren vor der Strafe des mehrfachen Spießrutenlaufens durch eine Strafmilderung rettete.

113 *Baron Breteuil:* Louis Auguste le Tonnelier (1733-1807), Minister Ludwigs XVI.

*Halsbandgeschichte:* Skandalgeschichte in den achtziger Jahren am französischen Hof, für die sich Goethe außerordentlich interessierte, da sie ihm das Ausmaß der am Hof zu Versailles herrschenden Korruption vor Augen führte; er sah in dem Vorfall ein Vorzeichen der Revolution.

*Kardinal von Rohan:* Louis Prinz von Rohan (1734-1803), seit 1779 Fürstbischof von Straßburg, in die Halsbandaffäre verwikkelt, wahrscheinlich zu Recht aber im Mai 1786 freigesprochen.

114 *einer der Notablen:* In Versailles tagte 1787 eine vom König bestimmte Ständeversammlung von 147 Mitgliedern; die »Notabeln« sollten Vorschläge zur Lösung der Finanz- und Steuerprobleme Frankreichs machen; ihr Scheitern verschärfte die Situation. Bei welchem der Notabeln Goethe wohnte, ist nicht zu ermitteln.

117 *Graf Haugwitz:* Christian August Heinrich Kurt von Haugwitz (1752-1831), preußischer Gesandter in Wien, 1792 in das Hauptquartier nach Hans beordert. Zu den Gründen für die Schadenfreude Goethes angesichts Haugwitz' vgl. Thomas P. Saine, *Campagne in Frankreich / Belagerung von Mainz (1822). Des Herrn Geheimen Zeitgenossen Erlebnis in Frankreich.* In: Paul Michael Lützeler und James E. McLeod (Hrsg.): *Goethes Erzählwerk. Interpretationen.* Stuttgart 1985, S. 397-428, besonders 424-426.

120 *Zwei Offiziere von Köhler:* Offiziere des preußischen Husarenregiments von Köhler.

120 *zunächst:* Demnächst, in Kürze.

123 *die »Deutschen Kleinstädter«: Die deutschen Kleinstädter* ist ein Lustspiel von August von Kotzebue (1761-1819), 1803 entstanden nach dem Vorbild von Picards *La Petite Ville* von 1801.

126 *Luxemburg:* Die Festung Luxemburg gehörte damals zu den österreichischen Niederlanden.

127 *Poussin:* Nicolas Poussin (1593-1665), französischer Maler.

130 *unter den Antoninen:* Die römischen Kaiser des 2. nachchristlichen Jahrhunderts. Das Monument ist allerdings wahrscheinlich erst um 250 n. Chr. errichtet worden.

131 *der blaue Kreuzstern:* Orden der Ritter des »Pour le mérite«.

133 *Zodiak:* Tierkreis.

*Geburtstag unserer verehrten Herzogin:* Anna Amalia, Carl Augusts Mutter, wurde am 24. Oktober 1739 geboren (gest. 1807). Vgl. Goethes Aufsatz *Zum feierlichen Andenken der durchlauchtigsten Fürstin und Frau Amalia* (1807)

134 *Ein junger Schullehrer:* Johann Hugo Wyttenbach (1767-1848), Hauslehrer, später Gymnasialdirektor in Trier, bei dem übrigens später Karl Marx das Abitur machte. Zu Goethes Aufenthalten in Trier vom 23. bis 26. August und vom 22. Oktober bis 1. November 1792 vgl. Gunther Franz , *Goethe in Trier*. In: Ulrich Lehnart / Gunther Franz (Hrsg.), *Goethe in Trier und Luxemburg. 200 Jahre Campagne in Frankreich 1792*, Trier und Luxemburg 1992, S. 17-75.

*Kant in seiner »Kritik der Urteilskraft«: Kritik der Urteilskraft* war 1790 erschienen. Zu Goethes Wertschätzung dieses Werkes in Zusammenhang mit seiner Naturbetrachtung vgl. seinen Aufsatz *Einwirkung der neueren Philosophie* (1820).

136 *mit den Männern des zehnten Augusts:* Die in der Pariser Regierung für die Erstürmung der Tuilerien und die Festsetzung der Königlichen Familie Verantwortlichen.

*Custinens ... Unternehmungen:* Adam Philippe Conte de Custine (1740-1793) führte die Revolutionsarmeen siegreich zum Rhein; Speyer wurde am 30. September eingenommen, Mainz am 21. Oktober und Frankfurt am 22. Oktober 1792. Goethe las im Januar 1820 Custines *Mémoires posthumes* (1793).

137 *ein Brief meiner Mutter:* Der Brief ist nicht erhalten.

*unter den Frankfurter Graduierten:* Die Inhaber akademischer Grade, hier speziell die Juristen gemeint.

138 *die goldene Kugel:* Bezieht sich auf das Wahlverfahren des Frankfurter Rats; gewählt war, wem die goldene Kugel zufiel.

*Laertes:* Vater des Odysseus.

*meinen Oheim:* Johann Jost Textor (1739-1792), Ratsherr seit 1771.

139 *Seit zwölf Jahren:* Eigentlich seit 17 Jahren; Goethe kam am 7. November 1775 nach Weimar.

140 *Brief an meine Mutter:* Goethe teilte ihr seine Ablehnung der angebotenen Ratsstelle erst am 24. Dezember 1792 mit.

*Mein junger Freund:* Wyttenbach, der 1810ff. den *Versuch einer Geschichte von Trier* publizierte.

141 *Die Trevirer:* Ein gallischer Stamm germanischer Herkunft.

143 *Obrist von Gotsch:* Vgl. Anm. zu S. 74.

144 *Isletten:* Paß in den Argonnen; vgl. S. 49.

*Ehrenbreitstein:* Festung bei Koblenz, das Residenzstadt der Trierer Erzbischöfe war.

146 *Lucchesini:* Girolamo Marquis Lucchesini (1751-1825), preußischer Diplomat, den Goethe bereits aus Neapel und Rom kannte.

*Ausweg auf dem Wasser:* Die Fahrt auf der Mosel liegt zwischen dem 30. Oktober und dem 2. November. Goethe folgt bei ihrer Schilderung weitgehend der Erinnerung seines Dieners Paul Goetze, den er im Januar 1822 um die Mitteilung seiner Erinnerungen an die Umstände der Reise von Trier nach Düsseldorf bat und der ihm schrieb:

»Jena, den 24. Jann. 1822

Auf Ew. Excellenz gnädige Zuschrift von 22. dies. werde ich wohl wenig befriedigendes noch sagen können.

Die Zeit welche alles verdrängt, mag wohl manches, wass mir noch früher von der Moselfarth erinnerlich war, verwischt haben. Ich kann mich nichts erinnern, als dass das Regiment Ihro Durchl. welches grosentheils seine Pferde zum Fortbringen der Kanonen, in Trier hergeben musste, auf Schiffe gepackt, und auf der Mosel nach Koblenz gefahren werden solle. Um dieser Gesellschaft zu entgehen, wurde beschlossen; früher abzureissen, und hierzu ein Einmänniges Fahrzeuch gemiethet. Ein Hr. Von Raden Preuss. Platzkommedant von Frankfurt a/M. welcher Ordre in Trier abgeholt hatte, machte Gesellschaft, der Fahrt. Der Fuhrmann welcher zwar seine Geschicklichkeit im fahren Documentirte, konnte wie uns die Nacht und Sturm überfiel, nicht Wort halten, und das Fahrzeuch gehörig Regieren. Wir wurden mit Wasser überdeckt, und den einschlagenden Wellen durchnässt. Der Fuhrmann fing an zugestehen: dass er nicht mehr wisse wo er wäre, noch zu fahren solle; und uns Gott befahl. Da wurde H. Major von Raden so weich, dass er nicht mehr sprechen konnte. Ich hatte meinen Rock ausgezogen, dass wenn wir an einen Fels geschleudert würden, uns wo möglich durch Schwimmen zu retten. Nach langen (bei der fürchterlichsten Finsterniss,) hin und her treiben wurden wir endlich in der Ferne Licht, und neues Leben gewahr, worauf so viel es der Sturm erlaubte frisch gerudert wurde (und wenn mir recht ist:) das Städtchen Thrarbach erlangten, wo wir bei einem Kaufmann gütlich aufgenommen, und mit guten Mossler, die Todten Lebensgeister des H.M.v.R. wieder geweckt wurden. Von Creutznach ist mir gar nichts Erinnerlich. Den andern Tag wurde unsere Reise nach Koblenz ruhig fortgesetzt.

Nach mehr tägigen Aufenthalt in Koblenz, wurde eines Tages nach Tische beschlossen; die Reise auf den Rhein nach Düsseldorf anzutreten, und hierzu abermals ein Einmänniges Fahrzeuch gemiethet. Bei unserer Ankunft an dasselbe, wurden schon starke Nässigkeiten, in selbigen wahrgenommen, die aber nach der Versicherung des Schiffers, nichts zu bedeuten hätten. Auch noch ein unbekannter Reisegefährte welcher vorgab; dass er nur ein Stück mit fahre, und den Schiffer Rudern helfen wolle, wurde eingenommen. Diese Farth ging anfangs sehr gut, aber bald wurden wir gewahr, dass das alte Fahrzeuch so leck, dass wir wenigstens alle Viertelstunden schöpfen mussten, wenn wir nicht sincken wollten. Eine Sternhelle Nacht, doch sehr kalt, begünstigte unsere Farth, bis dahin wo der fremde Ruderer verlangte ans Land gesetzt zu werden; und anfing sich mit unserm Schiffer um den Weg zu streiten, welchen jeder besser wissen wollte, und unser Fuhrmann über diesem Streit, im Rhein stürzte, und mit Mühe wieder heraus gezogen werden konnte. Da die Nacht sehr hell und kalt war; so konnte es unser Fuhrmann für Frost nicht mehr aushalten, und bat dringend, dass wir an Bonn anfahren möchten, dass er sich nur etwas trocknen und wärmen könne. Ich machte Gebrauch von der nächtlichen Land-Parthie. Sie aber bestanden darauf im Kahn zu bleiben, und etwas zu Schlafen. Das Fahrzeuch wurde zwar so hoch als möglich ans Land gezogen, und Ihr Lager auf Mantelsack und Portefeille bereitet. Da wir uns in der warmen Schiffer Kneipe, bei einem guten Klüwein ganz behaglich fanden; so hatten wir uns etwas länger getrocknet und – genässt, als wir gesollt hätten, und das Lecke Schiff vergessen. Da wir eben auf den Weg zur Abreise begriffen kamen Sie ganz durchnässt, aus ihren schlafenden Rheinbad uns zu suchen, und sich auch zu trocknen. Das Schiff hatte während Ihrem Schlaf, da niemand geschöpft hatte, so viel Wasser zu sich genommen, dass Sie, Mantelsack Portfeille ganz durchnässt waren, und Sie um trocken zu werden Kleider in der Kneipe borgen mussten, um die Ihrigen trocknen zu lassen. Die Fahrt nach Düsseldorf hat weiter nichts merkwürdiges, als dass wir erst Abend spät das[elbst] ankamen.

unterthänigster Diener Joh. Georg Paul Goetze«

(Der Text folgt diplomatisch getreu dem Abdruck in der *Weimarer Ausgabe*, I. Abteilung, 33. Band, S. 365-367.)

*ein preußischer Offizier:* Wahrscheinlich Major von Rhaden.

148 *Montreal:* Festung Montroyal, von Vauban erbaut, 1698 geschleift.

*Ein angesehener Kaufmann:* Ludwig Böcking (1758-1829).

149 *Paul:* Goethes Diener Georg Paul Goetze.

152 *die epoptischen Farben:* Interferenzerscheinungen des Lichts auf dünnen Blättchen. Vgl. Goethes *Farbenlehre,* S. 140ff.

153 *den Fürsten:* Clemens Wenzeslaus (1739-1812), seit 1768 Erzbischof und Kurfürst von Trier; Onkel des französischen Königs, den Emigranten sehr geneigt. Er setzte sich ein Jahr lang ins Reichsinnere ab und kehrte erst Oktober 1793 nach Koblenz zurück.

154 *das ... Tal:* Wohngegend der Familie La Roche, die Goethe dort 1772 besuchte.

158 *mit jenen Freunden ... nicht zusammengekommen:* Mit Friedrich Heinrich Jacobi (1743-1819), dem Juristen, Schriftsteller und Philosophen, war Goethe zum letzten Mal 1784 zusammengetroffen, als Jacobi ihn in Weimar besuchte. Ein erstes Mal besuchte Goethe Jacobi in Pempelfort 1774.

162 *ein glückliches häusliches Verhältnis:* Goethes Verbindung mit Christiane Johanna Sophie Vulpius (1765-1816) seit dem Juli 1788.

Daß Goethe in einem Atemzug mit der (indirekten) Erwähnung Christianes die beiden Dichtungen *Römische Elegien* und *Venezianische Epigramme* nennt, deutet auf den biographischen Hintergrund der antik-sinnenfreudigen und heidnisch-weltmännischen Versdichtungen.

*Pempelfort:* Landhaus und Park Jacobis außerhalb von Düsseldorf.

164 *mein Realismus:* Stichwort bzw. Begriff für Goethes gewandelte künstlerische Einstellung nach der Reise nach Italien. Vgl. den Brief, den Ludwig Ferdinand Hubers nach Goethes Besuch in Mainz an Körner schrieb: »An Begeisterung für ein höheres Ziel glaube ich in Goethe nicht mehr, sondern an das Studium einer gewissen weisen Sinnlichkeit, deren Ideal er verzüglich in Italien zusammengebaut haben mag...« (24. August 1792). – Siehe hierzu auch Michael Schilar: *Epochenzäsur und Realismus. Fünf Thesen zu Goethes »Kampagne in Frankreich«.* In: *Weimarer Beiträge*, Jg. 36/1990, S. 837-844.

*ein wunderbares Werk:* Das Romanfragment *Reise der Söhne Megaprazons* (wahrscheinlich 1792).

*»Iphigenien«:* Goethes *Iphigenie auf Tauris* war 1787 im Band 3 von *Goethe's Schriften* erschienen.

165 *»Ödipus auf Kolonos«:* 1787 war Christian Graf Stolbergs Übersetzung von Sophokles' *Ödipus auf Kolonos* erschienen.

166 *manche gehässige Ungezogenheit:* 1779 hatte Goethe ein Exemplar von Jacobis Roman *Woldemar, eine Seltenheit aus der Naturgeschichte* parodiert und ein Exemplar an einen Baum genagelt.

*Ingenuität des Voltaireschen Huronen:* Ingenuität: Ungeniertheit, Naivität. Voltaires (1694-1778) Roman *L'Ingénu* (1767) hat einen jungen Mann zum Helden, der unter Huronen aufwuchs und später in Frankreich durch sein freimütiges Wesen mit den gesellschaftlichen Vorurteilen kollidiert.

*de Pauw:* Cornelis de Pauw (1739-1799), Philosoph und Kulturhistoriker, kritisierte in *Recherches philosophiques sur les Egyptiens et les Chinois* (1773/4) die Idealisierung der Chinesen und der chinesischen Kultur.

*Hemsterhuis:* Frans Hemsterhuis (1722-1790), niederländischer Philosoph und Kunstsammler, seit 1775 mit der Fürstin Gallitzin befreundet.

167 *Diderots:* Denis Diderot (1713-1784) weilte 1773 bei Jacobi in Pempelfort.

*Rousseaus... Aussichten:* Jacobi lebte 1759-1761 in Genf und lernte dort Jean-Jacques Rousseaus (1712-1778) Werke kennen.

*»Groß-Cophta«:* Goethes Theaterstück *Der Großkophta* war am 17. Dezember 1791 in Weimar uraufgeführt worden; Buchpublikation 1792.

168 *Hylozoismus:* Die Lehre von der Belebtheit aller Materie.

*Fürstin Gallitzin:* Adelheid Amalie Fürstin von Gallitzin (1748-1806), lebte seit 1779 in Münster und wandte sich unter dem Einfluß des Domherren Franz von Fürstenberg (1729-1810) der katholischen Kirche zu. Der um sie und Fürstenberg sich scharende »Kreis von Münster« stand in Verbindung mit den norddeutschen Protestanten um Friedrich Gottlieb Klopstock, Matthias Claudius und Friedrich Leopold zu Stolberg. Vgl. Erich Trunz und Waltraud Loos: *Goethe und der Kreis von Münster.* 2. Auflage, Münster 1975.

*Metamorphose der Pflanzen:* Goethes Werk war 1791 erschienen.

170 *Einschachtelungslehre:* Lehre, nach der alles Werden in der Natur nur Auswicklung eines vorgeformten Keims sei.

*Bonnet:* Charles Bonnet (1720-1793), Naturforscher und Verfasser enthusiastisch-erbaulicher Naturbetrachtungen.

*Beiträge zur Optik:* Der erste Teil dieser Schrift Goethes erschien 1791, der zweite 1792.

*jene tote Hypothese:* Bezieht sich auf Newtons von Goethe bekämpfte Lehre, daß das weiße Licht aus verschiedenfarbigen Lichtstrahlen, den sog. Spektralfarben zusammengesetzt sei.

172 *Heinse:* Wilhelm Heinse (1749-1803), Autor des Romans *Ardinghello und die glückseeligen Inseln* (1787), seit 1774 mit Jacobis befreundet, Bibliothekar und Vorleser des Mainzer Kurfürsten, war 1792 vor den französischen Truppen nach Pempelfort geflüchtet.

*Galerie:* Die bedeutende Düsseldorfer Gemäldesammlung befindet sich heute zum größten Teil in der Münchener Alten Pinakothek.

*Guido:* Guido Reni (1575-1642), italienischer Maler.

173 *Mirabeaus Büste, von Houdon:* Der Comte de Mirabeau (1749-1791) war einer der wichtigsten liberalen Politiker der ersten Phase

der Französischen Revolution. Jean Antoine Houdon (1741-1828) schuf seine Büste.

*Herr von Grimm:* Friedrich Melchior Baron von Grimm (1723-1807) lebte lange in Paris und veröffentlichte zusammen mit Diderot von 1753 bis 1792 die berühmte *Correspondance littéraire philosophique et critique.*

*Frau von Bueil:* Langjährige Freundin Grimms, emigrierte 1792 zusammen mit Grimm nach Gotha.

*Frau von Coudenhoven:* Sophie Freifrau von Coudenhoven, geb. von Hatzfeld (1747-1825), von bedeutendem politischen Einfluß auf den Mainzer Erzbischof und Kurfürsten, stand zeitweise in enger Verbindung mit Herzog Carl August.

*Herr und Frau von Dohm:* Christian Wilhelm von Dohm (1751-1820), Vertreter Preußens am kurkölnischen Hof, verheiratet mit Henriette Helwing aus Lemgo.

176 *Geheimerat Hoffmann:* Christoph Ludwig Hoffmann (1721-1807), Arzt in Mainz und Eltville.

*Fortschreiten der Franzosen:* Die Franzosen stießen unter Dumouriez in die österreichischen Niederlande vor, siegten bei Jemappe am 6. November 1792 und besetzten die Niederlande.

177 *Duisburg. November:* Goethe kam erst am 4. Dezember nach Duisburg.

178 *Kopfstück:* Münze im Wert von 20 Kreuzern mit dem Kopf des Münzherrn.

*Professor Plessing:* Friedrich Victor Lebrecht Plessing (1749-1806), Jurist und Theologe, seit 1788 an der Universität Duisburg.

179 *Einfluß von Yorik-Sterne:* Laurence Sterne (1713-1768) veröffentlichte 1760/67 den Roman *The Life and Opinions of Tristram Shandy Gentleman,* worin der Pfarrer Yorick eine Hauptrolle spielt; den Namen Yorick verwendete Sterne auch als Pseudonym. Sterne war wegen des selbstgenießerischen Nachspürens, mit dem seine Romanfiguren ihr eigenes Seelenleben beobachten und aussprechen, ein Kult-Autor des 18. Jahrhunderts und dessen Neigung zur »Empfindsamkeit« geworden.

*Lavaters Physiognomik:* Johann Kaspar Lavater (1741-1801), Schweizer Theologe und Schriftsteller, publizierte *Physiognomische Fragmente zur Beförderung der Menschenkenntnis und Menschenliebe* (1775/78). Goethe korrespondierte mit ihm seit 1773, später kühlte sich das Verhältnis ab. Vgl. auch Johann Caspar Lavater: *Von der Physiognomik und Hundert physiognomische Regeln.* Hrsg. und mit einem Nachwort von Karl Riha und Carsten Zelle. Frankfurt/Main 1991 ( = insel taschenbuch 1366).

180 *Heinrich Lips:* Johann Heinrich Lips (1758-1817), Maler und Kupferstecher. Goethe verwechselt Lips hier allerdings mit Georg Friedrich Schmoll, der Lavater 1774 auf der Rheinreise begleitete.

181 *Storchschnäbel:* Instrumente zur proportionalen Vergrößerung oder Verkleinerung von Zeichnungen.

*Kotyledonen:* Keimblätter.

183 *Ende Novembers:* Die erste Harzreise Goethes fand zwischen 29. November und 16. Dezember 1777 (nicht, wie Goethe fälschlich eine Seite zuvor sagt, 1776) statt.

*Ilmenauer Bergwerk:* von 1777 bis 1802 zogen sich die – am Ende aufgegebenen – Versuche hin, den Erzbergbau in Ilmenau wieder in Gang zu bringen.

*»Harzreise im Winter«:* Das Gedicht entstand im Dezember 1777. 1820 veröffentlichte K. F. L. Kannegießer einen Aufsatz über das Gedicht; Goethe rezensierte und ergänzte diese Schrift dann 1821 in dem Text *Rezension zu: Über Goethe's Harzreise im Winter.* Vgl. hierzu auch Albrecht Schöne: *Götterzeichen Liebeszauber Satanskult. Neue Einblicke in alte Goethetexte.* München 1982, S. 13-52.

186 *sinnig:* Hier: mit offenem, unvoreingenommenem Sinn.

187 *Rat Kraus:* Georg Melchior Kraus (1733-1806).

*Legationsrat Bertuch:* Friedrich Justin Bertuch (1747-1822), Schriftsteller und später erfolgreicher Unternehmer (u. a. Hrsg. des *Journal des Luxus und der Moden).*

*Musäus:* Johann Carl August Musäus (1735-1787), Schriftsteller und Professor am Weimarer Gymnasium.

*Jagemann:* Christian Joseph Jagemann (1735-1804), Bibliothekar der Herzoginmutter Anna Amalia.

*Wolf:* Ernst Wilhelm Wolf (1735-1792), Komponist in Weimar.

188 *Herzenssagazität:* Herzensklugheit.

189 *Monas:* Einheit, Unteilbares (griech.). »Monade« ist ein zentraler Begriff der Philosophie Gottfried Wilhelm Leibniz' (1646-1716).

191 *Vorhof des Plutonischen Reiches:* Vorhof zur Unterwelt.

193 *Geschichte älterer Philosophie:* Unmittelbar nach dem Besuch bei Plessing schrieb Goethe allerdings am 12. Dezember 1792 respektlos an F. J. Jacobi, er habe Plessing »mit antediluvianischen Untersuchungen« beschäftigt gefunden.

194 *Merrem:* Blasius Merrem (1761-1824), Professor für Mathematik und Physik in Duisburg und Marburg.

*Münster November 1792:* Goethe kam am 6. Dezember abends in Münster an und reiste am 10. Dezember weiter.

196 *Die Fürstin hatte uns ... in Weimar besucht:* 1785, mit Fürstenberg und Hemsterhuis.

*Hamann:* Johann Georg Hamann (1730-1788), der neben seiner Tätigkeit als Schriftsteller preußischer Beamter in Königsberg war, hatte sich pensionieren lassen und war 1787 nach Münster gekommen, wo er am 21. Juni 1788 starb. Auf Wunsch der Fürstin Gallitzin war Hamann in ihrem Garten begraben worden. Um seine Grabstätte war es zu einem Streit gekommen, der auch in die Auseinandersetzung zwischen Johann Heinrich Voß und Friedrich Leopold Graf zu Stolberg wegen der 1800 erfolgten Konversion Stolbergs zum Katholizismus hineinspielt, welche als Hintergrund der ganzen Passage zu Goethes Aufenthalt in Münster mitzubedenken ist. Vgl. hierzu die Kommentierung dieser Passage durch Erich Trunz und Waltraud Loos in der *Hamburger Ausgabe*, Band 10, S. 705-713 und die Darstellung bei Trunz / Loos, *Goethe und der Kreis von Münster.* 2. Auflage, Münster 1975, sowie Goethes Aufsatz *Voß und Stolberg* (entstanden 1825; erstmals selbständig gedruckt 1824 im Band 60 der *Ausgabe letzter Hand* von Goethes Werken).

201 *Sammlung von etwa siebenzig Stücken:* Vgl. hierzu auch Goethes Aufsatz *Hemsterhuis-Gallitzinische Gemmensammlung* (1823).

*Natter:* Johann Lorenz Natter (1705-1763), Edelsteinschneider und Münzstecher.

203 *Brief über die Skulptur:* Gemeint ist Hemsterhuis' *Lettre sur la sculpture* (1769). – *Büchlein über das Begehren:* Hemsterhuis' Buch *Lettre sur les désirs* (1770).

205 *Venus Urania:* Die Göttin der himmlischen Liebe.

209 *ein Römisches Jahr zu schreiben:* Den Plan hat Goethe nicht verwirklicht, wenn auch in der *Italienischen Reise* einige kirchliche Feste geschildert sind.

210 *Karneval:* Bezieht sich wohl auch auf Goethes 1789 veröffentlichte Schrift *Das Römische Carneval.* Vgl. die Ausgabe von Isabella Kuhn (Hrsg.): *Das Römische Carneval. Mit den farbigen Figurinen von 1789 und Goethes Fragmenten ›Über Italien‹.* Frankfurt/Main 1984 ( = insel taschenbuch 750).

211 *»Louise« von Voß:* Unter dem Titel *Louise* war 1784 im *Teutschen Merkur* eine Idylle von Johann Heinrich Voß erschienen, die 1795 den Schlußabschnitt bei der Publikation des gesamten Gedichts bildete.

214 *in dieser Wüste:* Goethe reiste durch Ostwestfalen und das Paderbornische Gebiet über Telgte, Warendorf, Herzebrock, Paderborn, Ossendorf, Westuffeln und Lichtenau nach Kassel, wo er am 13. Dezember ankam.

216 *Meine Ankunft in Weimar:* Goethe kam spätabends am 16 Dezember in Weimar an.

*das... wohleingerichtete Haus:* Das Haus am Frauenplan, in dem Goethe schon von 1782 an gewohnt und das ihm Carl August im Sommer 1792 geschenkt hatte.

*Heinrich Meyer:* Heinrich Meyer (1760-1832), Maler aus Stäfa bei Zürich, von 1791 bis 1803 Hausgenosse Goethes.

*der Bellomoschen Gesellschaft:* Die Schauspielertruppe Guiseppe Bellomos hat sich von 1784 bis 1791 in Weimar aufgehalten.

217 *Natur- und Konversationston:* Ein naturalistischer Vortragston hatte sich durch Friedrich Ludwig Schröder (1744-1816), den Schauspieler und Theaterdirektor in Hamburg, durchgesetzt; in Weimar legte Goethe mehr auf einen deklamatorischen Sprech- und Darstellungsstil wert.

*Iffland:* August Wilhelm Iffland (1759-1814), Schauspieler und Theaterdichter, Verfasser zahlreicher bürgerlicher Dramen und Rührstücke.

*Kotzebue:* August von Kotzebue (1761-1819), produktivster Theaterdichter seiner Zeit, auch in Weimar so häufig wie kein anderer Autor aufgeführt.

218 *Babo... Hagemeister:* Theaterdichter und Schauspieler der Goethezeit.

*F.J. Fischer:* Franz Joseph Fischer, 1791-1793 Schauspieler in Weimar.

*die Dittersdorfischen Arbeiten:* Karl Ditters von Dittersdorf

(1739-1799), einer der beliebtesten Opernkomponisten der Goethezeit.

*Paisiello ... Guglielmi:* Giovanni Paisiello (1741-1816); Domenico Cimarosa (1749-1801); Pietro Guglielmi (1727-1804): italienische Opernkomponisten.

219 *Mozarts Geist:* Von Mozart wurden zwischen 1791 und 1794 in Weimar aufgeführt: *Die Entführung aus dem Serail. Don Giovanni* und *Die Zauberflöte*.

220 *einige allgemeine Andeutungen:* Die folgende Passage bis »selbst schließen läßt« (S. 223 Mitte) ist ein fast wörtlicher Auszug aus der Beschreibung der Sammlung, die 1807 im *Intelligenzblatt Nr. 33* der *Jenaischen Allgemeinen Literaturzeitung*, mit dem Kürzel »W.K.F.« ( = Weimarer Kunst-Freunde) gezeichnet, von Goethe und Meyer veröffentlicht wurde.

223 *Karneol:* Roter Halbedelstein.

*Sosikles:* Muß richtig Sosokles heißen, Steinschneider der augusteischen Zeit.

*mehrere Jahre diesen Genuß gönnte:* Goethe schickte die Sammlung 1797 an die Fürstin Gallitzin zurück.

225 *allein ich vergriff mich im Stoff:* Goethes Eingeständnis, in bestimmten seiner dramatischen Dichtungen mit dem Stoff – d. h. direkt oder indirekt mit der Französischen Revolution – nicht zurechtgekommen zu sein, bezieht sich auf *Der Groß-Cophta* (1791; Vorstufe: *Die Mystifizierten* von 1787), *Der Bürgergeneral* (1793) und *Die Aufgeregten* (1793; 1817 mit dem Untertitel *Ein politisches Drama* in die Gesamtausgabe Goethes aufgenommen).

*»Tasso« noch abgeschlossen: Torquato Tasso* wurde im Juli 1789 beendet.

*die Betrügereien kühner Phantasten:* Bezieht sich wohl vor allem auf Guiseppe Balsamo, genannt Cagliostro (1743-1795), der am Rande auch in die Halsbandgeschichte verwickelt war und sich mit Betrügereien in vielen Ländern Geld verschafft hatte.

*»König Theodor«:* Giovanni Paisiellos Oper *Il Re Teodore* schätzte Goethe besonders.

226 *Komposition mit Reichardt verabredet:* Goethe besprach die Musik zu *Die Mystifizierten* mit Johann Friedrich Reichardt (1752-1814), der der letzte Hofkapellmeister Friedrichs II. von Preußen gewesen war. Reichardt vertonte zahlreiche Gedichte Goethes

und gab 1809-1811 in vier Heften die Noten seiner Kompositionen heraus: *Goethe's Lieder, Oden, Balladen und Romanzen* (Leipzig 1809 ff.). Vgl. Johann Friedrich Reichardt: *Ausgewählte Lieder*. Dietrich Fischer-Dieskau, Tenor / Maria Graf, Harfe. Auf CD: ORFEO C 245 921 A. Reichardt hatte Sympathien für die Französische Revolution geäußert, war deshalb 1794 vom preußischen Hof entlassen und von Goethe in den *Xenien* attackiert worden.

*geheime Verbindungen:* Gemeint sind die Freimaurer bzw. die Illuminaten und deren politische Ideen bzw. Pläne. Vgl. hierzu die für die politischen Vorgänge im Herzogtum Sachsen-Weimar außerordentlich aufschlußreiche Untersuchung von W. Daniel Wilson: *Geheimräte gegen Geheimbünde. Ein unbekanntes Kapitel der klassisch-romantischen Geschichte Weimars*, Stuttgart 1991.

227 *Namens Beck:* Johann Christoph Beck, Schauspieler in Weimar zwischen 1793 und 1800.

*Schnaps:* Hauptfigur im *Bürgergeneral*, der am 2. Mai 1793 in Weimar uraufgeführt wurde.

*Malkolmi:* Karl Friedrich Malcolmi, Schauspieler an der Weimarer Bühne bis 1817.

229 *»Unterhaltungen der Ausgewanderten«:* 1794 entstanden die *Unterhaltungen deutscher Ausgewanderten*, publiziert 1795 in Schillers *Horen*.

*»Hermann und Dorothea«:* Das Epos erschien 1798 und schrieb sich in der Erstausgabe noch *Herrmann und Dorothea*.

230 *»Reinecke Fuchs«:* Satirisches Versepos, 1794 erschienen; Goethes Werk geht auf Gottscheds Übersetzung des niederländischen Tierepos *Reynke de Vos* von 1498 zurück.

*Voß:* Johann Heinrich Voß hatte sich als Übersetzer und Verstheoretiker um den korrekten deutschen Hexameter bemüht, nachdem Klopstock den Hexameter durch den *Messias* (1748 ff.) in die deutsche Literatur eingeführt hatte.

*Latitudinarier:* Anhänger einer freisinnigen Richtung in der anglikanischen Kirche.

*Eutin:* Voß war seit 1782 Rektor des Gymnasiums in Eutin, der Residenzstadt des evangelischen Bischofs von Lübeck.

*Vorrede zu den Georgiken:* In der Vorrede zu Voß' Übersetzung von Vergils *Georgicon Libri Quatuor* (1789) wird der richtige deutsche Hexameter behandelt.

231 *Mounier und Camille Jordan:* Jean Joseph Mounier (1758-1806), emigrierter französischer Politiker, gründete 1795 in Weimar-Belvedere eine Schule für junge Engländer. – Camille Jordan (1771-1821), französischer Politiker, mußte Frankreich zwischen 1797 und 1800 verlassen.

232 *Hinrichtung Karl I.:* König Charles I. von England wurde 1649 abgesetzt und hingerichtet; Ludwig XVI. wurde am 21. Januar 1793 guillotiniert.

*Frankfurt war wieder in deutschen Händen:* Seit dem 2. Dezember 1792.

*General Neuwinger:* Joseph Victorin Neuwinger (1736-1808), von den Österreichern Ende März 1793 gefangen.

235 *die zweite nach meinen Skizzen radierte Tafel: Radierte Blätter nach Handzeichnungen von Goethe* (1821); die zugehörigen Verse tragen die Überschrift *Hausgarten*. Abbildung in *Goethe. Sein Leben in Bildern und Texten*. Hrsg. von Christoph Michels. Frankfurt/Main 1982, S. 254/55.

236 *Belagerung von Mainz:* Diesen Titel trägt der betreffende Abschnitt bereits in der Erstausgabe 1822, in welcher die *Campagne* noch keine eigene Überschrift hat.

*26. Mai 1793:* Datierungsfehler Goethes; es muß 27. Mai heißen, und ebenso müssen die Datierungen bis 30. Mai um jeweils einen Tag nach vorne verändert werden.

*Prinzen Maximilian von Zweibrücken:* Maximilian von Pfalz-Zweibrücken-Birkenfeld (1756-1825), ab 1799 Kurfürst, ab 1806 König von Bayern.

*General Grafen Kalckreuth:* Vgl. Anm. zu S. 76.

238 *Obrist von Stein:* Vgl. Anm. zu S. 9. Ein Irrtum Goethes: Stein war *preußischer* Landjägermeister.

*die Theoristen:* Theoretiker; bezieht sich wahrscheinlich auf den von Kalckreuth kritisierten Herzog von Braunschweig, der als Militärstratege berühmt gewesen war.

*Turenne und Condé:* Henri de Latour d'Auvergne, Comte de Turenne (1611-1675) und Louis II. de Bourbon, Prince de Condé (1621-1686), französischer Heerführer.

*Lieutenant von Itzenplitz:* Friedrich August von Itzenplitz (1769-1842) aus dem Kürassierregiment Carl Augusts.

239 *ihren Kalender datieren:* Am 21. September 1792 fiel der Be-

schluß, eine neue Zeitrechnung einzuführen, der dann ab 6. Oktober 1792 in Kraft trat.

*Hautboisten:* Die Holzbläser (Oboisten). Dem Regiment von Thadden gehörte der Musketier und Schriftsteller Friedrich Christian Laukhard an.

*Ça ira:* Anfangszeile aus dem Refrain eines bekannten Revolutionsliedes: »Es wird gehn . . . «.

*Marseiller Marsch:* Die *Marseillaise*, 1792 von Claude-Joseph Rouget de Lisle (1760-1826) in Straßburg geschrieben, von den Marseiller Nationalgardisten beim Einzug in Paris gesungen.

*Famars:* Sieg der Österreicher bei einem Dorf an der belgisch- (= niederländisch-)französischen Grenze.

*Herrn Landgrafen von Darmstadt:* Ludwig X. (1753-1830), Bruder der Ehefrau Carl Augusts.

240 *Prinzessinnen von Mecklenburg:* Luise Auguste Wilhelmine von Mecklenburg-Strelitz (1776-1810), die spätere Königin von Preußen; Friederike Caroline Sophie von Mecklenburg-Strelitz (1778-1841), in dritter Ehe verheiratet mit Ernst August von Hannover, ab 1837 König von Hannover.

*Apprehension:* Aufregung, Ängstlichkeit.

241 *Ohnehosen:* Sansculotten; vgl. Anm. zu S. 34.

*Rittmeister La Vière:* Ludwig de La Vière (1746-1793), Major im Kürassierregiment Carl Augusts.

*Rittmeister von Voß:* Leopold Albrecht von Voß (1762-1793).

*vermelde ich Folgendes:* Die folgende Passage hat Goethe offenbar schon 1793 vor Mainz niedergeschrieben; sie lag ihm 1822 bei der Niederschrift der *Belagerung* vor, und er baute sie fast wörtlich ein.

242 *Prinzen Ludwig, Ferdinands Sohn:* Prinz Louis Ferdinand von Preußen.

243 *Infanterieregiment Wegner:* Richtig: Wagner.

246 *bei Serenissimo:* Durchlaucht, d.h. hier der Herzog Carl August.

248 *Unser Krause:* Georg Melchior Kraus. Vgl. H. von Maltzahn: *Georg Melchior Kraus in Weimar und auf Reisen*. In: *Goethe-Kalender auf das Jahr 1940*, S. 216-356.

*Parallele:* Belagerungsgraben, parallel zu den Verteidigungswerken der belagerten Festung oder Stadt.

*Herr Gore:* Charles Gore (1729-1807), Landschaftszeichner; ein Engländer, der seit 1791 in Weimar lebte.

249 *Tranchee:* Laufgraben im System der Belagerungsgräben.

*Faschine:* Reisigbündel zur Befestigung von Laufgräben.

251 *Clubbisten:* Mitglieder der in Mainz unter der französischen Besatzung gegründeten »Gesellschaft der Freunde der Freiheit und Gleichheit«.

*Ellfeld:* Eltville.

*Dechanei:* Domprobstei.

252 *einer ... Hauptstadt des Vaterlandes:* Mainz galt nach Wien an Reichtum und Eleganz als zweite Stadt im Reich. Es war auch insofern eine »Hauptstadt« des Heiligen Römischen Reiches Deutscher Nation, als der Bischof die Kurwürde, d. h. Stimme bei der Wahl des Kaisers besaß. Anfang der neunziger Jahre schien Kurfürst Friedrich Karl Joseph von Erthal auf dem Höhepunkt seines Ansehens; als Erzkanzler des Reiches hatte er das Recht, die römisch-deutschen Kaiser zu krönen. Im Oktober 1790 setzte er in Frankfurt Leopold II. die Krone auf, zwei Jahre später Franz II.; in dieser Zeit waren die Fürsten und Adeligen des Reiches auch in Mainz zu Gast, wo also zu dem Zeitpunkt, da die Revolution im Nachbarland Privilegien und Adelsherrschaft abschaffte, der Pomp auf das Höchste stieg, wobei ein großer Teil der 32 000 Einwohner von Mainz davon nur die Nachteile zu spüren bekam – auch dies gehört zur Vorgeschichte der ersten Republik auf deutschem Boden.

258 *Favorite:* Lustschloß des Kurfürsten südlich von Mainz.

*Glacis:* Vorfeld, abgeböschtes Gelände vor dem Festungsgraben.

260 *National-Konföderation:* Fest der nationalen Verbrüderung in Frankreich, gefeiert seit 14. Juli 1791 zur Erinnerung an den Bastillesturm.

*Eroberung von Condé:* Festung im Hennegau, von den Österreichern am 7. Juli 1793 erobert.

*Laboratorium:* Munitionsfabrik.

261 *Camera obscura:* Tragbare Dunkelkammer; Hilfsmittel bei der Landschaftszeichnung.

262 *Herrn von Oppen:* Adolf Friedrich von Oppen (1761-1834), Rittmeister bei den Kürassieren und Chef der Leibschwadron.

263 *Prinzen Ludwig:* Prinz Louis Ferdinand.

*beschwerliche Wunde:* Es handelte sich um eine Wunde am Gesäß.

*General d' Oyré:* François-Ignace d'Oyré (geb. 1739), französischer Kommandant von Mainz.

*Punktation:* Vertragsentwurf mit einzelnen Punkten.

264 *Sömmering:* Vgl. Anm. zu S. 10.

266 *Pikett:* Kleine Truppenabteilung als Vorposten oder Wache.

*Marseiller:* Nationalgardisten aus Marseille.

*König Edwin:* Evtl. meint Goethe den König Eckwald aus dem *Volksbuch vom Hürnenen Seyfried.*

*Kommissarien:* Abgesandte des französischen Nationalkonvents.

*Merlin von Thionville:* Antoine-Christoph Merlin, genannt de Thionville (1762-1833), Kommissar des Nationalkonvents, spielte vor allem nach dem Sturz Robespierres eine Rolle in der französischen Politik.

269 *der Spitzbube von Architekten:* Der Goethe-Forschung ist es nicht gelungen, den »Architekten« zu identifizieren. Der ganze angebliche Vorfall könnte eine Fiktion Goethes sein; urkundlich zu belegen ist er nicht. Daß Goethe im Juli 1793 der Rachejustiz vielleicht nicht ganz so abgeneigt gegenüberstand, wie er es später darstellte, belegt der Brief an F.H. Jacobi vom 27. Juli 1793, in dem es heißt: »Das Volk fing an, durch die Straßen zu laufen und sich derer [= derjenigen Clubbisten] zu bemächtigen, die noch zurückgeblieben waren. Es ward geplündert und man legte sich auch darein und nahm diese Clubbisten auch noch in Empfang. Der Modus, daß man die Sache gleichsam dem Zufall überließ und die Gefangennehmung von unten herauf bewirkte, deucht mich gut. Das Unheil, das diese Menschen angestiftet haben, ist groß. Daß sie nun von den Franzosen verlassen worden, ist recht der Welt Lauf und mag unruhigem Volk zur Lehre dienen.«

271 *Comitisten:* Mitglied des »Sicherheits- und Wachsamkeitsausschusses«, den der Rheinisch-deutsche Nationalkonvent (die Volksvertreter in den französisch besetzen Gebieten) eingesetzt und dessen Rücksichtslosigkeit in der Durchsetzung von Anordnungen ihn verhaßt gemacht hatte.

273 *vorm Jahr:* Vgl. Goethes Bericht über das Zusammensein mit Forster, Sömmering, Huber etc. zu Beginn der *Campagne in Frankreich* (August 1792), S. 10.

*Proklamation des neuen Gouverneurs:* Gerneral Adam Heinrich von Wolframsdorf (1723-1799) verlangte am 26. Juli 1793, daß Gerichte, nicht aber Privatpersonen über die Handlungen Mainzer Bürger während der französischen Besatzung zu urteilen hätten.

274 *mit ihren bunten Schärpen:* Schärpen waren das Abzeichen des Rates der Stadt gewesen, die die Bürger häufig zum Eid auf die neue Verfassung zwangen und sie widrigenfalls ausweisen ließen.

*Bildstein:* Unklar, was gemeint ist.

275 *Drusus' Denkmal:* Steinturm, der Überlieferung nach Überbleibsel eines Ehrenmals für Nero Claudius Drusus (38-9 v. Chr.), der in einem Feldzug gegen die Germanen den Tod fand.

276 *Zeichnung der ... Stadt:* Verschiedene Zeichnungen bzw. Aquarelle von Gore kommen als hier gemeint in Frage; einige sind reproduziert in *Goethe-Kalender auf das Jahr 1917.* Hrsg. von C. Schüddekopf, Leipzig 1916, Tafel 5-7.

277 *das Bombardement:* Über den Zustand von Mainz nach der Belagerung und über das Verhalten der französischen Soldaten während der Belagerung vgl. Christoph Meiners, *Bemerkungen auf einer Reise nach Mainz in einem Briefe an einen Freund.* In: *Kleinere Länder- und Reisebeschreibungen.* 2. Bändchen. Berlin 1794, S. 199-234; wiederabgedruckt in : Zwi Batscha, *»Despotismus von jeder Art reizt zur Widersetzlichkeit«. Die Französische Revolution in der deutschen Popularphilosophie,* Frankfurt/Main 1989, S. 260-278 ( = suhrkamp taschenbuch wissenschaft 759).

*die letzte Revolution in Paris:* Anfang Juli 1793 wurde in Paris die Gironde gestürzt; Robespierre eroberte die Macht im Wohlfahrtsausschuß.

*Reubel:* Jean François Rewbell oder Reubell (1747-1807), Kommissar des Nationalkonvents in Mainz, später Mitglied des Directoires. Reubell war einer der Verfechter der Doktrin von den »natürlichen Grenzen« Frankreichs, was praktisch genau jene französische Expansion nach Osten bedeutete, die Goethe in den folgenden Zeilen andeutet.

278 *von Rietz:* Johann Friedrich von Ritz, Kammerdiener Friedrich Wilhelms II. von Preußen, mit dessen Mätresse Wilhelmine Enke verheiratet.

279 *Freundin Delph:* Helena Dorothea Delph (172?-1808), befreundet

mit den Familien Goethe und Schönemann, war Geschäftsfrau und auch in politische Angelegenheiten als Vermittlerin verwikkelt.

*Jugendfreund Schlosser:* Johann Georg Schlosser (1739-1799), Jurist und Schriftsteller aus Frankfurt, seit 1773 durch Heirat mit Cornelia Goethe der Schwager Goethes; Cornelia starb 1777.

*Eulerische Theorie:* Leonhard Euler (1707-1783), Physiker und Mathematiker, arbeitete an der Fortentwicklung der Wellentheorie des Lichts.

*einen Aufsatz:* Im Lager bei Marienborn schrieb Goethe den Aufsatz *Einige allgemeine chromatische Sätze*, der zu seinen Lebzeiten nicht veröffentlicht wurde; gedruckt in der *Münchner Ausgabe*, Band 4.2, München 1986, S. 363-369.

280 *Aufenthalt in Frankfurt:* 9. bis 19. August 1793.

*Greueltaten einer...Nation:* Zeit der »terreur«, der Schrekkensherrschaft des Wohlfahrtsausschusses ab dem Spätsommer 1793 mit den Prozessen gegen die Girondisten und der Hinrichtung der Königin Marie Antoinette im Oktober 1793.

*Der Herzog von Weimar trat...aus preußischen Diensten:* Carl August erhielt auf seinen Wunsch am 7. Februar 1794 den Abschied; 1797 trat er wieder ein und wurde zum Inspektor der Magdeburgischen Kavallerie ernannt.

281 *zwölf Jahre: Campagne in Frankreich 1792. Belagerung von Mainz* endet mit einem Ausblick auf das Ende der relativen Friedenszeit, die Preußen bzw. Norddeutschland von 1795 bis 1805/6 erlebte. Nach der Schlacht von Jena und Auerstedt am 14. Oktober 1806 wurde auch Weimar von französischen Truppen besetzt.

*

Eine eingehendere Kommentierung des Goetheschen Textes als sie in einer Taschenbuchausgabe geleistet werden kann, bieten die *Hamburger Ausgabe* der Werke Goethes (HA), Band 10, siebente, neubearbeitete Auflage, München 1981, S. 661-725 (den Kommentar erarbeiteten Waltraud Loos und Erich Trunz) sowie die *Münchner Ausgabe* (MA), Band 14, München 1986, S. 746-829; hier zeichnet Reiner Wild für die Erläuterungen verantwortlich. Dem Kommentarteil dieser beiden Ausgaben sowie der *Weimarer Ausgabe* sind auch die Erläuterungen der vorliegenden Ausgabe stellenweise verpflichtet; mit Dankbarkeit sei es vermerkt.

Eine Wiedergabe der Vorarbeiten und Paralipomena sowie der Lesarten und eine Darstellung der Handschriftenverhältnisse zu *Campagne in Frankreich. Belagerung von Mainz* findet sich in der Weimarer Ausgabe (WA) der Werke Goethes, I. Abteilung, 33. Band, S. 331-379. Wichtig zum Verständnis der *Campagne* und der *Belagerung* sowie der Zeitumstände, Lebensverhältnisse und Meinungen Goethes in den Jahren 1792/93 sind außerdem die Auszüge aus Briefen, Tagebüchern und Gesprächen Goethes, die sich in dem von Karl Eibl herausgegebenen Band 3 der II. Abteilung von Goethes *Sämtlichen Werken. Briefe Tagebücher und Gespräche,* Frankfurt/Main 1991, S. 621-710 finden und sich speziell auf die Zeit zwischen dem 8. August 1792 und dem 19. August 1793 beziehen.

Die vorliegende Ausgabe folgt dem Text von *Campagne in Frankreich 1792* und *Belagerung von Mainz* der Weimarer Ausgabe, I. Abteilung, 33. Band, Weimar 1898, S. 1-329. Dieser Text wurde anhand der Erstausgabe von 1822 und des Bandes 14 der *Münchner Ausgabe, Autobiographische Schriften der frühen Zwanzigerjahre* (darin *Campagne in Frankreich 1792. Belagerung von Maynz* auf S. 335-557) überprüft; in einigen Fällen, wo der Text der *Münchner Ausgabe* dem Herausgeber überzeugend erschien, wurde vom Text der *Weimarer Ausgabe* abgewichen.

Der Text wurde unter Wahrung von Lautstand und Interpunktion der heutigen Schreibung angeglichen. Grundsätzlich folgt diese Normalisierung den Regeln, welche für die Bibliothek deutscher Klassiker des Deutschen Klassiker Verlags gelten. Jedoch wurden, falls Mißverständnisse möglich, Namen von Orten und Personen modernisiert bzw. korrigiert; außerdem wurde in allen Zweifelsfällen die ältere Schreibung beibehalten. Offensichtliche Druckfehler wurden stillschweigend verbessert.

Herausgeber und Verlag danken Marion Kramer für ihre Hilfe bei der Einrichtung des Textes.

# Literaturhinweise

Willy Andreas: Carl August von Weimar in und nach der Kampagne gegen Frankreich. Sitzungsberichte der Bayerischen Akademie der Wissenschaften. Phil.-hist. Klasse. Jg. 1954, Heft 5. München 1955.

Paul von Bojanowski: Carl August als Chef des 6. Preußischen Kürassierregiments 1787-1794. Weimar 1894.

Karl Otto Conrady (Hrsg.): Goethe und die Französische Revolution. Frankfurt/Main: Insel 1989. (= Insel-Almanach auf das Jahr 1989.)

Richard Fisher: »Dichter« und »Geschichte«. Goethe's *Campagne in Frankreich*. In: Goethe Yearbook, 4/1988, S. 235-274.

Horst Günther (Hrsg.): Die Französische Revolution. Berichte und Deutungen deutscher Schriftsteller und Historiker. Frankfurt/Main: Deutscher Klassiker Verlag 1985. (= Bibliothek der Geschichte und Politik, Band 12.)

Gisela Horn: Kampagne in Frankreich und Belagerung von Mainz. Historische Tatsachen und ästhetische Struktur. In: Helmut Brandt / Manfred Beyer (Hrsg.): Ansichten zur deutschen Klassik. Berlin / Weimar 1981, S. 233-249.

A. W. Laue: Geschichte der vier ersten Feldzüge des französischen Revolutionskrieges. Von einem deutschen Offizier. Erster Theil. Deutschland 1805.

Friedrich Christian Laukhard: Leben und Schicksale, von ihm selbst beschrieben. Fünf Theile in drei Bänden. Mit einem Nachwort von Hans-Werner Engels und Andreas Harms. Frankfurt/Main: Zweitausendeins 1987.

Friedrich Christian Laukhard: Leben und Schicksale von ihm selbst beschrieben. Hrsg. von Karl Wolfgang Becker. Leipzig: Koehler & Amelang 1989.

Ulrich Lehnart / Gunther Franz (Hrsg.): Goethe in Trier und Luxemburg. 200 Jahre Campagne in Frankreich 1792. Ausstellungskatalog Nr. 24 der Trierer Bibliotheken. Zugleich Veröffentlichung der Nationalbibliothek Luxemburg. Trier und Luxemburg 1992. (Der Katalog enthält außerordentlich reichhaltiges Bildmaterial zur gesamten Kampagne in Frankreich sowie 25 Aufsätze zu den verschiedensten Aspekten der Kampagne und insbesondere Goethes Teilnahme daran.)

Eberhard Mannack: Goethes Belagerung von Mainz: eine Korrektur von Mißverständnissen. In: Etudes germaniques, Jg. 38/1983, Nro. 1, S. 102-117.

August Ludwig von Massenbach: Memoiren zur Geschichte des preußischen Staates unter den Regierungen Friedrich Wilhelm II. und Friedrich Wilhelm III. Band 1. Amsterdam 1809.

Hans Mayer: Goethe. Ein Versuch über den Erfolg. Frankfurt/Main 1973 (insbesondere die Abschnitte *Französische Revolution* und *Ancien Régime*, S. 35-56).

Bärbel Raschke: Die französische Revolution im Spiegel deutscher Zeitschriften. Diss. phil. Leipzig 1982.

Hans Siegbert Reiss: Goethe on War: Some reflections on Campagne in Frankreich. In: Publications of the English Goethe Society, Vol. 53/1984, S. 98-123.

Gustav Roethe: Goethes Campagne in Frankreich 1792. Eine philologische Untersuchung aus dem Weltkriege. Berlin 1919.

Thomas P. Saine: Black Bread-White Bread. German Intellectuals and the French Revolution. Columbia, South Carolina: Camden House 1988.

Thomas P. Saine: Campagne in Frankreich / Belagerung von Mainz (1822). In: Paul Michael Lützeler / James E. McLeod (Hrsg.): Goethes Erzählwerk. Interpretationen. Stuttgart: Reclam 1985, S. 396-428.

Thomas P. Saine: Georg Forster and the Mainz Revolution. In: Ehrhard Bahr / Thomas P. Saine (Hrsg.): The Internalized Revolution. German Reactions to the French Revolution, 1789-1989. New York / London 1992, S. 119-147.

Thomas P. Saine: Goethe's Novel, Campagne in Frankreich. In: William J. Lillyman (Hrsg.): Goethe's Narrative Fiction. The Irvine Goethe Symposium. Berlin / New York 1983, S. 193-223.

Michael Schilar: Epochenzäsur und Realismus. Fünf Thesen zu Goethes »Kampagne in Frankreich«. In: Weimarer Beiträge, Jg. 36/1990, S. 837-844.

Friedrich Sengle: Das Genie und sein Fürst. Zur Geschichte der Lebensgemeinschaft Goethes mit dem Herzog Carl August von Sachsen-Weimar-Eisenach. Stuttgart 1993.

Alfred Stern: Der Einfluß der Französischen Revolution auf das deutsche Geistesleben. Stuttgart / Berlin 1928.

Hans Tümmler: Carl August von Weimar, Goethes Freund. Eine vorwiegend politische Biographie. Stuttgart 1978.

Georg Wilhelm Freiherr von Valentini: Erinnerungen eines alten preußischen Offiziers aus den Feldzügen 1792, 1793 und 1794 in Frankreich und am Rhein. Glogau und Leipzig 1833.

Reiner Wild: Krieg und Frieden, Gewalt und Recht. Zu Goethes Auseinandersetzung mit der Französischen Revolution in Campagne in Frankreich und Belagerung von Maynz. In: Jahrbuch des Wiener Goethe-Vereins. Neue Folge, Jg. 92-93/1988/89, S. 67-79.

Alfred Zastrau: Campagne in Frankreich und Belagerung von Mainz. In: Goethe-Handbuch. 2. Auflage, 1955 ff., Sp. 991 ff. und 1542 ff.

Edith Zehm: Der Frankreichfeldzug von 1792. Formen seiner Literarisierung im Tagebuch Johann Conrad Wagners und in Goethes Campagne in Frankreich. Frankfurt/Main / Bern / New York 1985.

Johannes Ziekursch: Zur Geschichte des Feldzuges in der Champagne von 1792. In: *Forschungen zur Brandenburgischen und Preußischen Geschichte*, 47/1945, S. 20-77.

## *Bildnachweis*

Archiv für Kunst und Geschichte, Berlin: Umschlagabbildung, 14, 71, 174, 233.
Bildarchiv Preußischer Kulturbesitz, Berlin: 11.
Freies Deutsches Hochstift, Frankfurter Goethe-Museum, Frankfurt am Main: 4, 160.
Goethe-Museum Düsseldorf: 228 (Foto: Walter Klein), 244.
Graphische Sammlung im Landesmuseum Mainz: 237.
Insel Verlag, Frankfurt am Main und Leipzig: 8, 31, 47, 65, 112, 195.
Landesmuseum Braunschweig: 26.
Städelsches Kunstinstitut, Frankfurt am Main: 259.
Stiftung Weimarer Klassik, Weimar: 12, 13, 17, 24, 42, 125, 128, 159, 163, 169, 197, 198, 199, 202, 206, 212, 234, 250.

# *Nachwort*

»Verzeihen Sie, wenn ich so konfuses Nichts vorbringe. Jetzt, da ich einige Tage geruht habe, fühle ich erst, wie ich an Leib und Seele zerschlagen und zerstoßen bin« – so deutlich wie in diesem Brief Goethes an Christian Gottlob Voigt vom 15. Oktober 1792, geschrieben unter den Nachwirkungen der Strapazen des schmählichen Rückzugs der Koalitionsarmee aus Frankreich, spricht Goethe kaum je in jenem merkwürdigen Text, den er 30 Jahre später, im Mai 1822 publizierte. *Campagne in Frankreich 1792. Belagerung von Mainz* steht vielmehr, anders als die nur für Freunde und die Lebensgefährtin Christiane Vulpius bestimmten Briefe, unter jenem doppelten Imperativ, den Goethe in einer Eintragung in seine *Tag- und Jahreshefte* bezüglich des Jahres 1820, in dem er die Arbeit an diesem Kapitel seiner Autobiographie aufnahm, so charakterisierte: »... man wollte durchaus wahr bleiben und zugleich den gebührenden Euphemismus nicht versäumen.«

Euphemismus war aus mehreren Gründen geboten, einmal, weil er das krasse Elend, dessen Zeuge er während der Campagne von 1792 und in vielleicht etwas geringerem Maße auch während der Belagerung von Mainz geworden war, seinen Lesern nicht glaubte zumuten zu können, zum andern auch, so hat man den Eindruck, weil er auch sich selbst etwas schonen wollte, da ihn die Erinnerung an diese Erlebnisse offenbar während der Niederschrift der *Campagne* noch aus der großen zeitlichen Distanz in starke innere Unruhe versetzte. Und schließlich waren da auch die Rücksichten, die er als Angehöriger des Hofes des Großherzogtums Sachsen-Weimar zu nehmen hatte, dessen Herrscher als Soldat in die kriegerischen Aktivitäten von 1792/93 verwickelt gewesen war bzw. sich hatte verwickeln lassen – durchaus nicht mit Billigung Goethes.

Dennoch, trotz dieser Unbehaglichkeiten, macht er sich zunächst von Januar bis März 1820 und dann vor allem wieder von November 1821 bis Februar 1822 an die Arbeit und kann schließlich im April 1822 die Abschlußkorrektur des gesetzten Textes lesen. Manche brieflichen Zeugnisse jener Zeit könnten vermuten lassen, daß er bloß nichts Besseres zu tun hatte und nach einer Beschäftigung für den Winter 1821/22 suchte. Doch er war wohl vor allem »aufgeregt« – wie sein Wort hierfür häufig lautet – durch Ereignisse der Jahre 1819 und 1820, sich mit der eigenen Lebensphase der Jahre 1792 und 1793 sowie den damaligen politischen Ereignissen zu beschäftigen: Erneut drohten nach der Ermordung Kotzebues durch den Studenten Karl Sand und den Karlsbader Beschlüssen zur Unterdrückung der Opposition revolutionäre Unruhen, die immer noch in Verbindung zu jenen Erschütterungen standen, die mit der Französischen Revolution begonnen hatten; außerdem hatte Johann Heinrich Voß 1819 überraschend den ihm in der Jugend freundschaftlich verbundenen Friedrich Leopold Graf zu Stolberg wegen dessen – allerdings schon viele Jahre zurückliegender – Konversion zum Katholizismus in dem Aufsatz *Wie ward Fritz Stolberg ein Unfreier?* angegriffen und dabei auch den Kreis von Münster um die Gräfin Gallitzin attackiert, die Goethe im Dezember 1792 besucht und keineswegs so borniert und intolerant gefunden hatte, wie Voß nun insinuierte; 1819 war außerdem Friedrich Heinrich Jacobi gestorben, den Goethe im November 1792 in Pempelfort gesehen hatte, und daran konnte sich eine Erinnerung an einen Besuch bei dem Philosophiehistoriker Plessing in Duisburg anschließen, den Goethe 1792, zwischen dem Aufenthalt in Pempelfort und dem Besuch in Münster, wiedersah, 15 Jahre nach einer Begegnung mit Plessing in Wernigerode, die für Goethe neue Aktualität gewann, als 1820 Karl Ludwig Kannegießer die Schrift *Über Goethes Harzreise im Winter* veröffentlichte, in der verdeckt auch von Plessing gesprochen wird. Es gab also eine ganze Kette von Gründen und Anlässen, ein Stück der eigenen Lebensgeschichte erneut ins Auge zu fassen, das, für Goethe selbst jedenfalls, zahlreiche verdeckte Bezüge zur Gegenwart von 1820/22 hatte.

Es war somit Rechenschaft zu geben von einer weiteren Phase des eigenen Lebensgangs im Zuge des damals noch nicht aufgegebenen Plans einer Beschreibung seines gesamten Lebens; dies aber hatte zugleich so schonend, »schicklich« und »artig« zu geschehen, wie es einem Mann des Hofes anstand. Goethe mußte Rücksicht nehmen auf den Fürsten und andere Adelige, deren Handlungsweise gerade auch vor und während der Französischen Revolution und der 1790er Jahre keineswegs immer seine Billigung gefunden hatte, und zugleich war die Gelegenheit gegeben, auch seine ja durchaus vorhandene Dankbarkeit gegenüber seinem eigenen Landesfürsten Carl August auszudrücken; daher der vorherrschende vorsichtige, bisweilen leicht gravitätische Ton, die oft nur indirekte Darstellung bzw. Preisgabe seiner eigenen Meinung zu bestimmten Aspekten der Ereignisse von 1792/93. »Dienstag den 27. Mai eilte ich, meinen Fürsten im Lager bei Marienborn zu verehren, wobei mir das Glück ward, dem Prinzen Maximilian von Zweibrükken, meinem immer gnädigen Herrn aufzuwarten« – eine solche Darstellung des Eintreffens im Hauptquartier der Belagerer von Mainz klingt irritierend beflissen, so beflissen, daß man geneigt ist, Caroline Herder zu glauben, die notierte, daß Goethe zu jenem Zeitpunkt, 1792 bis 1794, sich unangenehm vorbehaltlos auf die Seite des Fürsten geschlagen und Johann Gottfried Herder (der mit der Französischen Revolution etwas mehr sympathisierte) zurechtgewiesen habe: »Ich nehme jetzt die Grundsätze meines gnädigsten Herrn an, er gibt mit zu essen, es ist daher meine Schuldigkeit, daß ich *seiner Meinung bin.*«

Aber erstens ist die Quelle dieser Überlieferung zu bedenken, Herders Frau, die bei der in den 90er Jahren sich anbahnenden (allerdings in der Tat mit politischen Meinungsverschiedenheiten in Zusammenhang stehenden) Entfremdung zwischen Goethe und Herder Partei war; zweitens ist bei der Lektüre der *Campagne in Frankreich 1792. Belagerung von Mainz* immer zu beachten, daß Einstellungen und Bewertungen Goethes um 1820 häufig dem Goethe der frühen neunziger Jahre untergeschoben werden, so daß mit den verschiedensten Überblendungen und Brechungskoeffizienten zu rechnen und in vielen Dingen, von einfachen kalendarischen Daten bis hin zu Einschätzungen von Personen und menschlichen Verhältnissen, die *Campagne* nicht als zuverlässiges historisches Dokument der Zeit um 1792 zu nehmen ist. Und drittens sagt Goethe fein, aber doch deutlich – wenn man sich in seine Kunst der Andeutungen, der eingebauten ironischen Obertöne erst einmal eingelesen hat –, was er von der fürstlichen Aufforderung zur Anwesenheit bei der Kriegerei hält bzw. hielt. Er habe »sich an Ort und Stelle zeigen« müssen, berichtet er im Sommer 1793; das heißt also: Er *mußte* den ruhigen häuslichen Herd verlassen, um teilzunehmen »wie früher an einem beweglichen Übel, so nun an einem stationären« – wobei das »bewegliche« die Campagne mit ihrem hoffnungsvollen Marsch nach Frankreich hinein und ihrer deprimierenden Flucht der Armee aus Frankreich heraus meint und das »stationäre Übel« die Belagerung von Mainz. Im Lager vor Mainz zeigt er sich dann Ende Mai 1793 gehorsam, und submissest spricht er ein wenig später von »unserem fürstlichen Heerführer«; die Ironie, durch die freundschaftlichen Gefühle für Herzog Carl August gemildert, ist unüberhörbar, und das Ganze gewinnt noch am Komik, wenn man weiß, daß um diese Zeit, da er die *Campagne* schrieb, Carl August bisweilen morgens, noch bevor Goethe aufgestanden war, schon im Haus am Frauenplan vorsprach, Diener beiseiteschiebend zu Goethes Schlafzimmer hinaufstieg, die Tür aufstieß und gutgelaunt polternd zu dem noch im Bett Liegenden also sprach: »Guten Morgen, altes Kamel, liegst du noch in der Sauen?« Für derlei Derbheiten rächte Goethe sich subtil mit solchen steifhosigen Apostrophierungen wie »unser fürstlicher Heerführer«.

Zwar bringt er nur gut dosierte Bedenklichkeiten gegen die Adeligen insgesamt und besonders die preußischen Heerführer und Diplomaten vor, doch unverkennbar ist die kaum unterdrückte Wut auf die politischen Ungeschicklichkeiten und die strategische Unfähigkeit des Herzogs von Braunschweig, der sich von französischen Emigranten bzw. vom Marchese Lucchesini die drei berühmt-berüchigten Manifeste formulieren ließ, die die französische Entschlossenheit zum Widerstand gegen die Invasionsarmee nur stärkten, und der keine logistische Vorsorge getroffen hatte für die Ernährung der 80000 Mann, mit denen er Frankreich invadierte. Zumindest relativ zu Goethes gewiß begrenzter Neigung und Fähigkeit, auch mit Kraßheiten und Extremsituationen literarisch-ästhetisch umzugehen, sprechen doch *Campagne* und *Belagerung* eine deutliche Sprache; es läßt sich kaum eine für die Heerführer vernichtendere Schilderung denken als jene, die Goethe von der Nacht vom 2. auf den 3. Oktober vom Übergang über die Aisne gibt: »Die Armee zog über die Brücken, Fußvolk und Artillerie, die Reiterei durch einen Furt, alle Gesichter düster, jeder Mund verschlossen, eine gräßliche Empfindung mitteilend. Kamen Regimenter heran unter denen man Bekannte, Befreundete wußte, so eilte man hin, man umarmte, man besprach sich, aber unter welchen Fragen, welchem Jammer, welcher Beschämung, nicht ohne Tränen. [...] So ging es nun den ganzen Tag! und so ward mir der Rückzug nicht etwa nur durch Beispiel und Gleichnis, nein, in seiner völligen Wirklichkeit dargestellt und der Schmerz durch jede neue Uniform erneuert und vervielfältigt. Ein so grauenvolles Schauspiel sollte dann auch seiner würdig schließen; der

König und sein Generalstab ritt von weiten her, hielt an der Brücke eine Zeitlang stille, als wenn er sich's noch einmal übersehen und überdenken wollte; zog dann aber am Ende den Weg aller der Seinen. Ebenso erschien der Herzog von Braunschweig an der andern Brücke, zauderte und ritt hinüber.«

Man hat Goethe der Leisetreterei und der Beschönigung bei der Darstellung von Krieg und Tod geziehen; unter seinen Kritikern in dieser Hinsicht war auch Carl Einstein, der 1915 schrieb: »Goethe, der bis 1914 olympische, läßt ein allprüfendes Gewissen insofern vermissen, als er seine Nachfahren, die seiner Epoche reifstes Bekenntnis von ihm fordern müssen, ganz im unklaren über den Geist des Krieges läßt, den er aus zahlreichen Feldzügen hätte ergründen und begrifflich für sie bilden müssen.« Das klingt menschenfreundlich und fortschrittlich-kritisch, ist aber als Vorwurf nicht zu halten: jedenfalls muß man sehen, daß die Goethesche Kennzeichnung des Krieges nur begrenzt nach dem Maßstab der Literatur des 20. Jahrhunderts, die auf die Effekte des unverstellten, tabubrechenden Sprechens setzt, zu beurteilen ist, während es Goethe nach Herkommen und (um 1820) aktueller Aufgabe darum gehen mußte, mittels höfisch-höflicher Andeutungen dennoch deutlich zu werden.

Und das tat er. »Dieser Feldzug wird als eine der unglücklichsten Unternehmungen in den Jahrbüchern der Welt eine traurige Gestalt machen«, oder, geschrieben in dem Moment, da er noch seine Mutter in Frankfurt glaubte besuchen zu können, am 16. Oktober 1792: »Ich eile zu meinen mütterlichen Fleischtöpfen, um dort wie von einem bösen Traum zu erwachen, der mich zwischen Kot und Not, Mangel und Sorge, Gefahr und Qual, zwischen Trümmern, Leichen, Äsern und Scheißhaufen gefangen hielt« – das schreibt er nun zwar in Briefen, an Voigt und an Herders, aber fast unverstellt höhnisch ist die Art, wie er den König

Friedrich Wilhelm II. und den Herzog von Braunschweig im oben zitierten Gemälde vom Flußübergang der Armee auf dem Rückzug »würdig« den »Leichenschritt (...) unserer traurigen Lazarettfahrt« überblicken und dann sich davonschleichen läßt, als Inspektoren des von ihnen angerichteten Elends. Eine Miniatur kann man sowas schon deshalb nicht nennen, weil Goethe sich hier in einer Unmittelbarkeit, die sich sonst kaum bei ihm findet, der Wirklichkeit – und nicht, wie er fast mit leiser Selbstverspottung schreibt, ihrem »Beispiel und Gleichnis« – konfrontiert sah. Ein hungernder, frierender, verwahrloster Goethe von »wildem Aussehen«, »den Bart strauchig«, schleppt sich nach Hause, vorbei an Grandpré, das »ein Ort der Pest und des Todes« ist, denn »das Schloß war zum Krankenhause umgebildet und schon mit mehreren hundert Unglücklichen belegt, denen man nicht helfen, sie nicht erquicken konnte. Man zog mit Scheu vorüber und mußte sie der Menschlichkeit des Feindes überlassen« – das ist auf jeden Fall eine Prosa, wie sie Goethe – im Gegensatz zu anderen Zeitgenossen, zu Seume oder Forster – prosaischer nicht schreiben konnte: den einen Schritt weiter, der offenbar von ihm schon gedacht wurde, verbat er sich dann, deutet aber an, wohin das gegangen wäre, als er berichtet, daß er in Pempelfort »poetische Tagesbefehle, satirische Ordres du jour« vernichtet habe, in denen er wohl noch schärfer kritisch und karikierend mit dem Feldzug und seinen Verantwortlichen umgesprungen war.

Statt auf solche verklausulierten Hinweise, solche indirekten Eingeständnisse seiner wahren Stimmung von 1792 zu achten, ist es natürlich besonders für unsere heutigen Lesegewohnheiten einfacher und oft auch befreiend, in den *Leben und Schicksalen* des Musketiers Friedrich Christian Laukhard jemand mit unverstellter Stimme vom Feldzug sprechen zu hören, der auf keinen »gnädigen Herrn« Rücksicht nehmen muß: »Starb einer unterwegs, so warf man ihn von dem Wagen auf die Seite, und ließ ihn unbegraben liegen. Oft warf man noch Lebende mit herunter, die dann aufs jämmerlichste im Schlamme verrecken mußten.* Meine Leser müssen hier nicht an Übertreibung denken: ich würde, wenn ich auch noch abscheulicher schilderte, doch lange nicht genug sagen«, heißt es bei einem einfachen Soldaten über die Zustände der von endlosem Regen, fehlender Nahrung und der Ruhr geplagten und dezimierten Armee beim Rückzug aus Frankreich; Laukhard schreibt in der Fußnote, die durch den Asterikus angekündigt wird: »Verrecken ist freilich ein sehr unedles Wort: es passet aber vollkommen, die Todesart unserer Brüder auf dem Rückzuge aus Frankreich zu bezeichnen.« Das notiert genau den Unterschied: der eine sagt: »Unglückliche, denen man nicht helfen konnte«, der andere nennt die Dinge unverblümt beim Namen: »verrekken« ist das, was da Tausende mußten, und die Gründe dafür sind unumwunden in der miserablen Organisation der preußischen Lazarette, die Laukhard eindeutig »Mördergruben« nennt, und im »Schlendrian« und »Dünkel« der Heerführer der Koalitionsarmee zu finden, die die Franzosen immer nur »Patrioten, Demokraten, Jakobiner« schimpften und glaubten, die Tapferkeit der französischen Truppen sei nur durch »Belladonna und die Guillotine« hervorgerufen und entspringe nur den Hirnen »armseliger politischer Schlucker«.

Die Schlucker hielten seltsamerweise bei Valmy stand, was der zur Schlachtenbummelei abkommandierte Goethe mit dem bekannten weitsichtigen Spruch kommentiert haben will: »Von hier und heute geht eine neue Epoche der Weltgeschichte aus, und ihr könnt sagen, ihr seid dabei gewesen.« Der Nachteil des Diktums ist bekanntlich, daß es als authentisch kurz nach der Kanonade von Valmy gesprochen nicht zu erweisen ist; es muß zumindest anders, vager gelautet haben, denn aus Briefen Goethes vom 27. und 28. September 1792 hat man den Eindruck, daß er durchaus noch Hoffnung hatte, wirklich demnächst nach Paris zu kommen, so daß die Prophetie wohl aus dem nachhinein manipuliert ist; der Musketier Laukhard aber hatte spätestens 1796 eine Folgerung aus dem Geschehen gezogen, die er auch gleich publizierte und die sich unumstößlich datieren läßt, eine Folgerung, die Goethe, als er sie in Vorbereitung der Niederschrift der *Campagne in Frankreich 1792* bei Laukhard las, neidisch gemacht haben muß: »Wird einst Frankreich einen Alexander haben, so ist Deutschland seine Eroberung! Dieß merke man sich in Wien und Regensburg.«

Dennoch: Je länger man in der *Campagne* und der *Belagerung* liest, desto mehr lernt man Goethes Vermögen der unauffällig-indirekten Darstellung schätzen. Da berichtet er zum Beispiel, daß er beim zweiten Aufenthalt in Verdun am 10. Oktober 1792 bei einem der Notabeln wohnte, die 1787 die Versammlung zu Paris bildeten, die im Auftrag des Königs über eine Reform der Staatsfinanzen zu beraten hatte; des Notabeln »Instruktionen« von 1787 fallen ihm in die Hände, und er bemerkt: »Die Mäßigkeit der damaligen Forderungen, die Bescheidenheit, womit sie abgefaßt, kontrastierten völlig mit den gegenwärtigen Zuständen von Gewaltsamkeit, Übermut und Verzweiflung.« Was heißt: Der König und der Adel hätten es vor 1789 in der Hand gehabt, die ganze Revolution zu vermeiden, wenn sie fähig gewesen wären, anders zu handeln als so, wie es Goethe wieder und wieder bei den verantwortungslos hochmütigen und nichtsnutzigen französischen Emigrés in Deutschland beobachten konnte; daß sie dazu aber unfähig waren, richtet sie unwiderruflich.

An anderer Stelle vermerkt Goethe, daß die Einsicht, die ganzen Strapazen der Soldaten seien umsonst gewesen, weil die alliierten Heerführer da, wo es ihr Vorteil gebot, mit den ›bösen‹ mörderischen Generälen der Revolutionsarmee ganz kühl verhandelten, eben jene ausgelaugten Soldaten schier unsinnig vor Wut machte: »Ich habe von den Unsrigen gesehen, für welche der Wahnsinn zu fürchten war.« Das steht so da, als sei er selbst keiner von diesen gewesen, doch wenn man seine Briefe aus genau jenen Tagen der Zerstörung und des Todes von Städten und unzähligen Menschen liest, so gebraucht er für seinen eigenen Geisteszustand exakt dieselben Worte; Voigt schreibt er am 3. Juli 1793: »Wie selig kann man seine Freunde preisen, die wenigstens das Unheil nicht mit Augen sehen, das in dieser Gegend und nun auch in dem unglücklichen Mainz angerichtet wird [...] Mich wandelt in meiner jetzigen Lage eine Art Stupor an und ich finde den trivialen Ausdruck ›der Verstand steht mir still‹ trefflich, um die Lage meines Geistes auszudrücken.« Goethe gibt einem andern zu sagen, was er selbst leidet bzw. gelitten hat, ohne daß er selbst sich so sehr exponieren müßte, und das treibt er augenzwinkernd auf die Spitze, wenn er sich – nachzulesen unter dem 28. Oktober – mit dem klugen Leser über Darstellungstricks derart verständigt, daß er dem »Zivilist«, der sich vom ihm, Goethe, wenigstens eine »Darstellung und Aufklärung des Feldzugs« erwartet, durch den alten Husaren-Offizier bedeuten läßt: »Der alte Degen wollte auch davon nichts wissen und rief: Glaubt es nicht, er ist viel zu klug! was er schreiben dürfte, mag er nicht schreiben, und was er schreiben möchte, wird er nicht schreiben.« Das muß man zusammensehen mit einer Stelle in dem Brief an Friedrich Heinrich Jacobi vom 7. Juli 1793, worin er berichtet, er habe im Lager vor Mainz Aufzeichnugen gemacht, diese aber wieder aufgegeben: »Es gehört dazu mehr Commérage [= Klatscherei] und Kannegießerei als ich aufbringen kann, und was ist's zuletzt? alles was man weiß und gerade das worauf alles ankommt darf man nicht sagen und da bleibt's immer eine Art Advokaten-Arbeit.« Zu rechtfertigen, was man nicht rechtfertigen kann, ist »Advokaten-Arbeit«, aber das Gräßliche der Beschießung einer Stadt zu schildern und zu sagen, wo die Verantwortlichkeiten liegen, ist nicht möglich. Folglich? Folglich, so wird der Leser angewiesen, habe man bitte sein Verhalten als Leser darauf abzustellen, die »Winke«, die für die »kleine Schar« erteilt werden, aufzufassen, die diskreten Hinweise auf das vom Autor Gemeinte zu verstehen.

»Das Werk ist so düster wie kein anderes Werk Goethes«, schreibt Thomas P. Saine, einer der intimsten Kenner gerade von *Campagne in Frankreich 1792. Belagerung von Mainz*; auf seine in den Erläuterungen und in der Bibliographie genannten Arbeiten sei mit Nachdruck hingewiesen. Zu ergänzen wäre seine Einschätzung höchstens um den Hinweis, daß auch in *Das Römische Carneval* und in der *Romantischen Walpurgisnacht* von *Faust I* (unzensierte Fassung, nach der Rekonstruktion von Albrecht Schöne bzw. Andreas Ammer) sich Urteile über die Antriebe der Menschen und über die Wertigkeit des menschlichen Daseins finden, die von einer ganz unklassischen Skepsis, ja einem abgründigen Pessimismus getragen sind. Die fast manische Art, wie Goethe sich gerne »wackere Männer« in »voller Tätigkeit« dachte, ist ja eher verdächtig; betrog er sich damit nicht auch über seine gründlich-abgründige Skepsis, über die kalte Illusionslosigkeit und seinen Nihilismus avant le mot, der ihn dann zum Beispiel launig, wegwerfend und desperat sagen ließ: »Nur weil man sich im Herbst nicht vorstellen kann, wie gräßlich der Winter sein wird, hängt man sich nicht auf«?

Als er die *Campagne* und die *Belagerung* schrieb – vielleicht müßte man besser sagen: komponierte, kompilierte –, war er ein abgebrühter Weltmann, wie ihn am unverstelltesten die Briefe an Zelter zeigen, und zugleich erinnerte er sich noch sehr gut daran, daß just in jenen Jahren zwischen der Rückkehr von Italien 1788 und der Freundschaft mit Schiller ab 1794 er in äußerster Vereinsamung lebte: angefeindet wegen seiner naturwissenschaftlichen Studien, angefeindet auch wegen seiner Lebensgemeinschaft mit Christiane Vulpius, über die das feine Weimar die Nase rümpfte; man wandte sich degoutiert ab von den *Venezianischen Epigrammen* und *Römischen Elegien*; weder die achtbändige Werkausgabe bei Göschen (1787 ff.) war ein Erfolg gewesen, noch goutierte man die kleinen Dramen, in denen er Motive der Französischen Revolution aufzugreifen versuchte. Verkürzt zu der Formulierung, es habe ihn damals ein »glückliches häusliches Verhältnis« positiv beschäftigt, findet man im Rückblick aus einem gespenstisch fernen Zeitpunkt, 1822, das Geständnis, daß ihn während der beiden Feldzüge, in Frankreich und vor Mainz, vor allem auch die ganz einfache menschliche Sehnsucht beschäftigte, bald und wohlbehalten zurückkehren zu dürfen zu Frau und Sohn in das renovierte Haus am Frauenplan: »Wie froh ich bin zurückzukehren kann ich dir nicht ausdrücken, das Elend das wir ausgestanden haben läßt sich nicht beschreiben. Die Armee ist noch zurück, die Wege sind so ruiniert, das Wetter ist so entsetzlich, daß ich nicht weiß, wie Menschen und Wagen aus Frankreich kommen wollen. Wir wollen es uns recht wohl sein lassen, wenn wir nur wieder zusammen sind. Lebe recht wohl, liebe mich und küsse den Kleinen«, schreibt er am 15. Oktober 1792 fast verzweifelt aus Luxemburg, und als es noch nicht ganz so übel aussah mit dem Feldzug, gesteht er Christiane doch schon am 10. September 1792: »Ich träume oft von dir, allerley konfuses Zeug, doch immer daß wir uns lieb haben.« Einen solchen ganz privaten Unterstrom muß man sich immer mitdenken bei der Bekundung seiner Befindlichkeit von 1792 und 1793 in der Brechung der Aufzeichnungen von 1822; *eine* Stimme in dem ganzen Text sagt immer nur: Die Zeitläufte und meine Loyalität zu meinem Fürsten zwangen mich, diese Feldzüge mitzumachen, doch wie sehr ich auch im nachhinein der Französischen Revolution und Napoleon einen »größten Einfluß« auf meine Existenz einräume – ich folgte damals dem Ruf meines Fürsten, bei der Invasion nach Frankreich und bei der Rückeroberung des unglücklichen Mainz anwesend zu sein, nur höchst widerwillig.

*Campagne in Frankreich 1792. Belagerung von Mainz* war zum Zeitpunkt der Publikation 1822 von Goethe noch als ein Bruchstück seiner zu vollendenden Autobiographie gedacht; daher hatte der Text bzw. hatten die beiden Texte keinen eigenen Titel, sondern erschienen als *Aus meinem Leben. Zweiter Abteilung Fünfter Theil*, und erst in der sogenannten *Ausgabe letzter Hand*, wo *Campagne* und *Belagerung* den Band 30 (erschienen 1829) ausmachen, haben beide Texte ihren uns heute vertrauten Titel, der keinen Bezug mehr hat auf das Projekt der Autobiographie. Als Ganzes ist der Text seltsam kunstvoll sprunghaft, von Rissen durchzogen und zum Teil eingestandenermaßen lückenhaft gelassen; man hat den Eindruck, daß Goethe mit dem Text abwechselnd sehr sorgfältig und sehr läßlich umgeht, ihn bewußt ›baut‹ und zugleich ihm absichtlich eine ›offene Form‹ gibt, wie sie ja auch den zweiten Teil des *Faust*, *Wilhelm Meisters Wanderjahre* oder den *West-östlichen Divan* mit seinen so spielerisch undefiniert beigestellten *Noten und Abhandlungen* kennzeichnet: Gattungen behandelte Goethe nicht erst im Alter eher lax.

Eine gewisse Geschlossenheit kommt dadurch zustande, daß der Text mit Goethes Ankunft in Mainz einsetzt und mit der Eroberung von Mainz schließt, wobei die *Campagne* mit einem das häusliche Leben feiernden Gedicht endet und die *Belagerung* mit dem düsteren Ausblick auf jenen Zeitpunkt, da dies häuslich-persönliche Glück Goethes, ja sogar sein Leben durch die marodierenden Soldaten im Oktober 1806 in Weimar unmittelbar gefährdet war. Der Bericht von der Campagne wird in einer dem Tagebuch angenäherten Form gegeben, jedenfalls bis kurz vor dem Zeitpunkt der Ankunft in Pempelfort bei Jacobis, wo Goethe die »Zwischenrede« einschiebt, um über den Tag hinaus von seinen Lebensverhältnissen in jenen eher einsamen Jahren nach dem Aufenthalt in Italien und dem Beginn der Zusammenarbeit mit Schiller Rechnung zu geben und seine neue Weltzugewandtheit in der Kunst und den Wissenschaften wie auch im Leben mit einer Familie, seinen neuen »Realismus«, zu betonen.

Das Mittelstück des Gesamttextes und den Kontrapunkt sowohl zu den kriegerischen Erlebnissen wie auch zu den Besuchen bei den auswärtigen Freunden und Freundeskreisen (Pempelfort; Duisburg; Münster) bilden die wenigen Seiten, auf denen er vom Winter und Frühjahr in Weimar mit den üblichen Geschäften (Kunstsammlungen; Theaterpflege; eigene Produktion) berichtet; dann herrscht wieder die Tagebuchform vor, allerdings mit in sich geschlossenen Einschiebseln wie der »Relation« vom »Ausfall der Franzosen«, dem zweiseitigen Eingeständnis einer Lücke in den Aufzeichnungen (die natürlich eben dadurch geschlossen wird) und solch merkwürdigen, fast experimentell an anderen Darstellungstechniken sich versuchenden Passagen wie der Aufzählung der Geräusche, die in einer unruhigen Nacht im Lager zu hören sind: Auflistung statt Narrativität, Aufzählung statt Gestaltung. Am Ende verschwindet die Fiktion des Tagebuchs ganz, und den Schluß bildet der welthistorische Ausblick auf das Ende jener zehn ruhigen Jahre, die zwischen 1795 und 1806 Weimar gegönnt waren, jener Jahre, deren Gelungenes – nämlich die Arbeit im Verein mit Schiller – er gar nicht anspricht, aber deren ihn fortdauernd Grämendes er, sich selbst auch leicht verspottend, andeutet im Bericht über die ungeduldig abweisende Art, wie Schlosser seine Ausführungen zur Farbenlehre behandelt, mit der Goethe ja bei niemand landen konnte.

Schaut man sich die Herkunft der Materialien an, aus denen *Campagne in Frankreich 1792. Belagerung von Mainz* bestehen, so wird das Disparate, Nichtdurchgeformte nochmals deutlich. Goethe studierte nicht nur Quellen, um seine eigenen Erinnerungen aufzufrischen und sie gewissermaßen um die politisch-öffentliche Komponente zu ergänzen, sondern er übernimmt bisweilen seitenlange Passagen aus seinen Quellen fast ohne Veränderung. Die Autobiographie Laukhards, die Erinnerungen der Diener Wagner und Goetze, eine Sammlung französischer Emigrantenbriefe, Quednows Beschreibung und Interpretation der römischen Säule von Igel, Dumouriez' Memoiren, der Bericht über die Hemsterhuis-Gallitzinsche Gemmensammlung, den sein Freund Heinrich Meyer und er schon in die *Jenaische Allgemeine Literaturzeitung* hatten einrücken lassen, dann auch wieder eine eigene Aufzeichnung aus dem Jahr 1793 – alles wird verwertet, hineingestückelt, fast möchte man sagen: montiert, großzügig, souverän wurschtig und durchdrungen von dem Bewußtsein, daß alles, was von ihm bzw. durch ihn komme, interessant sei, sogar dann noch, wenn er die Flickwerk-Technik eingestände. Und sogar das tut er dann auch noch offen, korrekt und dankbar, wenn er, stellvertretend für alle anderen Fälle, gesteht, er habe »des treuen Kämmerier Wagner Tagebuch« in Koblenz »zur Ergänzung des meinigen« herangezogen. Ein solches Eingeständnis, dezent und als Wink für Wissende angebracht, nennt man in Goethes Sprache »artig«.

Man hat natürlich auch *Campagne in Frankreich 1792. Belagerung von Mainz* nach Hinweisen auf Goethes Haltung zur Französischen Revolution durchsucht, und gewiß wird man in dieser Hinsicht fündig, nur sprechen die Belege eine zweideutige Sprache, und zudem ist zu unterscheiden zwischen der Französischen Revolution als ganzer und dem ersten Koalitionskrieg in der Phase von 1792/93. Dieser Krieg war von Österreich und Preußen herausgefordert und von Frankreich erklärt worden, wurde unbedacht geführt und in der Hauptsache verloren (übrigens nicht zuletzt deshalb, weil man durch die Bindung von Truppen in Polen, das man ja auch niederhalten mußte und teilen wollte, nicht genug Truppen im Westen übrig hatten, um massiv und entschieden gegen Paris vorgehen zu können). Goethe hielt diesen Krieg am Ende für überflüssig und falsch, hatte sich aber zu Beginn eventuell noch gar keine feste Meinung gebildet und dachte offenbar zunächst auch noch, daß es gelingen werde, die großmäuligen Revolutionäre zu besiegen und nach Paris durchzumarschieren; obendrein spielte am Anfang der Campagne bei Goethe sogar ein Stück Abenteuerlust eine nicht zu unterschätzende Rolle. Schon am 15. Oktober 1792 jedoch schreibt er in einem Postskript zu dem langen und auch politisch gewichtigen Brief an Voigt, er habe »mit Betrübnis gesehen, daß das Geheime Conseil (die Regierung bzw. das Kabinett des Herzogtums Sachsen-Weimar) unbewunden ( = uneingeschränkt) diesen Krieg für einen Reichskrieg erklärt hat. Wir werden also mit der Heerde ins Verderben rennen – Europa braucht einen 30jährigen Krieg um einzusehen, was 1792 vernünftig gewesen wäre.« Vernünftig wäre es nach Goethes Meinung gewesen, die Französische Revolution in Frankreich zu zernieren. Seine Befürchtung, man werde blind ins Verderben rennen, bewahrheitete sich dann allerdings, was Sachsen-Weimar anging, nicht; der Herzog taktierte vorsichtig und versuchte, die Verpflichtungen durch den Reichskrieg gegen Frankreich für sein kleines Land so gering wie möglich zu halten. Gerade durch seine Augenzeugenschaft hatte sich Goethe einen Begriff von Stimmung und Stärke der Franzosen gemacht und sah jetzt die Aufgabe der deutschen Fürsten noch stärker darin, den eigenen Untertanen keine Gründe für Unzufriedenheit zu geben, sprich: vernünftige Reformen einzuleiten und damit die Ausbreitung der Revolutionsgedanken und -neigungen einzudämmen; dies ist der Orgelpunkt vieler politischer Äußerungen Goethes in den 1790er Jahren.

Goethe war konservativ aufgrund seiner Abneigung gegen alles wild Enthusiastische und »Unbedingte«, das er in einer–

insbesondere politisch verderblichen – Nähe zu gefährlichem Schwärmertum sah, und auf dem Hintergrund eines »Realismus«, der die Möglichkeiten humaner und humanisierender Einwirkung auf die Politik bzw. auf das Gemeinwesen eher in einem überschaubaren kleinen Fürstentum als in einer großstädtischen Umgebung mit aufpeitschbaren Massen für gegeben hielt. Goethe setzte auf den feudalbürgerlichen Kompromiß; unkonkrete Freiheitsschwärmerei war ihm eher suspekt, und daher auch seine sehr zurückhaltende Apostrophierung der sich auch in der besseren deutschen Gesellschaft, etwa im Umkreis der Jacobis in Düsseldorf zeigenden Sympathien für die Französische Revolution: »Was mir aber noch mehr auffiel, war, daß ein gewisser Freiheitssinn, ein Streben nach Demokratie sich in die hohen Stände verbreitet hatte; man schien nicht zu fühlen, was alles erst zu verlieren sei, um zu irgendeiner Art zweideutigen Gewinnes zu gelangen.« Wenn Hegel noch in den zwanziger Jahren des 19. Jahrhunderts in seinen Berliner Vorlesungen über die Philosophie der Geschichte im Rückblick auf die Französische Revolution sagt: »Alle denkenden Wesen haben diese Epoche mitgefeiert«, so gehörte Goethe nicht zu diesen »denkenden Wesen«; er war von Anfang an kein Freund der Französischen Revolution, brachte ihr noch nicht einmal so viel Verständnis oder Sympathie entgegen wie – zumindest anfänglich – Christoph Martin Wieland oder Johann Gottfried Herder. Die oben zitierte Bemerkung über Gesinnungen im Hause Jacobi spricht nicht nur von einer für Goethe typischen Angst vor Zerstörung und ziviler Unruhe, sondern ist gewissermaßen überlagert und eingefärbt damit, daß Goethe zum Zeitpunkt der Niederschrift von *Campagne in Frankreich 1792. Belagerung von Mainz* wohl endgültig seinen Frieden gemacht hatte mit der Fürstenherrschaft, für wie fatal er die Versäumnisse der deutschen Fürsten im letzten Jahrzehnt des 18. Jahrhunderts auch immer hielt. »Es ärgert mich sehr, daß Bauern in meinem Lande sich vom Kitzel der Unfolgsamkeit wollen antreiben lassen. Man ersticke nur die Keime, dann werden wohl die Übel nicht rege werden. – Der deutsche gemeine Mann ist mit dem Sinne der Subordination geboren. Diesen erhalte man nur und beweise ihm tätig, daß er sich irre, wenn es ihm auch nur einfällt, über Schwindeleien zu grübeln« – zu diesem seltsam drohenden Brief des Herzogs Carl August an den Geheimen Rat Schnauß vom 21. August 1790 hätte Goethe wohl vor allem angemerkt, daß es allein an den Fürsten liege, ob die Untertanen in Versuchung kommen, »über Schwindeleien zu grübeln«, die bekannten französischen Freiheits-Schwindeleien natürlich.

Goethes Konservativismus, der ihn ab 1789 sofort tief besorgt auf die Ereignisse in Paris reagieren ließ und ihm weder die Begeisterung Johann Heinrich Campes noch die Rührung Hegels erlaubte, hängt zusammen mit seinem anthropologischen Pessimismus; er hatte keine Illusionen über den Menschen und wußte, wieviel Böses kaum bändigbar in ihm steckte, das, wenn losgelassen, zerstörerisch wirken würde, und die Revolution in Paris bestärkte ihn, den Mann des aufgeklärten Absolutismus, noch in dieser Ansicht. Wobei übrigens auffällt, daß die Rekapitulation seiner Gefühle im Dezember 1792 und Januar 1793, als es um das Leben des französischen Königs ging, tief berührt und zugleich seltsam zweideutig klingt, als könne er, »von den Zuständen beider kämpfender Teile durchdrungen«, durchaus auch ein gewisses Verständnis für die Handlungsweise der Revolutionäre angesichts der Schuld des Königs aufbringen ... Hans Mayer hat die Grenzen und die Reichweite des Goetheschen Verständnisses für die Emanzipation des französischen Bürgertums und des Bürgertums überhaupt wohl präzise gesehen, als er 1973 sagte: »Goethe hat die französische bürgerliche Revolution nicht verstanden. Allein er verstand den *Untergang des Ancien Régime.*«

»Es ward mir manchmal wirklich schwindlich, indem ich

das Einzelne jener Tage und Stunden in der Einbildungskraft wieder hervorrief und dabei die Gespenster, die sich dreißig Jahre her dazwischen bewegt, nicht wegbannen konnte«, schreibt Goethe am 10. Juni 1822, kurz nach dem Erscheinen von *Campagne* und *Belagerung* als autobiographisches Fragment an Karl Friedrich Graf von Reinhard. Was ihn »schwindlich« machte, war sicher einerseits die umstürzende Wucht der Ereignisse seit 1789, gipfelnd in der atemberaubenden Tatsache der Hinrichtung eines Souveräns von Gottes Gnaden, andererseits aber sicher die Erinnerung an das, was er selbst durchgemacht und wessen Augenzeuge er geworden war. Aber ironisch, fast spöttelnd und distanziert kündigt er sein Buch schon im April 1822 Johann Friedrich von Rochlitz an: »Sie erhalten nächstens [...] einen treuen Abriß meiner wunderlichen Militärlaufbahn; auch durch diese Erbkrankheit der Welt mußt' ich einmal durch ...« Militär und militärische Zusammenstöße gehören ihm einfach zu den offenbar nicht abzuschaffenden Grundübeln dieser Welt, und er selbst hatte Gott sei Dank nur eine »wunderliche«, nämlich ganz unfreiwillige, aber dafür auch nur kurze Spanne Lebens beim Militär zu verbringen. Man hat das Gefühl, daß Goethe entsetzt, in seinen Grundfesten erschüttert aus seinen beiden Kriegsteilnahmen in Frankreich und bei Mainz herauskam – aber auch mit einem gewissen Stolz, daß er tapfer durchgehalten hatte.

Einmal gibt er auch ein indirektes Signal für seine Einstellung, sein befriedigtes Fazit, daß allen Gewalten zum Trotz sich zu erhalten die Arme der Götter herbeirufe und eine Tugend sei, die er selbst immer wieder bewiesen habe: Er besucht im November 1792 jenen Plessing in Duisburg, den er 15 Jahre früher schon einmal, in Wernigerode, besucht hatte, um ihn aus seiner Indolenz, der Verhocktheit in seinem wertherischen Elend, seinem grüblerischen Unglück herauszuholen. Plessing war nicht zu helfen gewesen, Goethe aber hatte sich damals, 1777, unter Lebensgefahr durch den winterlichen Harz geschlagen, und die Götter hatten ihn dann mit der Besteigung des Brocken und dem Blick von dort oben belohnt, was er als herrlichstes Omen nahm. Nun, 1792, sitzt Plessing immer noch selbstgenießerisch in seinen Weltschmerz versunken da, »mit antediluvianischen Untersuchungen beschäftigt«, während er, Goethe, sich frisch und realistisch einmal mehr in der Welt bewährt und die Arme der Götter herbeigerufen hatte. Er hatte sich 1792 und 1793 nicht den Hals gebrochen und konnte nun, dreißig Jahre später, bewegt und befriedigt zugleich, darüber schreiben und es dann innerlich ad acta legen; und so kann er, im reinen mit sich, am 5. September 1822 an Christoph Friedrich Ludwig Schultz schreiben: »Die *Campagne* gefällt mir selbst jetzt besser beim Lesen als im Schreiben; das Unheil geht denn doch so leicht hinter einander weg, es ist verdrießlich, aber lastet nicht.«

*Jörg Drews*

## Johann Wolfgang Goethe
## im Insel Verlag

Jubiläumsausgabe in sechs Bänden. Mit farbigem Dekorüberzug in Schmuckkassette. Gebunden

*Einzelausgaben*

Alle Freuden, die unendlichen. Liebesgedichte und Interpretationen. Herausgegeben von Marcel Reich-Ranicki. IB 1028

Dichtung und Wahrheit. Mit zeitgenössischen Illustrationen, ausgewählt von Jörn Göres. 2 Bde. Leinen

Dichtung und Wahrheit. 3 Bde. in Kassette. Mit Bildmaterial. it 149-151

Elegie von Marienbad. Faksimile einer Urhandschrift. September 1823. Mit einem Kommentarband. Herausgegeben von Christoph Michel und Jürgen Behrens. Mit einem Geleitwort von Arthur Henkel. Leder und it 1250

Erotische Gedichte. Gedichte, Skizzen und Fragmente. Herausgegeben von Andreas Ammer. it 1225

Faust. Gesamtausgabe. Leinen und Leder

Faust. Erster Teil. Nachwort von Jörn Göres. Illustrationen von Eugène Delacroix. it 50

Faust. Zweiter Teil. Mit Federzeichnungen von Max Beckmann. Mit einem Nachwort zum Text von Jörn Göres und zu den Zeichnungen von Friedhelm Fischer. it 100

Faust. Zweiter Teil. Faksimile der Erstausgabe. Leder

Gedichte. Sämtliche Gedichte in zeitlicher Folge. Herausgegeben von Heinz Nicolai. it 1400

Gedichte in einem Band. Herausgegeben von Heinz Nicolai. Leinen

Goethe über die Deutschen. Herausgegeben von Hans-J. Weitz. Mit dem Nachwort von 1949, Nachweisen, Register und Illustrationen. it 325

Goethes Gedanken über Musik. Eine Sammlung aus seinen Werken, Briefen, Gesprächen und Tagebüchern. Herausgegeben von Hedwig Walwei-Wiegelmann. Mit achtundvierzig Abbildungen erläutert von Hartmut Schmidt. it 800

Goethes Liebesgedichte. Herausgegeben von Hans Gerhard Gräf. Mit einem Nachwort von Emil Staiger. Leinen und it 275

Goethes schönste Gedichte. Herausgegeben von Jochen Schmidt. IB 1013

Hermann und Dorothea. Mit Aufsätzen von August Wilhelm Schlegel, Wilhelm von Humboldt, Georg Wilhelm Friedrich Hegel und Hermann Hettner. Mit zehn Kupfern von Catel. it 225

54/1/2.93

## Johann Wolfgang Goethe im Insel Verlag

Hier schicke ich einen Traum. Fünfzig Geschenk- und Stammbuchblätter gezeichnet von Johann Wolfgang Goethe. Faksimile im Lichtdruck. Herausgegeben und kommentiert von Gerhard Femmel. Kassette

Italienische Reise. Mit vierzig Zeichnungen des Autors. Herausgegeben und mit einem Nachwort versehen von Christoph Michel. it 175

Tagebuch der Italienischen Reise 1786. Notizen und Briefe aus Italien. Mit Skizzen und Zeichnungen des Autors. Herausgegeben und erläutert von Christoph Michel. it 176

Kampagne in Frankreich 1792. Belagerung von Mainz. Herausgegeben von Jörg Drews. Mit zeitgenössischen Abbildungen. it 1525

Die Leiden des jungen Werther. Mit einem Essay von Georg Lukács. Nachwort von Jörn Göres. Mit zeitgenössischen Illustrationen von Daniel Nikolaus Chodowiecki und anderen. Leinen und it 25

Lektüre für Augenblicke. Gedanken aus seinen Büchern, Briefen und Gesprächen. Auswahl und Nachwort von Gerhart Baumann. Pappband

Märchen. Der neue Paris. Die neue Melusine. Das Märchen. Herausgegeben und erlä utert von Katharina Mommsen. it 825

Der Mann von funfzig Jahren. Mit einem Nachwort von Adolf Muschg. it 850

Maximen und Reflexionen. Text der Ausgabe von 1907 mit den Erläuterungen und der Einleitung Max Heckers. Nachwort von Isabella Kuhn. Leinen, Leder und it 200

Mit Goethe durch den Garten. Ein Abc für Gartenfreunde, aufgeblättert von Claudia Schmölders. Mit Bildern von Hans Traxler. it 1211

Novelle. Mit Federzeichnungen von Max Liebermann und einem Nachwort von Paul Stöcklein. Großdruck. it 2301

Novellen. Herausgegeben und mit einem Nachwort versehen von Katharina Mommsen. Mit Federzeichnungen von Max Liebermann. it 425

Pandora. Ein Festspiel. Illustriert von Johannes Grützke. Einmalige numerierte Auflage in tausend Exemplaren. Leinen im Schuber

Reineke Fuchs. Mit Stahlstichen nach Zeichnungen von Wilhelm Kaulbach. it 125

Römische Elegien. Faksimile der Handschrift und Transkription. Mit einem Nachwort von Horst Rüdiger. IB 1010

Römische Elegien und Venezianische Epigramme. Herausgegeben von Regine Otto. it 1150

Sämtliche Balladen und Romanzen in zeitlicher Folge. Herausgegeben von Karl Eibl. it 1275

54/2/2.93

## Johann Wolfgang Goethe
## im Insel Verlag

Tagebuch der ersten Schweizer Reise 1775. Goethes letzte Schweizer Reise. Mit den Zeichnungen des Autors und einem vollständigen Faksimile der Handschrift, herausgegeben und erläutert von Hans-Georg Dewitz. it 300/375

Unterhaltungen deutscher Ausgewanderten. Mit einem Nachwort herausgegeben von Gert Ueding. it 1050

Vermischte Gedichte. Faksimile. Mit einem Kommentarband, herausgegeben von Karl-Heinz Hahn. 2 Bde. Pappband

Verweile doch. Gedichte mit Interpretationen. Herausgegeben von Marcel Reich-Ranicki. Leinen

Die Wahlverwandtschaften. Ein Roman. Erläuterungen von Hans-J. Weitz. Mit einem Essay von Walter Benjamin. Leinen, Leder und it 1

West-östlicher Divan. Herausgegeben und erläutert von Hans-J. Weitz. Mit Essays zum ›Divan‹ von Hugo von Hofmannsthal, Oskar Loerke und Karl Krolow. Leinen, Leder und it 75

Wilhelm Meisters Lehrjahre. Herausgegeben von Erich Schmidt. Mit sechs Kupferstichen von Catel, sieben Musikbeispielen und Anmerkungen. Leinen, Leder und it 475

Wilhelm Meisters Wanderjahre oder die Entsagenden. Mit einem Nachwort von Adolf Muschg. Leinen, Leder und it 575

*Briefe und Gespräche*

Bettine von Arnim: Goethes Briefwechsel mit einem Kinde. Herausgegeben und eingeleitet von Waldemar Oehlke. Mit zeitgenössischen Abbildungen. Leinen und it 767

Der Briefwechsel zwischen Schiller und Goethe. Herausgegeben von Emil Staiger. Leinen

Der Briefwechsel zwischen Schiller und Goethe. 2 Bde. Herausgegeben von Emil Staiger. Mit Illustrationen. Bildkommentar von Hans-Georg Dewitz. it 250

Goethes Briefe an Charlotte von Stein. 3 Bde. in Kassette. Herausgegeben von Julius Petersen. it 1125

Im Namen Goethes. Der Briefwechsel Marianne von Willemer und Hermann Grimm. Herausgegeben von Hans Joachim Mey. Mit Abbildungen. Leinen

Johann Peter Eckermann: Gespräche mit Goethe in den letzten Jahren seines Lebens. Herausgegeben von Fritz Bergemann. Neuausgabe. Leinen, Leder und it 500

54/3/2.93

# Johann Wolfgang Goethe
# im Insel Verlag

*Übersetzungen*

Benvenuto Cellini: Leben des Benvenuto Cellini florentinischen Goldschmieds und Bildhauers. Von ihm selbst geschrieben, übersetzt und mit einem Anhange herausgegeben von Johann Wolfgang Goethe. Mit einem Nachwort von Harald Keller. it 525

*Zu Goethe*

Die Erotica und Priapea aus den Kunstsammlungen Johann Wolfgang Goethes. Herausgegeben und erläutert von Gerhard Femmel und Christoph Michel. Mit 74, teilweise farbigen Abbildungen. Klappen-Broschur

Goethe. Sein Leben in Bildern und Texten. Vorwort von Adolf Muschg. Herausgegeben von Christoph Michel. Gestaltet von Willy Fleckhaus. Leinen und it 1000

Goethe im zwanzigsten Jahrhundert. Spiegelungen und Deutungen. Herausgegeben von Hans Mayer. Leinen und it 1300

Goethe in Leipzig 1765-1768. Bruchstücke einer Konfession, dokumentiert in Briefen und Selbstzeugnissen. Zusammengestellt von Christine Schaper. Mit 12 Holzstichen von Karl-Georg Hirsch. Pappband im Schuber.

Goethe und die arabische Welt. Leinen

Goethe und die Französische Revolution. Insel-Almanach auf das Jahr 1989. Herausgegeben und erläutert von Karl Otto Conrady. Kartoniert

Goethes Feste. Festliche Texte. Ausgewählt und mit einem Nachwort versehen von Uwe Hebekus. Mit zahlreichen Abbildungen. it 1325

Goethes Leben und Werk in Daten und Bildern. Herausgegeben von Bernhard Gajek und Franz Götting unter Mitwirkung von Jörn Göres. Leinen

Mein Goethe. Günter Kunert, Siegfried Lenz, Peter Rühmkorf, Wolfdietrich Schnurre, Martin Walser, Gabriele Wohmann. st 781

Pierre Bertaux: Gar schöne Spiele spiel' ich mit dir! Zu Goethes Spieltrieb. Leinen

Bernhard Buschendorf: Goethes mythische Denkform. Zur Ikonographie der ›Wahlverwandtschaften‹. SV. Kartoniert

Hans Carossa: Wirkungen Goethes in der Gegenwart. IB 53

Sigrid Damm: Cornelia Goethe. Leinen und it 1452

54/4/2.93

## Johann Wolfgang Goethe im Insel Verlag



54/5/2.93

## Klassische deutsche Literatur im insel taschenbuch

Bettine von Arnims Armenbuch. Herausgegeben von Werner Vordtriede. it 541

Bettine von Arnim: Goethes Briefwechsel mit einem Kinde. Herausgegeben und eingeleitet von Waldemar Oehlke. Mit zeitgenössischen Abbildungen. it 767

– Die Günderode. Mit einem Essay von Christa Wolf. it 702

Hermann Bote: Till Eulenspiegel. Ein kurzweiliges Buch aus dem Lande Braunschweig. Wie er sein Leben vollbracht hat. Sechsundneunzig seiner Geschichten. Herausgegeben, in die Sprache unserer Zeit übertragen und mit Anmerkungen versehen von Siegfried H. Sichtermann. Mit zeitgenössischen Illustrationen. it 336

Clemens Brentano: Rheinmärchen. In der von Guido Görres herausgegebenen Ausgabe von 1846. Mit Illustrationen von Edward Steinle. it 804

Georg Büchner: Lenz. Erzählung. Mit Oberlins Aufzeichnungen ›Der Dichter Lenz, im Steinthale‹, ausgewählten Briefen von J. M. R. Lenz und einem Nachwort von Jürgen Schröder. it 429

– Leonce und Lena. Ein Lustspiel. Mit farbigen Illustrationen von Karl Walser und einem Nachwort von Jürgen Schröder. it 594

– Woyzeck. Nach den Handschriften neu herausgegeben und kommentiert von Henri Poschmann. it 846

Gottfried August Bürger: Wunderbare Reisen zu Wasser und zu Lande. Feldzüge und lustige Abenteuer des Freiherrn von Münchhausen, wie er dieselben bei der Flasche im Zirkel seiner Freunde selbst zu erzählen pflegt. Mit den Holzschnitten von Gustave Doré. it 207

Wilhelm Busch: Kritisch-Allzukritisches. Gedichte. Ausgewählt und mit einem Nachwort von Theo Schlee. Mit Illustrationen von Wilhelm Busch. it 52

Adelbert von Chamisso: Peter Schlemihls wundersame Geschichte. Nachwort von Thomas Mann. Illustriert von Emil Preetorius. it 27

Matthias Claudius: Der Wandsbecker Bote. Mit einem Vorwort von Peter Suhrkamp und einem Nachwort von Hermann Hesse. it 130

Annette von Droste-Hülshoff: Die Judenbuche. Ein Sittengemälde aus dem gebirgichten Westfalen. Mit Illustrationen von Max Unold. it 399

– Sämtliche Gedichte. Mit einem Nachwort von Ricarda Huch. it 1092

Marie von Ebner-Eschenbach: Dorf- und Schloßgeschichten. Mit einem Nachwort von Joseph Peter Strelka. it 1272

Johann Peter Eckermann: Gespräche mit Goethe in den letzten Jahren seines Lebens. 2 Bde. Herausgegeben von Fritz Bergemann. it 500

161/1/8.92

## Klassische deutsche Literatur im insel taschenbuch

Johann Wolfgang Goethe: Reineke Fuchs. Mit Stahlstichen nach Zeichnungen von Wilhelm Kaulbach. it 125

– Römische Elegien und Venezianische Epigramme. Herausgegeben von Regine Otto. it 1150

– Schriften zur Naturwissenschaft. Ausgewählt und herausgegeben von Horst Günther. Mit Zeichnungen von Goethe. it 550

– Tagebuch der ersten Schweizer Reise 1775. Goethes letzte Schweizer Reise. Mit den Zeichnungen des Autors und einem vollständigen Faksimile der Handschrift, herausgegeben und erläutert von Hans-Georg Dewitz. it 300/375

– Unterhaltungen deutscher Ausgewanderten. Mit einem Nachwort herausgegeben von Gert Ueding. it 1050

– Die Wahlverwandtschaften. Ein Roman. Erläuterungen von Hans-J. Weitz. Mit einem Essay von Walter Benjamin. it 1

– West-östlicher Divan. Mit Essays zum ›Divan‹ von Hugo von Hofmannsthal, Oskar Loerke und Karl Krolow. Herausgegeben und mit Erläuterungen versehen von Hans-J. Weitz. it 75

– Wilhelm Meisters Lehrjahre. Herausgegeben von Erich Schmitt. Mit sechs Kupferstichen von Catel, sieben Musikbeispielen und Anmerkungen. it 475

– Wilhelm Meisters Wanderjahre oder die Entsagenden. Mit einem Nachwort von Adolf Muschg. it 575

Goethes Briefe an Charlotte von Stein. 3 Bde. in Kassette. Herausgegeben von Julius Petersen. it 1125

Goethes Feste. Festliche Texte. Ausgewählt und mit einem Nachwort versehen von Uwe Hebekus. Mit zahlreichen Abbildungen. it 1325

Goethes Gedanken über Musik. Eine Sammlung aus seinen Werken, Briefen, Gesprächen und Tagebüchern. Herausgegeben von Hedwig Walwei-Wiegelmann. Mit achtundvierzig Abbildungen erläutert von Hartmut Schmidt. it 800

Goethes Liebesgedichte. Herausgegeben von Hans Gerhard Gräf mit einem Nachwort von Emil Staiger. it 275

Der Briefwechsel zwischen Schiller und Goethe. 2 Bde. Herausgegeben von Emil Staiger. Mit Illustrationen. Bildkommentar von Hans-Georg Dewitz. it 250

Johann Wolfgang von Goethe / Friedrich von Schiller: Sämtliche Balladen und Romanzen in zeitlicher Folge. Herausgegeben von Karl Eibl. it 1275

Manfred Wenzel: Goethe und die Medizin. Selbstzeugnisse und Dokumente. Mit zahlreichen Abbildungen. it 1350

161/4/8.92

Klassische deutsche Literatur
im insel taschenbuch

Jeremias Gotthelf: Die schwarze Spinne. Mit Illustrationen von Renate Sendler-Peters. it 991

Hans Jakob Christoffel von Grimmelshausen: Der abenteuerliche Simplicissimus. Mit Zeichnungen von Fritz Kredel. it 739

Karoline von Günderode: Gedichte. Herausgegeben von Franz Josef Görtz. it 809

Hartmann von Aue: Hartmann von Aue erzählt. Der arme Heinrich. Gregorius oder Der gute Sünder Erec. Iwein oder der Löwenritter. Aus dem Mittelhochdeutschen von Lambertus Okken. it 1417

Wilhelm Hauff: Märchen. Herausgegeben von Bernhard Zeller. Mit Illustrationen von Theodor Weber, Theodor Hosemann und Ludwig Burger. it 216

Johann Peter Hebel: Kalendergeschichten. Ausgewählt und mit einem Nachwort von Ernst Bloch. Mit neunzehn Holzschnitten von Ludwig Richter. it 17

– Schatzkästlein des rheinischen Hausfreundes. Nachdruck der Ausgabe von 1811 sowie sämtliche Kalendergeschichten aus dem »Rheinländischen Hausfreund« der Jahre 1808-1819. Herausgegeben und mit einem Nachwort versehen von Jan Knopf. it 719

Heinrich Heine: Briefe aus Berlin. Herausgegeben von Joseph A. Kruse. it 1322

– Buch der Lieder. Mit zeitgenössischen Illustrationen und einem Nachwort von E. Galley. it 33

– Deutschland. Ein Wintermärchen. Mit einem Nachwort von Joseph Peter Strelka. Anhang mit Bibliographie und einer Zeittafel. it 723

– Florentinische Nächte. Mit Illustrationen von Wilhelm Wagner. it 923

– Italien. Mit farbigen Illustrationen von Paul Scheurich. it 1072

– Liebesgedichte. In einer Auswahl von Thomas Brasch. it 1444

– Neue Gedichte. it 1055

– Der Rabbi von Bacherach. Ein Fragment. Mit Illustrationen von Max Liebermann und einem Nachwort von Joseph A. Kruse. it 811

– Reisebilder. Mit einem Nachwort von Joseph A. Kruse und zeitgenössischen Illustrationen. it 444

– Romanzero. Mit einem Nachwort von Joseph A. Kruse und zeitgenössischen Illustrationen. it 538

Friedrich Hölderlin: Gedichte. Herausgegeben und mit Erläuterungen versehen von Jochen Schmidt. it 781

– Hyperion oder Der Eremit in Griechenland. Herausgegeben und mit einem Nachwort versehen von Jochen Schmidt. it 365

161/5/8.92

Klassische deutsche Literatur
im insel taschenbuch

Georg Christoph Lichtenberg: Sudelbücher. Herausgegeben von Franz H. Mautner. Mit einem Nachwort, Anmerkungen zum Text, einer Konkordanz der Aphorismen-Nummern und einer Zeittafel. it 792

Liselotte von der Pfalz: Briefe. Herausgegeben und eingeleitet von Helmuth Kiesel. Mit zeitgenössischen Portraits. it 428

Märchen der Romantik. Mit zeitgenössischen Illustrationen. Herausgegeben von Maria Dessauer. it 285

Meister Eckhart: Das Buch der göttlichen Tröstung. Ins Neuhochdeutsche übertragen von Josef Quint. it 1005

Conrad Ferdinand Meyer: Jürg Jenatsch. Eine Bündnergeschichte. Mit einem Nachwort von Reto Hänny. it 862

Eduard Mörike: Alte unnennbare Tage ... Ausgewählte Gedichte. Herausgegeben und mit einem Vorwort von Hermann Hesse, Zeichnungen von Eduard Mörike und einem Essay von Wolf von Niebelschütz. it 246

– Die Historie von der schönen Lau. Mit Illustrationen von Moritz von Schwind und einem Nachwort von Traude Dienel. it 72

– Maler Nolten. Novelle in zwei Teilen. Erste Fassung. Mit zeitgenössischen Illustrationen und einem Nachwort von Wolfgang Vogelmann. it 404

– Mozart auf der Reise nach Prag. Eine Novelle. Mit Illustrationen von Hugo Steiner-Prag und einem Nachwort von Traude Dienel. it 376

– Mozart auf der Reise nach Prag. Novelle. Mit Illustrationen von Gunter Böhmer. Großdruck. it 2320

– Die schönsten Erzählungen. Ausgewählt von Herrmann Hesse. it 1290

Karl Philipp Moritz: Anton Reiser. Ein psychologischer Roman. Mit einem Nachwort von Max von Brück. it 433

Friedrich de la Motte-Fouqué: Undine. Ein Märchen von Friedrich de la Motte-Fouqué. Musik von E.T.A. Hoffmann. Mit Bildern von Karl Friedrich Schinkel. Mit einem Essay von Ute Schmidt-Berger. it 1353

Johann Karl August Musäus: Rübezahl. Für die Jugend von Christian Morgenstern. Mit Illustrationen von Max Slevogt. it 73

Johann Nestroy: Nestroy für Minuten. ›Das ist klassisch‹. Herausgegeben und mit einer Vorrede von Egon Friedell. Mit acht Rollenbildern. it 818

Novalis: Aphorismen. Herausgegeben von Michael Brucker. it 1434

– Gedichte. Die Lehrlinge zu Sais – Dialogen und Monolog. Mit einem Nachwort von Jochen Hörisch. it 1010

– Heinrich von Ofterdingen. Herausgegeben von Jochen Hörisch. Mit zeitgenössischen Abbildungen. it 596

161/8/8.92

## Klassische deutsche Literatur im insel taschenbuch

Hermann von Pückler-Muskau: Andeutungen über Landschaftsgärtnerei. Herausgegeben von Günter J. Vaupel. Mit zahlreichen Abbildungen und einem farbigen Bildteil. it 1024

– Briefe eines Verstorbenen. Ein fragmentarisches Tagebuch. 2 Bände in Kassette. Herausgegeben von Günter J. Vaupel. Mit zahlreichen Abbildungen. it 1219

Wilhelm Raabe: Werke in 10 Bänden. Herausgegeben von Hans-Jürgen Schrader. it 881-890

– Die Akten des Vogelsangs. it 888

– Die Chronik der Sperlingsgasse. Mit Handzeichnungen Wilhelm Raabes. it 370

– Das Odfeld. it 886

Friedrich Rückert: Ausgewählte Werke. 2 Bände in Kassette. Herausgegeben von Annemarie Schimmel. it 1022

Ferdinand von Saar: Novellen aus Österreich. Mit einem Nachwort von Franz-Heinrich Hackel. it 906

Friedrich von Schiller: Der Geisterseher. Und andere Erzählungen. Mit einer Einleitung von Emil Staiger und Erläuterungen von Manfred Hoppe. Mit zeitgenössischen Illustrationen. it 212

– Wallenstein. Ein dramatisches Gedicht. Wallensteins Lager – Die Piccolomini – Wallensteins Tod. Herausgegeben von Herbert Kraft. Mit einem Nachwort von Oskar Seidlin. it 752

Friedrich Schlegel: Lucinde. Ein Roman. Mit Radierungen von M. E. Philipp und einem Nachwort von Wolfgang Paulsen. it 817

Arthur Schopenhauer: Aphorismen zur Lebensweisheit. Vollständige Ausgabe mit Erläuterungen und Übersetzung der fremdsprachigen Zitate. Mit einem Nachwort von Hermann von Braunbehrens. Mit 16 Daguerreotypen und Fotos und Bilderläuterungen von Arthur Hübscher. it 223

Heinrich Seidel: Leberecht Hühnchen. Prosa-Idyllen. it 786

Adalbert Stifter: Aus dem alten Wien. Zwölf Erzählungen. Herausgegeben von Otto Erich Deutsch. Mit farbigen Abbildungen. it 959

– Bergkristall. Und andere Erzählungen. it 438

– Erzählungen. Ausgewählt und mit einem Nachwort versehen von Hermann Hesse. it 1314

– Der Heilige Abend. Mit farbigen Illustrationen von Monika Wurmdobler. it 699

– Der Hochwald. Mit einem Nachwort von Wolfgang Frühwald. it 1197

– Der Nachsommer. Mit einem Essay von Hugo von Hofmannsthal. it 653

161/9/8.92